聊城大学学术著作出版基金资助

聊城大学简帛学研究中心学术著作出版资助

谨以此书祝贺王世舜先生八十五寿诞！

先秦儒道论稿

王世舜 / 著

社会科学文献出版社
SOCIAL SCIENCES ACADEMIC PRESS (CHINA)

王世舜　男，1935 年生，安徽省灵璧县人，聊城大学文学院退休教授，聊城大学简帛学研究中心学术顾问。自 1992 年起享受国务院政府特殊津贴。1993 年被评为山东省优秀教师。1994 年被聘为《续修四库全书·经部》特约编委。主要著作有：《尚书译注》《老庄词典》《庄子译注》。

目 录

CONTENTS

略论《尚书》的整理与研究

《尚书》是儒家的一部重要典籍，同时也是上至原始社会末期，下至春秋时代早期古史资料的最早的汇集本，是中国流传至今最为古老的典籍。因而，无论在文化史上、史学史上都具有极其重要的意义。

《尚书》的整理与研究的历史，同样也十分悠久。因而，在整理与研究的过程中，已形成专门学问——"尚书学"。在这一领域内有的学者不断辛勤耕耘，已获得丰硕的成果。

《尚书》的整理与研究是一个大题目，涉及的问题极多，绝非这篇短文所能容纳。本文只打算谈两个问题：一是研究与整理的方法问题，二是文字的训释问题。

孔子曾说："多闻阙疑，慎言其余，则寡尤。"（《论语·为政》）这段话原本不是针对治学而言，且流传年代久远为人们所习闻，但我以为用作治学方法，特别是用作整理与研究《尚书》的方法，不但尚未过时，而且十分合适。

"多闻阙疑"这段话下面，还有一句话："多见阙殆。""多闻"言多听，"多见"言多看。"阙疑""阙殆"意思大体相同，均指有所怀疑。

研究和整理《尚书》，首先要"多闻""多见"。《尚书》的研究与整理的过程已有两千多年的历史，有关著作汗牛充栋。这些著作供参考，是可以的，但能够据为信史的资料，却很少。

《尚书》篇有今古文之分。今文二十八篇，古文二十五篇，自清代阎若璩《尚书古文疏证》一书问世三百年来，古文之伪已成定谳。近百年来，学者们又对今文提出质疑，提出许多见解（限于篇幅不缕述）。特别是甲骨学勃兴之后，许多学者以甲骨文、金文证《尚书》创"新证"之学，成绩斐然。不但如此，许多自然科学家（如天文、农业、地理等学科）也涉足这一领域，运用现代自然科学对《尚书》中涉及的有关自然科学方面的问题加以研究，创获尤多。这些成绩都是应当充分加以肯定的。但是，我们应当知道，我们今天所能见到的《尚书》文本，是唐孔颖达《五经正义》本，该本所据正是东晋梅赜所献的所谓伪孔传本。其他《尚书》文本均已亡佚。《正义》本（伪孔传本）就字体而言，最早的楷体本始自东晋范宁（339~401），此楷体本已佚。第二次的楷体本是开成石经本，为唐玄宗命卫包所书写，不无讹误。初刻时即有郑覃、唐玄度校订磨改，后来虽有损毁，但经修复，基本上完好无缺。① 清代学者阮元认为"后来注疏本俱出于此"。②

古人云："读天下书未遍，不敢妄下雌黄。"治学必须具备这种严肃态度。如果说唐孔颖达《五经正义》之前的《尚书》文本，均已亡佚，今天均不及见，那么我们今天讨论《尚书》有关问题则必须"慎言其余"！

1993年湖北荆门市郭店楚墓出土了战国时代老子竹简本，轰动了整个学术界。这部书学术价值自不待言，这件事情本身给人的启发意义尤为重大。所谓"地不爱宝"，既然老子的战国竹简本、汉代的帛书本

---

① 刘起釪：《尚书源流及传本考》，辽宁大学出版社，1987，第152~153页。
② （清）阮元校刻《十三经注疏》，中华书局，1980，第111页。

可以出土，那么儒家的经典——《尚书》（也包括其他各经）战国本、汉代本、魏晋本，也有出土的可能。在这些文本尚未出土的情况下，我们讨论问题必须谨慎从事，立论决不可过于武断。试举以下几个问题谈谈我的一些浅见。

1. 关于尚书的今文与古文。学者们对古文之伪作了许多考证，提出许多质疑，甚至对今文也提出过许多质疑，但学者们对传授今文的伏生则很少提出质疑。《易经》《诗经》自孔子至汉代的授受传承均有记载，唯独《尚书》没有这方面的记载，原因何在？再者，伏生的《尚书》来自何处？是否确为孔子所整理的《尚书》？这些都是非常值得研究的问题。有的学者确认为孔子整理的《尚书》，但根据何在，却提不出来。我以为对这种问题还是"慎言"为是。再者，假定伏生的《尚书》确为孔子所传，那么，根据《史记·儒林传》记载伏生为秦博士，秦始皇焚书坑儒时，伏生将《尚书》壁藏于家中。大乱之后，亦即汉定之后，伏生求其书，亡数十篇，仅得二十九篇（实为二十八篇），便以这二十八篇教于齐鲁之间。伏生既为秦博士，又专授《尚书》，可见对《尚书》有专门研究。二十八篇之外的《尚书》虽然亡佚了，但伏生对这些佚篇的内容，一定非常了解。伏生除了传授今文二十八篇之外，还有解说《尚书》的专著《尚书大传》一书问世。在这部专著中，除二十九篇（含《泰誓》篇）外，伏生还提到《九共》（虞传）、《帝告》（殷传）、《大战》、《嘉禾》、《揜诰》、《臩命》（即《冏命》，以上为周传）六篇。其中《大战》篇录有篇中正文，《九共》《帝告》《嘉禾》有解说文字，而无正文。《揜诰》《冏命》两篇仅存篇目，无正文亦无解说文字。

《尚书大传》虽是伏生解《尚书》的专著，却是其及门弟子欧阳生和伯与张生所记。是否为伏生解《尚书》的全部已不得而知。此书已佚，清人有多种辑本。《皇清经解续编》收清人陈寿祺《尚书大传辑校》本。《尚书大传》所录《大战》篇文字，《史记·周本纪》未采录（有的学者以为《周本纪》译载全文，未出篇名，不确），是否确有此篇，难以详考。

《尚书》为先秦旧籍，全书文字不会太多。伏生既是研究《尚书》的专家，记诵全书当非难事，为什么只录《大战》篇一篇文字，《九共》《帝告》《嘉禾》三篇仅有解说而无正文，《揜诰》《冏命》两篇，既无解说文字更无正文，仅存其篇目。其余逸篇不但无正文，无说解，且无篇目。这个问题不是很值得人们去思考，去研究吗？遗憾的是这个问题自古及今并未引起学者们的注意，岂非咄咄怪事？

2.《古文尚书》在两汉时期据《史记》及《汉书》记载，有河间献王本、鲁恭王坏孔子宅所得壁中本、孔安国家藏本。此外还有东莱张霸所伪造的百两本，此本当时已证其伪，可以不论。河间献王本、恭王坏孔子宅所得壁中本，未见传授记载，而孔安国的家藏本却有传授记载。其系统是：孔安国——都尉朝——庸生——胡常少子——徐敖——王璜、恽子真——桑钦、贾徽——贾逵。有的学者认为这种传授系统出于编造。此说恐不确。

西汉《尚书》古文本是否存在，是学者争论的问题之一。康有为作《新学伪经考》力主西汉古文经包括《古文尚书》在内均为刘歆所伪造。此论实不足辩。西汉成帝时东莱张霸献《尚书》百两篇，经过校正，已证明其为伪书，按当时法律规定"霸罪当至死"，但"成帝高其才而不诛"（《论衡·正说篇》）。可见，在当时造伪书之罪是非常严重的。刘歆请立古文经（包括《古文尚书》）事在哀帝时，距张霸献伪书不过二十余年。因遭到今文经学家的反对未能实现，于是刘歆写了一篇著名文章《移让太常博士书》叙述古文经的由来，据事说理，言辞恳切，批评今文家"专己守残，党同门，妒道真，违明诏，失圣意"。措辞十分尖锐。当时名儒龚胜因此"上疏深自罪责"，另一位位至大司空的儒者师丹，虽大怒，在上书中，也只是"奏歆改乱旧章，非毁先帝所立"。所谓"旧章"指"先帝"所立十四博士的规定，并非另有所指，竟无一人站出来指出刘歆所立的古文经为伪造。经过长期搜集，宫中藏书已极为丰富，上层儒者阅读这些图书，并非难事，如果刘歆请立的古文经，均属伪造，那么当时儒者自可用中秘本（宫中藏书）像对张霸的百两本一样，加以校正，当可立辨其伪，为什么没有人这样做？难道事隔二十余年之后儒者的学问竟下降到如此程度！

由此可见，否认两汉时代《尚书》古文经的存在是不符合事实的，尤其是两汉《尚书》古文经为刘歆的伪造的说法更是难以令人信从，不能成立的。上述《古文尚书》从孔安国至贾逵的传授系统同样也是很难否定的。东汉时代古文学大兴，《左传》尚且能够传下来，古文《尚书》反而失传，这是不合情理的。1987 年《文献》第 2 期发表的王葆《论梅本古文〈尚书〉的渊源》一文，提出了二十五篇古文出于孟子之手的假说。文中论证虽不无可议之处，但所提的假说是值得重视的。当然既是假说，便有待于证实。我以为汉代的《古文尚书》很可能就是东晋豫章内史梅赜所献的《古文尚书》。

3. 梅赜伪造二十五篇古文说，不可从。《论梅本古文〈尚书〉的渊源》一文已作充分论证，原文具在，读者自可检阅，这里不作转述。

需要指出的是，上面所提到的湖北省荆门市郭店楚墓竹简，这批竹简经过整理已于 1998 年 5 月由文物出版社首次出版面世，书名为《郭店楚墓竹简》。该书《前言》称：由于墓葬被盗，竹简有缺失，已无法估计简本原有数量。再者竹简出土时已散乱残损，虽经整理者依据竹简形制、抄手的书体和简文文意进行分篇系联，但已无法恢复简册原状。这些，当然都是无法弥补的缺憾。但它的价值与意义仍然是极高的，为学术界所充分肯定。

《郭店楚墓竹简》除道家著作外，还有相当一批属儒家著作。这里要提到的是其中的《缁衣》篇，此篇见于《礼记》，为今本《礼记》第三十三篇。楚简整理者认为：简文的内容与《礼记》的《缁衣》篇大体相合，二者应是同一篇的不同传本。

简本《缁衣》篇引《古文尚书》四次，今以引文出现的先后为序引述于下。为便于对比，每条引文后，另起列今本《礼记·缁衣》引文，再另起列今本《古文尚书》原文：

①《尹诰》员（云）："隹（惟）尹（伊）躬（尹）及汤，咸又（有）一德。"

《礼记·缁衣》："尹吉曰：'惟尹躬及汤，咸有壹德。'"

《古文尚书·商书·咸有一德》："惟尹躬暨汤，咸有一德。"

②《尹䎽（牙）》员（云）："日俗雨，少（小）民隹（惟）日愲；晋冬旨（耆）沧，少（小）民亦隹（惟）日愲。"

《礼记·缁衣》："《君雅》曰：'夏日暑雨，小民惟日怨，资冬祁寒，小民亦惟日怨。'"

《古文尚书·周书·君牙》："夏暑雨，小民惟曰怨咨；冬祁寒，小民亦惟曰怨咨。"

③《君迪（陈）》员（云）："未见圣，如其弗克见，我既见，我弗迪圣。"

《礼记·缁衣》："《君陈》曰：'未见圣，若已弗克见；既见圣，亦不克由圣。'"

《古文尚书·周书·君陈》："凡人未见圣，若不克见；既见圣，亦不克由圣。"

④《君迪（陈）》员（云）："出内（入）自尔币（师）于（虞），庶言同。"

《礼记·缁衣》："出入自尔师虞，庶言同。"

《古文尚书·周书·君陈》:"出入自尔师虞,庶言同则绎。"

《礼记》今本《缁衣》篇第十六章还有《古文尚书》引文四条,《太甲》上两条(《尹吉》一条在今本《太甲》上),《太甲》中一条,《兑(说)命》中一条。简本无今本第十六章,因而也没有这四条引文。

对上述引文作对比综合分析后,可以得出两点新的认识。

首先,郭店楚墓据"发掘者推断该墓年代为战国中期偏晚。郭店楚简的年代应略早于墓葬年代"[1]。如果将郭店楚简的年代定为战国中期,那么,简本既然引用了《诗经》、《今文尚书》、《古文尚书》中一些篇章的文字,可证《古文尚书》和《诗经》及《今文尚书》一样,于战国中期已在流行。由此,也就有理由认为两汉及魏晋时代的《古文尚书》很可能就是战国时代《古文尚书》的传本。简本引文与今本《缁衣》引文及今本《古文尚书》原文的文字虽略有不同,但内容大体一致,便是证明。文字略有不同可能是由传本不同所致。如果说战国中期《古文尚书》在流传中已有不同传本,那么,两汉时代的《古文尚书》有河间献王本、壁中本、孔安国家藏本也就可以理解了。如果《古文尚书》在战国中期就已在流传,那么,《古文尚书》的伪造者当是战国中期或战国中期以前的人,而绝不可能是晚至东晋时代的梅赜。

其次,简本引文第一条为《尹诰》,今本《古文尚书》无此篇名。引文在今本《古文尚书·商书·咸有一德》篇内。这种情况,也可能是传本不同所致。不过,我们还应当看到先秦古籍在流传之初有一些并无篇名,篇名为后代的整理者所加。原貌究竟如何,已不可得知。西汉时代,《古文尚书》复出。各种记载于篇数、篇名不尽相同。《史记·

---

① 王传富、汤学锋:《荆门郭店一号楚墓》,《文物》1997年第7期。

儒林传》："孔氏有古文《尚书》，而安国以今文读之。因以起其家逸《书》得十余篇，盖《尚书》滋多于是矣。"这里所说的逸《书》，显然在伏生所传的二十九篇（实为二十八篇，《泰誓》后得，不在其内）之外，"十余篇"是概数而非确数，且无篇名。《汉书·儒林传》也照录了这段文字。刘歆《移让太常博士书》所述与此不同，认为这些逸《书》是鲁恭王坏孔子宅得于坏壁之中，并确指为十六篇。《汉书·艺文志》："武帝末鲁共王坏孔子宅，欲以广其宫，而得《古文尚书》……孔安国者，孔子后也，悉得其书，以考二十九篇，得多十六篇。"《汉书·艺文志》的这段记载可能参考了刘歆的说法，而实际上与刘歆的说法是不同的。因为《汉书·艺文志》的记载非常明确，是"悉得其书"。就是说孔安国将鲁恭王于坏壁中所得的全部《古文尚书》，拿来与伏生所传二十八篇核校后，又多得十六篇。可见恭王所得之书，应该多于十六篇，究竟是多少篇，史无明文，只好付之阙如。总之刘歆所说古文十六篇与《汉志》所载不同，与孔安国家藏逸《书》十余篇也不是一回事，不能混为一谈。

唐初孔颖达修《尚书正义》，根据当时所见到的资料将《古文尚书》的篇名篇数分为两个系统：其一是马融、郑玄所注《书序》中所保存的篇名篇数；其二是伪孔传本的篇名篇数。为了说明问题，现将两个系统的篇名篇数分别开列于后：

①马融、郑玄注本。这一系统就篇数而言为十六，十六篇之说始于刘歆，但刘歆只道及篇数而未道及篇名。孔颖达始将此十六篇篇名具体化，篇名如下：

虞夏书七篇：《舜典》、《汩作》、《九共》、《大禹谟》、《弃稷》（益稷）、《五子之歌》、《胤征》。

商书六篇：《汤诰》《咸有一德》《典宝》《伊训》《肆命》《原命》。

周书三篇：《武成》《旅獒》《冏命》。

②伪孔传本篇目。

虞夏书三篇：《大禹谟》《五子之歌》《胤征》。

商书十篇：《仲虺之诰》、《汤诰》、《伊训》、《太甲》（上、中、下）、《咸有一德》、《说命》（上、中、下）。

周书十二篇：《泰誓》（上、中、下）、《武成》、《旅獒》、《微子之命》、《蔡仲之命》、《周官》、《君陈》、《毕命》、《君牙》、《冏命》。

阎若璩《尚书古文疏证》第三列示这些篇目后，批评孔颖达不相信马融、郑康成诸大儒，而相信伪孔传。这种批评是难以令人信服的。首先上述十六篇篇目，是否确为马、郑所注的篇目并无的据，当在阙疑之列。退一步说，即使是马融、郑玄所注，也未必是真本。这个注本虞夏书七篇，篇数最多，商书六篇居次，周书三篇最少。时代越古越多，时代越近越少，这是不合情理的。所谓伪孔传本则不然，虞夏书仅三篇，商书十篇，周书十二篇。时代越古越少，时代越近越多，和十六篇本形成强烈反差。也许孔颖达正是因为看到这种反差，引起怀疑，所以弃马、郑而从孔传。

再者，《汉书·艺文志》：“《尚书》古文经四十六卷。”自注“为五十七篇”。唐颜师古注：“孔安国书序云：‘凡五十九篇，为四十六卷。承诏作传，引序各冠其篇首，定五十八篇。’郑玄叙赞云：‘后又亡其一篇，故五十七。’”孔传本除古文二十五篇外又将今文二十八篇析为三十三篇，合计恰为五十八篇。而郑玄叙赞为五十七篇，大约为了牵合此篇数，将夏书《九共》篇析作九篇，这样，十六篇就变作二十四篇，加上今文三十三篇共计为五十七篇，如此，便与郑玄叙赞所说五十七篇相吻合了。但是，需要指出的是：《九共》篇能否析为九篇，是一个十分值得研究的问题。《尚书大传》：“《九共》以诸侯来朝各述其土地所生美恶，人民好恶，为之贡赋、政教。"根据伏生对《九共》内容的解说，则《九共》的内容与《禹贡》内容相似。《禹贡》第二段第一层正是把全国按九州分别加以介绍，大体上则是"各述其土地所生美恶，人民好恶，为之贡赋、政教"。共，当作贡，九共，当即九州之贡，倘把"九共"分作九篇，就是将每州之贡，各为一篇。在《禹贡》内，九州之贡不仅未单独成篇，而且合在一起成为第二段中的一个段落，当然此段与其要他各段相比，文字最长。倘以文字的长短而论，则《禹贡》中的九州之贡不但可以单独成篇，即每州之贡亦可单独成篇。因而，我怀疑《九共》很可能就是《禹贡》的一部分，《禹贡》在今文二十八篇中堪称鸿幅巨制。一篇之内包含这么多内容，在《尚书》中也是仅此一篇而已。

最后，也是最重要的一点，战国中期简本《缁衣》涉及《古文尚书》的四条引文均在今本孔传本内，第一条所引篇名作《尹诰》，孔传本无此篇名，马、郑所注的十六篇本亦无此篇名。而引文却在孔传本的《咸有一德》篇内。另外三条所引篇名《君牙》《君陈》，孔传本、《周书》内有此篇名，而马、郑所注的十六篇本《周书》内无此篇名。三条引文分别在孔传本的《君牙》《君陈》篇内。战国中期简本《缁衣》，马融、郑玄不及见，孔颖达更不及见。而简本《缁衣》与孔传本暗合，与马、郑注本不合。单就这一点而言，舍马、郑而从《孔传》不正显示出孔颖达的卓识吗！难道因为马融、郑玄是汉代大儒就应该盲从吗！阎若璩博极群书是学者们所津津乐道的，然而阎若璩对地上之书大体是看遍了的，但地下之书却未曾看到。假如阎若璩晚生三百多年，看到今天出土的战国中期简本《缁衣》，大约就不会对孔颖达作出那些批评了。

以上三点涉及《尚书》流传的三个时期：先秦、两汉、魏晋南北朝。这三个时期的《尚书》原本，我们均不及见。也许有一天这三个时期《尚书》原本会像《老子》战国竹简本、汉代帛书本及《周易》汉代帛书本那样，破土而出，重见天日。那样，一些争论不休的问题将迎刃而解。当然，这并不是说这三个时期《尚书》文本未出土之前，只能消极等待而不作研究，而是说我们在研究的时候，要"多闻阙疑，慎言其余"。孔子还说过："夏礼，吾能言之，杞不足征也：殷礼，吾能言之，宋不足征也。文献不足故也。足，则吾能征之矣。"（《论语·八佾》）应当说，这种态度和方法是科学的，两千年后的今天，我们仍然要遵守。像康有为那样肆逞臆说，难免贻笑于后人！

关于《尚书》文字训释问题。众所周知，《尚书》文字，在古文献中最为古奥，确实是"佶屈聱牙"，极难读懂。因此，训释《尚书》文字是一件十分艰巨的工作。杨树达（遇夫）先生提出治古书，通训诂、审辞气，二者并重的方法。甲骨学莫基者、近代国学大师王国维（静安）先生，提出二重证据法，都是训释《尚书》文字应当遵循和借鉴的科学方法。杨先生于通训诂之外，提出审辞气，尤为切要。所谓"审辞气"是从语法角度来讲的，从语法角度来训释文字，就是将字词放在使用的语言环境中加以训释。甲骨学兴起之后，不少学者将甲骨文研究成果、金文研究成果运用到《尚书》文字训释中来，解决了许多疑难问题，这是应该肯定的。但是，如果不注意审辞气，就是说不注意字词在《尚书》中的语言环境，就会"扞格难通"出现误解、误训。试举下述两例来说明这一点。

第一例，《尚书·费誓》："马牛其风，臣妾逋逃，勿敢越逐，祗复之，我商赉汝。"

杨筠如《尚书覈诂》解"我商赉汝"说："商，当读为**賞**之渻。金文赏字皆作**賞**。"并举出下述例证：

俎子鼎：王**賞**伐**爵**贝二朋。

小盂鼎：王命**賞**盂。

般甗：王商作册般贝

最后作出结论说："则商赉，即商赉矣。"

于省吾《尚书新证》："伪传训'商'为'商度'，非是。全文'赏'每作'商'。"并举出下述例证：

般甗：王商作册般贝。（舜按：此例与杨筠如所举第三例相同。）

盉卣：末距₴国差商末。

于省吾先生认为："此例至夥。"未作更多的引证。

杨、于二先生均否定伪孔传的训释，而创为新解。然而，对于杨、于二先生的新解，我则实在不敢苟同。我以为从上述例证看，在金文中解商为赏是可以的，但将这种训释移到《费誓》中来则是错误的。这种错误，就在于忽视了"审辞气"。只要仔细研究上述金文例证，便可发现，就"辞气"而言，"商"在上述金文例证中与《费誓》中是不同的。金文例证所表述的是既成事实，无须"商度"，而《费誓》则不然。鲁侯在誓词中所说的赏赐，只是事先的许诺，要在将因放牧而走失的马牛，以及逃跑的奴隶捉到并恭敬地送回来之后，才可以实施赏赐。可以想见按照鲁侯号召，将士们在捉拿牛马及奴隶的活动中所立功劳的大小将会是不同的。这样，事情结束之后，进行赏赐，难道不应当仔细地反复地根据各人所立功劳大小等各种情况"商度"一番吗；可见将两种不同的"辞气"混为一谈，不加分辨，就必然会造成误解。

再者，赉，本来就是赏赐的意思。商如果作赏赐解，那么"商赉"连用，意思重复，毫无必要。上述金文例证中，"商"与"赉"并不连用，便是明证。《尚书·汤誓》："予其大赉汝。"只用"赉"而不与"商"连用也是明证。既然"商"和"赉"单独使用，均可明确无误地表达"赏赐"的意思，不要说古代书写艰难文字简约，就是在今天意义完全相同的词叠床架屋地合在一起使用，不也是有失累赘而应加以删节吗？

把甲骨文、金文的研究成果，运用到《尚书》文字的训释中来是完全必要的，但绝不可生搬硬套。

第二例，《尚书·君奭》："公曰：君，予不惠若兹多诰，予惟用闵于天越民。"

"不惠"，杨筠如《尚书覈诂》："惠疑当作惟。"又说："此文下作予惟，则此不惠亦当为不惟也。古惠惟声近相假。"唐兰先生说："按杨氏读惠为惟，甚是，其谓惠为惟之假，则误，岂有正字，作惠作惟，同是假借，宁有更假惠为惟哉？"[①]唐兰先生还说："《书·洛诰》：'予不惟若兹多诰。'《君奭》云：'予不惠若兹多诰。'句例全同，不惠即不惟也。"[②]唐先生引作《书·洛诰》实误，当作《书·酒诰》。唐兰先生据杨筠如《尚书覈诂》为说，以为此处惠即甲骨文、金文的惠字，用为语词。恐不确。《酒诰》"予不惟若兹多诰"与《君奭》"予不惠若兹多诰"句例虽全同，但二句各自的"辞气"却很不相同，"不惠即不惟"的结论便很难成立。

先分析此句在《君奭》中的"辞气"。《君奭》篇是周公对召公的诰辞，召公在周初的统治集团中，也是一位举足轻重的人物。篇中周公再三表示希望他们二人能加强团结。并要求召公"猷裕"亦即胸怀宽阔。据此，可以想见召公当是一位心胸比较褊狭的人物。此时与周公当已产生一定的隔阂。因此，篇中周公对召公的告诫，措辞十分谦和。这一点与《酒诰》中对唐叔的告诫措辞非常率直（《康诰》亦如此）形成鲜明对照。"不惠"句出现在《君奭》的篇末，可以看作结束语。"若兹多诰"的"兹"显然代指篇中全部诰辞，这些诰词尽管极为恳

---

① 李孝定编述《甲骨文字集释第四》第1426页引，于省吾主编《甲骨文字诂林》，中华书局，1996，第四册第2982页引同。

② 李孝定编述《甲骨文字集释第四》第1425页引，于省吾主编《甲骨文字诂林》第四册第2982页引同。

切，但为了使召公容易接受，在谈话结束的时候，再一次表示自己的谦恭，是十分必要的。清儒江声、孙星衍以为"惠与慧通"。不惠，言我不智慧。并指出这是周公的谦辞。此解是正确的。因为它完全符合此句的"辞气"。就是说，这种理解，不仅着眼于全篇，而且着眼于"不惠"句的上下文。上句的大意是：我（周公自指）很不聪明，说了这许多话。而下句的大意则是：只是因为我忧虑天命和民心的不易保持。下句所言是说明"若兹多诰"的原因。句中"用"字，作"因"解。这样，"辞气"才能相连贯。如果按杨筠如、唐兰二先生的意见，不惠即不惟，而"惟"为语词，不惟包括只有、不仅和不只、除非两个义项。无论哪个义项在此处均为"不词"，再如按杨筠如将"不惟""予惟"相对应，则更加"无解"。

《酒诰》中"不惟"的例句如下：

> 封！予不惟若兹多诰。古人有言曰："人，无于水监，当于民监。"

此处"不惟"应解为"不仅"，下文引述古人遗训。上下文联系起来看，"予不惟若兹多诰"下面，当有省略。这段话的大意是说：我不仅用这些道理告诫你，还希望你考虑古人的遗教：人，不要把水当作镜子，而应当把臣民当作镜子。"还希望你考虑"则是句中的省略部分（或称隐含部分）。可见，此处"不惟"与《君奭》中的"不惠"用法各异，是不能混同的。

对于甲骨文中的"惠"字，李曰丘先生说："今按惠字涵义极为复杂，欲求一义以贯之，实不可能。"[1] 这个意见无疑是正确的。即以"惠"字而言，在今文《尚书》二十八篇中，使用过 16 次（包括"保

---

① 李孝定编述《甲骨文字集释第四》第 1430 页引。

惠"条 2 次），便可分作四个义项。①作仁爱解。使用过 7 次，例句如下："安民则惠"，"能哲而惠"（《皋陶谟》），"惠笃叙"（《洛诰》），"惠鲜鳏寡"（《无逸》），"惠康小民"（《文侯之命》）。②作顺、合解。使用过 5 次，例句如下："亮采惠畴"（《尧典》），"朕言惠可厎行"（《皋陶谟》），"惠不惠"（《康诰》），"尔曷不惠王熙天之命"（《多方》）。③作兵器名，指三棱矛。使用过 1 次，"执惠"（《顾命》）。④解犹"慧"。使用过 1 次，"予不惠若兹多诰"（《君奭》）。①

　　仔细研究上面所引的例句，不难看出，《尚书》中的"惠"，并非甲骨文中作语词用的"叀"。而且，同样也不能以"一义贯之"。

　　至于"惟"字，在今文《尚书》中，用例多达 399 次，周民《尚书词典》分作 22 个义项，虽不能视为定论，但不能以"一义贯之"则是可以断言的。

　　杨筠如先生释惠为惟时，语气并不肯定，句中加上"疑"字，"惠，疑当作惟"。唐兰先生引述杨筠如先生《尚书覈诂》为说作进一步分析论证，认为《尧典》《皋陶谟》《多方》《文侯之命》等篇中的"惠"字，"前人训为顺若仁者均误，然则惠之用为语词者甚多，不仅杨所举二处也，知与惠同读若惟，则见于千百卜辞中之〇若叀字，罔不迎刃而解"②。李孝定先生说："卜辞中此字（舜按：指叀、惠）无虑数百见，各家说者纷纭，然均莫能贯通诸辞之意，惟唐氏（舜按：指唐兰）读叀为惠（清儒已有此说）并引杨筠如氏之说以明惠为语词，与经籍中语词之惟同，以读卜辞诸辞，无不豁然贯通，意义允洽，其说确不可易，他家之说亦可以无辨矣。"③ 如果说杨筠如提出这个新说，尚不确定，到唐兰先生则非常明确，至于李孝定先生则不仅十分明确，而

---

①　以上参引周民编写《尚书词典》，四川人民出版社，1993，第 93 页。
②　于省吾主编《甲骨文字诂林》第四册第 2982 页引。
③　李孝定编述《甲骨文字集释第四》，第 1431 页。

且十分坚定了。我以为此说在卜辞中是否"确不可易","他家之说"是否"可以无辨",可由甲骨文学者们去论定。至于在《尚书》中作如此结论,似嫌过于武断。我以为还是将《尚书》中惠、惟全部用例的"辞气"作一番细审,亦即作一番仔细研究之后再作结论比较妥当。

　　《尚书》这部古老的典籍,唐以前的传本均不及见,在"文献不足征"的情况下,我们的研究最好是"多闻阙疑,慎言其余",而不要把话说得太过、太满。

　　　　　　　　　　　　（原载于《聊城师范学院学报》2000 年第 1 期）

《尚书大传》平议

  《尚书大传》是最早对《尚书》进行论述解说的一部专著。作者伏生为秦汉之际人。《尚书》按传统的说法为孔子所编纂，孔子之后，秦汉之前《尚书》的授受源流，由于史阙有间，具体情况已难确考。秦始皇焚书坑儒之后《尚书》能够流传下来，这项功劳恐怕非伏生莫属了。伏生所著的《尚书大传》在尚书学史上具有开创之功。

  然而到目前为止研究尚书学史的学者对伏生尤其是《尚书大传》，尚未进行深入的探讨和研究。《尚书大传》遭到学者们的冷遇，我想也是有原因的。《尚书大传》问世之后，流传了一千四五百年，至元明时期便已亡佚。我们现在所见到的《尚书大传》是清代学者的辑佚本，也许在学者们看来，这样的辑佚本不能据为典要，其中的记载难以相信，故而弃之不论。其实，《尚书大传》虽是辑佚本，但它仍然具有很高的史料价值。伏生是一位享有高龄的学者，从现在所能看到的有关伏生的记载来看，可以想见伏生一生研究的重点就是《尚书》，《尚书大传》应是伏生一生瘁心于研究《尚书》的结晶。从这部著作中，我们一方面可以窥见这位淡泊名利的学者的学术思想和心路历程，另一方面也可以深入探讨《尚书》在秦汉之际流传中的若干问题，以期对尚书学史上若干重大的疑难问题的研究有所突破。

  为此，本文拟从以下几个方面进行考证和论述：一、《尚书大传》

的流传过程，通过对这个过程的考索以确定《尚书大传》辑佚本的文献价值与史料价值；二、通过分析《尚书大传》所表达的思想内容考论伏生的学术思想；三、将《尚书大传》所表达的思想与《今文尚书》二十八篇所表达的思想进行对比，考论伏生的解经方法；四、由上述考论引申出来的对《尚书》今古文本的一些思考。

一　《尚书大传》的流传过程

司马迁在《史记·儒林传》中，第一次记载了伏生传授《尚书》一事，然而却没有记载伏生曾为《尚书》作传。班固在《汉书·儒林传》中，同样记载了伏生传授《尚书》之事，并对伏生之后《今文尚书》的流传及师承授受详加记载，依然没有记载伏生为《尚书》作传一事。《汉书·艺文志》："凡《书》九家，四百一十二篇。入刘向《稽疑》一篇。"其所列书目列在第一项的"《尚书古文经》四十六卷，为五十七篇"，指的即是孔安国所传的《古文尚书》。列在第二项的"《经》二十九卷，大、小夏侯二家，《欧阳经》三十二卷"，这里所说的《经》二十九卷，即伏生所传的《今文尚书》二十八篇。伏生之后，欧阳及大、小夏侯三家分别立于学官，而大、小夏侯的传本为二十九卷，欧阳的传本为三十二卷。故班固在这里分别注明。列在第三项的"《传》四十一篇"，即伏生所著的《尚书大传》。这一项列在《经》二十九卷之后，《欧阳章句》及大、小《夏侯章句》之前，其为伏生所注的《尚书大传》则是不言自明的。这是因为无论欧阳或大、小夏侯均为伏生《今文尚书》的传承者。把伏生所著《尚书大传》放在欧阳、大小夏侯三家章句之前自是情理中事。再者，班固《汉书·艺文志》的资料来源于刘向及其子刘歆所著的《七略》，可见《尚书大传》一书，必然经过刘向、刘歆父子的校理。可以推想，这部书至少在西汉中期之后便已流行。

《汉书·艺文志》所列第八项"刘向《五行传记》十一卷",即《〈洪范〉五行传论》。《汉书·楚元王交传(附刘向、刘歆)》赞说:"刘氏(舜按,指刘向)《洪范论》发明《大传》,著天人之应。"便是证明。

《汉书》之后,范晔在编写《后汉书》时,曾经设想"欲遍作诸志,《前汉》所有者悉令备"(见范晔《狱中与诸甥侄书》),就是说像《汉书》那样也有《艺文志》记述东汉一代典籍流传情况。但范晔被诬陷谋反被杀,未能实现这一愿望。协助范晔撰写《后汉书》的谢俨撰成十志,因范晔仓促遇难来不及裁定而散佚。后来,司马彪《续汉书》虽有《八志》但仍缺《艺文》及《刑法》《食货》《沟洫》等志。故东汉一代典籍流传情况,便不得其详。这不能不说是一大缺憾!《晋书·五行志上》:"汉兴,承秦灭学之后,文帝时,虙生创纪《大传》,其言五行庶征备矣。"虙生即伏生。这里明确指出《大传》为伏生"创纪",必当有所依据。《宋书·五行志一》:"逮至伏生创纪《大传》,五行之体始详。"此处作"伏生"不作"虙生",可证"虙生"即伏生。下文引《五行传》:"田猎不宿,饮食不享,出入不节,夺民农时,及有奸谋,则木不曲直。谓木失其性而为灾也。"又曰:"貌之不恭,是谓不肃。厥咎狂,厥罚恒雨。厥极恶。时则有服妖,时则有龟孽,时则有鸡祸,时则有下体生上之痾,时则有青眚青祥。惟金沴木。"需要指出的是"谓木失其性而为灾也"一句,显系《宋书》作者撮述郑玄注文语;而标点者却将这句话当作《五行传》正文,实误。如果除去《宋书》标点者的误窜,便可发现上述《宋书·五行志》的两段引文,与《尚书大传》辑本全同。这也证明《尚书大传》在这一时期内虽不见著录,而仍在流传。

《隋书·经籍志》:"《尚书大传》三卷,郑玄注。"又说:"伏生作

《尚书传》四十一篇。"这四十一篇的《尚书传》即郑玄所注三卷本《尚书大传》。

《经典释文·叙录》:"《尚书大传》三卷,伏生作。"

《旧唐书·经籍志》:"《尚书畅训》三卷,伏胜注。"《新唐书·艺文志一》:"伏胜注《大传》三卷。"另起一行:"又《畅训》一卷。"上述两《唐书》所录颇有违误。所谓《畅训》是《尚书大传》中的一部分。《旧唐书》作《尚书畅训》固误,而《新唐书》在《尚书大传》三卷之外,另列《畅训》一卷,亦误。陈寿祺认为《畅训》当属《尚书大传》中之《略说》,此说可从。《略说》就其性质而言,当属总论部分。

另外,唐徐坚等纂成于唐玄宗开元年间的《初学记》,该书卷二十一《文部》载:"伏生为《尚书传》四十一篇。欧阳、大小夏侯传其学,各有能,名是曰《今文尚书》。刘向《五行传》,蔡邕勒石经,皆其本。"这段记载也可参证新、旧《唐书》之误。

纂成于北宋仁宗庆历元年(公元1041年)的《崇文总目·书类》记载:"《尚书大传》三卷。"这条记载之后附有如下说明:"汉,济南伏胜撰。后汉,大司农郑玄注。伏生本秦博士,以章句授诸儒,故博引异言授受,援经而申证云。"

南宋晁公武纂成于绍兴二十一年(公元1151年)的《郡斋读书志》亦载:"《尚书大传》三卷。"此条下附有提要:"右,秦伏生胜撰,郑康成注。胜至汉孝文时,年且百岁。欧阳生、张生从学焉。音声犹有讹误,先后犹有差舛,重以篆隶之殊,不能无失。胜终之后,数子各论所闻,以己意弥缝其阙。而别作章句,又特撰大义,因经属指,名之曰《传》,后刘向校书,得而上之。"淳熙五年(公元1178年),陈骙等纂成《中兴馆阁书目》三十卷并上奏朝廷,嘉定十三年(公元1220年)张攀等又纂成《中兴馆阁续书目》,这两部书质量是不高的,特别是后一部质量更差。尽管如此，这两部书的纂成毕竟是政府行为，正如陈振孙所说的"网罗遗逸，中秘所藏，视前世独无歉焉，殆且过之"，其所依据的图书资料之丰富是任何个人都无法与之相比的。因而这两部书目的史料价值仍不可低估。所以当时学者对两部书目仍然比较看重。著名学者王应麟，在对《尚书大传》进行稽考时，不仅在所纂《玉海》卷三十七中称引《中兴馆阁书目》中有关资料，而且以此为据，在《汉艺文志考证》一书中，对《尚书大传》作进一步考索，全文摘录《中兴馆阁书目》中所记载的为郑玄所著的《尚书大传序》。清儒严可均又将这份资料重加厘定，标题为《尚书大传·叙》录入《全后汉文》卷八十四郑玄的著作中。全文如下：

> 盖自伏生也。伏生为秦博士，至孝文时，年且百岁。张生、欧阳生从其学而授之。音声犹有讹误，先后犹有差舛，重以篆隶之殊，不能无失。生终后，数子各论所闻，以己意弥缝其间，别作章句。又特撰大义，因经属指，名之曰《传》。刘子政校书，得而上之。（一云奏此目录。）凡四十一篇，至元（舜按：元当作玄，指郑玄）始诠次为八十三篇。

严可均所厘定的这段文字与王应麟《汉艺文志考证》所录文字稍有不同，但无伤主旨，而两者相较似以严本为胜。

以上所述，是《尚书大传》一书自纂成后由西汉至南宋时期流传的大致情况。根据这些记载，大致可以推定以下两点。

《尚书大传》虽成于欧阳生、张生之手，但撰著者仍为伏生，此书曾为刘向所校定，是一个可以信据的传本，不但可以据此研究伏生的思想，也可以据此考索《尚书》在秦汉之际的流传情况，解决《尚书》流传过程中的一些难题。

《尚书大传》初为四十一篇，至郑玄始"次为八十三篇"。从历代著录的情况来看，流传至南宋的《尚书大传》本，即郑玄所诠次的八十三篇本。

南宋末年，正值宋、元政权的更迭期。战争频繁，破坏惨重，经籍又经历了一次浩劫。此时，陈振孙《直斋书录解题》所著录的《尚书大传》已是"印板刓缺"并非"完善"的全本了。① 王应麟稍后于陈振孙，入元时尚存。从上述王应麟对《尚书大传》的著录、论述和考证情况来看，王应麟应该见过《尚书大传》的全本。由此推测，《尚书大传》大概亡佚于元、明之际。

《汉书·艺文志》著录《尚书大传》时，只标明四十一篇，未标明卷数。至《隋书·经籍志》及《经典释文》的著录始标明三卷。后代的著录就卷数而言多为三卷，就篇数而言则为四十一篇或八十三篇。但由于原书已佚，三卷的内容如何划分，四十一篇或八十三篇各篇的具体内容是什么，已难确考。清代辑佚之风盛行，出现过多种《尚书大传》的辑佚本。在这些辑佚本中，以清儒陈寿祺《尚书大传定本》最为详核。陈寿祺《尚书大传定本·序》："近人编辑有仁和孙晴川本、德州卢雅雨本、曲阜孔丛伯本。孙、卢本多戬舛，孔氏善矣，而分篇强复《汉志》之旧，非也。其他讹漏犹不免焉。今覆加稽核，楬所据依，稍参愚管而为之案。三卷，首为序录一卷，其所芟除，别为订误一卷，末载《汉书·五行志》，缀以它书所引刘氏《五行传论》三卷，总为八卷。"

陈寿祺《尚书大传定本》刊行本，有王先谦《皇清经解续编》本及《四部丛刊》影印本。王先谦将《尚书大传定本》定名为《尚书大传辑校》收入《皇清经解续编》卷三百五十四中。王先谦删去《序录》及《订误》，将全书厘为三卷。卷一为《唐传》《虞夏传》《夏传》《殷

---

① 陈振孙：《直斋书录解题》，上海古籍出版社，1987，第28页。

传》。卷二为《周传》。卷三为《略说》。《四部丛刊》本首列陈寿祺《尚书大传定本·序》，卷一为《序录》《唐传》，卷二上为《虞夏传》，卷二下为《殷传》，卷三、卷四为《周传》，卷五为《略说》《辩伪》。两本相较，当以《四部丛刊》本为胜，因为这个版本全部保存了陈寿祺的辑校成果，对全面而深入探讨《尚书大传》更有帮助，笔者研究据此为本。

清末今文经学家皮锡瑞著《尚书大传疏证》七卷，对陈寿祺的辑佚本又"间加厘定"，同时对《尚书大传》郑玄注多有驳正。因而，笔者在平议《尚书大传》时，对皮著亦多有参考。

二　《尚书大传》的内容

陈寿祺在《尚书大传定本·序》中对伏生传授《尚书》的功劳给予极高的评价，他说："向微伏生，则唐、虞、三代典谟诰命之经，烟销灰灭，万古长夜。夫天为斯文，笃生名德，期颐之寿，以昌大道，岂偶然哉！"这段话虽不无溢美之嫌，但今文《尚书》赖伏生而得以传世，却是不争的事实。尤其重要的是伏生还著作了一部解释《尚书》的《大传》。对《尚书大传》陈寿祺也有一番中肯的分析和评价。他说："伏生《大传》条撰大义因经属恉，其文词尔雅深厚，最近大、小戴《记》七十子之徒所说，非汉诸儒传训之所能及也。"又说："伏生之学尤善于礼，其言……皆唐虞三代遗文，往往六经所不备，诸子百家所不详。""伏生之学尤善于礼"，这个分析是十分中肯的。这个"礼"当然是指以孔、孟为代表的儒家所说的"礼"。这种"礼"，就其内涵而言，应该包括三个方面：一、典章制度，政府机构设置及职官；二、礼节仪式及人（包括君、臣、民）的行为规范和人伦道德；三、上述两方面的理论根据及指导思想。伏生就是通过《尚书》中的"礼"的阐释来昌明儒家的"大道"的。

伏生的阐释运用两种方法：其一为"因经属恉"，这种方法即对《尚书》原文的字句进行阐释；其二为博采三代遗文、遗说、遗事对经文加以补充或佐证。

首先，让我们看一看伏生对《尚书》是怎样"因经属恉"的。

《尚书·尧典》："乃命羲和，钦若昊天，历象日月星辰，敬授民时。"《传》："故天子南面而视四星之中，知民之缓急。急则不赋籍，不举力役。故曰'敬授人时'，此之谓也。"（舜按："人时"当作"民时"。《孔传》本作"人时"，《史记》《汉书》及《太平御览》卷二六时序部引《尚书大传》均作"民时"，当从。）《大传》如此解释经恉，充分反映了伏生的民本思想。

《尚书大传》另一个重要内容并对后代产生重大影响的是五行。《今文尚书》关于五行的记载有两处：一处在《甘誓》，一处在《洪范》。《甘誓》是商汤讨伐夏桀的誓词。在誓词中，商汤列举夏桀的罪行，其中之一便是"威侮五行"。至于五行的内容是什么，誓词中并未涉及，《大传》亦未涉及。《洪范》中的五行便比较详明了。《洪范》在《今文尚书》中，被列入《周书》，篇次在《牧誓》之后。《尚书大传》未列《牧誓》而列《大誓》，《洪范》的篇次在《大誓》之后。《洪范》篇比较特殊，之所以被列入《周书》是因为殷商灭亡的第二年，周武王访问殷商遗老——箕子。这位箕子既是殷末贤人，又是殷纣王的叔父。武王向箕子请教治国之道，箕子回答说："我闻在昔鲧堙洪水，汩陈其五行。帝乃震怒，不畀洪范九畴，彝伦攸斁。"（《尚书·洪范》）

按照箕子的说法，"洪范九畴"和"五行"之间有一定联系。禹的父亲鲧"汩陈其五行"破坏了五行的规律，引起帝的"震怒"，便不把"洪范九畴"赐给鲧，以致"彝伦攸斁"。帝流放了鲧，使鲧在流放中死去。禹成功地治理了洪水，帝便把"洪范九畴"赐给禹。禹按照

"洪范九畴"治理天下，"彝伦攸叙"——天下获得大治。"洪范"指大法；九畴谓九类、九条。"洪范九畴"，指的是治国的九条大法。而九条大法的第一条便是"五行"。五行谓水、火、木、金、土。按《洪范》的安排，"水"为五行之首。鲧治水时采取堵塞的办法，违背了水的规律，导致失败。"汨陈其五行"便是指此，"不畀洪范九畴"原因亦在此。这说明五行的重要。五行为什么如此重要呢？《大传》解释说："水火者，百姓之所饮食也；金木者，百姓之所兴作也；土者，万物之所资生也。是为人用。"按照伏生的说法，水、火、金、木、土这五行是百姓赖以生存的物质基础。换句话说，如果没有五行，百姓便丧失生存的物质基础，而无法生存。由此可见五行对于百姓，对于国家而言该是多么重要的事情！无论什么时代，生存对于百姓和国家而言都是第一位的。通过伏生的解释，"五行"在《洪范》中被放在"九畴"亦即九条大法的首位，也就不难理解了。

这里有一个问题应当引起我们的注意，这就是五行的排列次序。《洪范》的排列次序是：水、火、木、金、土。这个排列次序应当是最初的最原始的排列次序，无论就五行本身而言，还是就排列的次序而言都是非常朴素的，并无神秘意味。《大传》的解释与五行及排列次序的本义是完全吻合的。水、火的作用为人们提供"饮食"，木、金的作用在于通过"兴作"为人们提供居处亦即栖息的场所，而土则是以水、火、木、金为代表的万物"之所资生"的源泉与依托。这不仅反映了《大传》朴素的唯物主义思想，也反映了《大传》以民为本的思想。

经过漫长的历史发展，到西周末年，五行的次序产生了新的变化。《国语·郑语》记载了史伯回答桓公的一段话："夫和实生物，同则不继。以他平他谓之和，故能丰长而物归之；若以同裨同，尽乃弃矣。故先王以土与金木水火杂，以成百物。"在这个序列中，土的作用与地位和《洪范》序列中土的作用与地位大体相当，均起总其成的作用。因此,《洪范》将起着如此重要作用的土放在五行序列的最后,既然如此,史伯序列中的土也应该放在最后。这样,史伯的五行序列实际上应该是:金、木、水、火、土。在这个序列中,金取代了水的位置而列在首位,这反映了金在人类生活中的作用有了极大的提高。这种变化是符合历史发展的实际的。目前,在夏文化遗存的考古发掘中尚无青铜礼器出现。郑州商城,是 20 世纪 70 年代以后考古发现的商代文化遗址。此处遗址位于郑州市区东南的二里岗,据^{14}C 测定,距今 3500 年左右,属于商代早期的文化遗存,被命名为商代二里岗期。在这座商城中,发现了铸铜作坊遗址。在郑州出土的大量的二里岗期青铜礼器如方鼎、大圆鼎、扁足鼎、斝、爵、鬲、瓠、盂、盘、罍、尊和铲、镬、刀、凿、镞、戈等工具与武器都是这个作坊制造的。[①] 战争和祭祀是先民政治生活中的两件大事。上述出土文物中不仅有青铜工具,而且有大量的青铜兵器和礼器。这说明金在先民生活中已经占据了极为重要的地位。到了西周末年,经历了八百年左右的历史发展,金在五行中的序列取代了水而居于首位,也就成为顺理成章的事情了。

史伯之后,五行经历了从春秋到战国时期的发展,演变而成为内容庞杂充满神秘思想的五行说。战国时期的邹衍将阴阳和五行相结合,建立了一个"闳大不经"的思想体系。阴阳五行说被广泛用于解释天文现象、四时季节的变化以及社会历史的变迁、人体的生理现象、精神现象,甚至涉及政治及伦理道德领域,为"天人感应"思想奠定了理论基础。生活于秦汉之际的伏生很难不受这些思潮的影响。但是,我们应当看到在《洪范》的传文中,伏生首先把"五行"解释为人类赖以生存的物质基础,这种解释应该说是难能可贵的。当然我们也应当看到伏生在《洪范五行传》中也涉及"天人感应"的思想,但必须指出这种

---

① 安金槐主编《中国考古》,上海古籍出版社,1992,第 232 ~ 234 页。

思想是《洪范》原文本身就有的。"传"既然是对"经"的解释，这种解释是不允许背离"经"文的。再者，如果和当时阴阳五行说大肆泛滥的情况相比较，伏生的《洪范五行传》其篇幅之小，涉及的范围也仅限于经文而未作大事扩展，已属难能可贵。不仅如此，就是在这样的篇幅和范围之内，伏生也是念念不忘告诫统治者不要"出入不节，夺民农时"而应该"除道路，守门闾，陈兵甲，戒百官，诛不法，除道成梁，以利农夫"。可见，伏生的解经始终恪守以孔孟为代表的儒家"以民为本"的信条。

伏生解经的第二种方法是博采三代遗文、遗说、遗事对经文加以补充或佐证。无论从篇幅还是从内容来看，这是伏生在解经时所使用的主要方法。从这一方法的使用中，更可以看出伏生的思想倾向。

《尚书大传·殷传》在《汤誓》篇的传文中补充了如下史料：

> 夏人饮酒，醉者持不醉者，不醉者持醉者。相和而歌曰："盍归于亳！亳亦大矣！"故伊尹退而闲居，深听乐声。更曰："觉兮、较兮，吾大命格兮。去不善而就善，何不乐兮！"伊尹入告于桀曰："大命之亡有日矣！"桀哑然笑曰："天之有日，犹吾之有民也。日有亡哉？日亡，吾乃亡矣。"是以伊尹去夏适汤。

这段史料写得很生动。首先写"夏人"对桀的离弃，对汤的拥护。亳为汤都，"归于亳"即归于汤。次写伊尹听到"夏人"的歌声便觉悟到夏桀行将灭亡。再写伊尹对夏桀的谏正，而夏桀却执迷不悟，自比于日，认为日不会亡，自己也不会亡。最后写伊尹"去不善而就善"，离开夏桀投奔商汤。

这段史料生动地表明夏桀的灭亡，就亡在失去人民的拥护上面。这就是说对朝代的兴废起根本的作用的在民而不在君。下面的一则史料，对这一点表现得更加清楚：

> 汤放桀，居中野，士民皆奔汤。桀与其属五百人南徙千里，止于不齐。不齐士民往奔汤。桀与其属五百人徙于鲁，鲁士民复奔汤。桀曰："国君之有也，吾闻海外有人。"与五百人俱去。

桀走到哪里，就遭到哪里士民的离弃，士民的态度非常鲜明：反对夏桀，拥护商汤。正如孟子所说："桀纣之失天下也，失其民也；失其民者失其心也。得天下有道：得其民，斯得天下矣。得其民有道：得其心，斯得民矣。"（《孟子·离娄上》）

尤其值得注意的是如下一段史料：

> 汤放桀而归于亳，三千诸侯大会，汤取天子之玺置之于天子之坐左，复而再拜，从诸侯之位。汤曰："此天子之位，有道者可以处之矣。夫天下非一家之有也，唯有道者之有也，唯有道者宜处之。"汤以此三让，三千诸侯莫敢即位。然后，汤即天子之位。

"天子之位"，只有"有道者"才"可以处之"。什么是"道"呢？所谓"道"即孔子和孟子所大力宣扬的尧舜之"道"。庄子曾经将孔孟的这种学说归纳为"内圣外王"之道（见《庄子·天下》），这是非常准确的。"有道者"就是"内圣"，"内圣"指的是思想修养达到了圣人的境界。所谓"内圣外王"，是说只有"内圣"者，才能够并且有资格成为"外王"。这与商汤所说只有"有道者"才可以处天子之位是一个意思。

夏桀的灭亡，商汤的兴起，证明了这一点。同样，商纣的灭亡，周朝的兴起，也证明了这一点。周王朝的兴起经历了太王、文王、武王三个阶段。对这三个阶段《尚书大传》均提供了相应的史料。太王的史料收在《略说》中：

> 狄人将攻，太王亶甫召耆老而问焉。曰："狄人何欲？"耆老

对曰："欲得菽粟财货。"太王亶甫曰："与之。"每与狄人至不止。太王亶甫赘其耆老而问之曰："狄人又何欲乎?"耆老对曰："又欲君土地。"太王亶甫曰："与之。"耆老曰："君不为社稷乎?"太王亶甫曰："社稷所以为民也,不可以所为民亡民也。"耆老对曰："君纵不为社稷,不为宗庙乎?"太王亶甫曰："宗庙吾私也,不可以私害民。"遂策杖而去,逾梁山邑岐山。周人奔而从之者三千乘,一止而成三千户之邑。

在太王的心目中,"社稷所以为民"而"宗庙"则是"吾私"。既然社稷是为民祈福而设,便不可因保存社稷而"亡民"。至于"宗庙"是祭祀自己的祖宗神祇的所在,因而是"吾私",其重要性显然在社稷之下,便更加"不可以私害民"。这就是说无论社稷还是宗庙均不如民重要,为了民,社稷和宗庙都可以牺牲。由此可见,太王把民摆在如此至高无上的地位。这既是太王的思想,也是原始儒家亦即孔孟的思想。伏生通过这段史料,将孔子、孟子的这一思想,十分清晰地表现出来。太王以这种治国理念来治理国家,因而获得人民群众由衷的拥护和爱戴,从而在岐山之下,奠定了周王朝兴起的坚实基础。

周王朝兴起的第二阶段在文王时期。伏生在《尚书大传·殷传》的《西伯戡黎》篇下,记录了大量有关文王的史料:

伯夷避纣居北海之滨,太公避纣居东海之滨。皆率其党曰:"盍归乎?吾闻西伯昌善养老。"此二人者盖天下之大老也,往而归之,是天下之父归之也。天下之父归之,其子曷往?周文王至磻溪见吕望,文王拜之。尚父曰:"望,钓得玉璜,刻曰:周受命,吕佐,检德,合于今,昌来提。"

伯夷与太公吕望倾心拥戴文王,说明民心的归向。之所以如此,是因为文王在岐山境内推行的是仁政。请看下面的记载：

> 虞人与芮人质其成于文王。入文王之境，则见其人萌让；为士
> 大夫入其国，则见士大夫让为公卿。二国相谓曰："此其君亦让以
> 天下而不居也。"让其所争为闲田。

从百姓到士大夫礼让成风。百姓相互礼让财产，士大夫相互礼让权
位。由此可见，岐山地区在文王的治理下成为一个人际关系高度和谐的
社会。如此理想国的形成，在于"此其君亦让以天下而不居也"。这里
的君不是指文王而是指文王的祖父太王亶甫和文王的伯父吴太伯。太王
亶甫让其地与狄人，吴太伯让王位与其弟季历（文王之父）。礼让之风
本来是太王、太伯相沿成习的家风，至文王这种礼让之风便形成了整个
社会的风气，而且这种风气影响所及至于邻国——虞、芮。应该说这其
中寄寓着儒家的理想。孔子曾对太伯的行为给予最高的礼赞，称太伯
"三以天下让"为"至德"（见《论语·泰伯》）。《尚书大传》对太王、
文王事迹的记载，充分体现了原始儒家的理念。

武王时期是周王朝兴起的第三阶段。在这一阶段中，武王在前辈辛
苦经营的基础上终于完成了消灭殷商王朝，建立周王朝的大业。《尚书
大传·周传》除在《大誓》篇下补充了一些史料外，还补充了不在
《今文尚书》之内的《大战》篇。此文记载了武王灭殷的经过，也是一
篇有重要历史价值的文献。其全文如下：

> 武王与纣之卒战于牧之野。纣之卒，辐分纣之车，瓦裂纣之
> 甲，鱼鳞下贺乎武王。纣死，武王皇皇若天下之未定。召太公而问
> 曰："入殷奈何？"太公曰："臣闻之也，爱人者兼其屋上之乌；不
> 爱人者及其胥余。何如？"武王曰："不可！"召公趋而进曰："臣
> 闻之也，有罪者杀，无罪者活，咸刘厥敌，毋使有余烈。何如？"

武王曰："不可！"周公趋而进曰："臣闻之也，各安其宅，各田其田，毋故毋私，惟仁之亲。何如？"武王旷乎若天下之已定。遂入殷，封比干之墓，表商容之闾，发钜桥之粟，散鹿台之财，归倾宫之女，而民知方。曰："王之于仁人也，死者封其墓，况于生者乎？王之于贤人也，亡者表其闾，况于在者乎？王之于财也，聚者散之，况于复籍乎？王之于色也，在者归其父母，况于复征乎？"

开国之初，迫于时局的需要，武王向大臣们咨询治国方略。太公、召公、周公各陈所见，武王否定了太公和召公的意见，采纳了周公的意见。周公的意见体现了对尧舜禹汤治国方略的传承和发展。"各安其宅，各田其田"是针对"民"的。民在摆脱纣的暴政后亟须休养生息，采取"各安其宅，各田其田"的政策对稳定农业经济发展农业生产十分有利。《韩诗外传》卷一所记载的史料，反映出当时的社会盛况："百姓大悦，耕桑者倍力以劝，于是岁大稔，民给家足。"这则史料本是歌颂召伯的德政的。而召伯与武王、周公同时，恪守"先君文王之志"，不"以吾一身而劳百姓"，实行的正是"各安其宅，各田其田"的仁政。"民给家足"这种盛况的产生应是必然的结果。"毋故毋私，惟仁之亲"是对君主的要求。"故"通"固"，谓固执拘泥。《论语·子罕》："子绝四：毋意、毋必、毋固、毋我。""毋故毋私"与"毋固、毋我"义近。私，指偏私。全句意谓不要固执偏私而要大公无私。这是君主必备的操守。只有具备这样的操守，才能够"惟仁之亲"。下面所述一系列举措，说明武王不仅具备这些操守，而且能够做到"惟仁之亲"，正因为如此，武王才获得民众的信任、拥护和爱戴。

《尚书大传》的民本思想不仅通过朝代的兴废、帝王的作为反映出来，而且还通过君主与大臣之间的关系反映出来。请看《尚书大传·虞传》的《皋陶谟》篇的传文：

古者诸侯之于天子也，三年一贡士。天子命与诸侯辅助为政，所以通贤共治，示不独专，重民之至。大国举三人，次国举二人，小国举一人。一适谓之攸好德，再适谓之贤贤，三适谓之有功。有功者天子赐以车服弓矢。再赐以秬鬯，三赐以虎贲百人，号曰命诸侯。命诸侯得专征者，邻国有臣弑其君，孽伐其宗者，虽弗请于天子而征之，可也。征而归其地于天子。有不贡士谓之不率正者，天子绌之。一不适，谓之过；再不适，谓之敖；三不适，谓之诬。诬者，天子绌之。一绌，少绌以爵；再绌，少绌以地；三绌而爵、地毕。

诸侯献贡士之制，《礼记·射义》也有记载："是故古者天子之制：诸侯岁献，贡士于天子，天子试之于射宫。"清儒孙希旦在注释这段文字时，涉及上述《尚书大传》的记载，他说："愚谓古者王国之人才，天子用之；侯国之人才，诸侯用之。盖教化美而贤才多，则不必借才于境外，而无忧不足。而王者以公天下为心，则才之在诸侯与在王朝，一也。岂必使诸侯悉贡其贤者于我，而独与不贤者治其国乎？且三岁贡士，以千八百国每国二人通率计之，岁常至千余人，加以成均之所教，乡大夫之所兴，用之必不能尽，必有壅滞失职之患矣。《诗》、《书》、《周礼》、《左传》，初无诸侯贡士之事，独《尚书大传》言之，此书驳杂，不足信也。"①

孙希旦对《尚书大传》的记载存在误解。《尚书大传》明言，对所贡之士"天子命与诸侯辅助为政"并非将这些贡士集中到天子身边，专供天子使用。所以，孙希旦所担心的那些事情，根本就不会发生。再者，我们所探讨的是《尚书大传》的思想倾向，不是贡士制度在古史

---

① 孙希旦：《礼记集解》，沈啸寰、王星贤点校，中华书局，1989，第1441页。

上之有无。《尚书大传》所述的贡士制度，其基本精神在于"通贤共治，示不独专，重民之至"。天子或国君无论有多大的才能，多高的智慧与品德，总不能靠一个人的力量去治理天下或国家，必须有大臣的辅佐。而帮助天子或国君治理天下国家的大臣，则必须是贤人。其实，"通贤共治"的思想远不止这些，它的关键之处在"共治"。上述商汤所言"天下非一家之有"，既然如此，可见无论天子或国君均不能"独专"。从"重民之至"的原则出发，天子或国君必须与贤人共治。《尚书大传》这些记载，可以看作对民本思想的进一步发挥。

在"通贤共治"的管理集团中，天子并不是一个高高在上，为所欲为，令人畏惧的独裁者，而是一个"唯仁之亲""重民之至"善于听取不同意见，以公天下为心，深受民众爱戴的领袖。《尚书大传·虞夏传》有两段动人的描写：

> 于时，卿云聚，俊乂集，百工相和而歌《卿云》。帝乃倡之曰："卿云烂兮，礼（一作"糺"）缦缦兮，日月光华，旦复旦兮。"八伯咸进，稽首曰："明明上天，烂然星陈，日月光华，宏于一人。"帝乃载歌，旋持衡曰："日月有常，星辰有行，四时从经，万姓允诚，于予论乐，配天之灵，迁于圣贤，莫不咸听！鼟乎鼓之，轩乎舞之，菁华已竭，褰裳去之！"

这是舜将要把天子之位禅让予禹时，君臣相和而歌的情形。"菁华已竭，褰裳去之"，舜在禅让时的表现是那样的洒脱自然，这种洒脱自然与舜的思想境界密不可分。在这段文字之前，还有这样一段文字：

> 维五祀，定钟石，论人声，乃及鸟兽，咸变于前。更著四时，推六律六吕，询十有二变而道宏广。五作十道，孝力为右。秋养耆老，而春食孤子，乃浡然召乐，兴于大麓之野。执事还归二年，谈

然乃作《大唐之歌》，乐曰："舟张辟雍，鸧鸧相从，八风回回，凤凰喈喈。"……维十有四祀，钟石笙筦变声乐未罢，疾风发屋，天大雷雨。帝沈首而笑曰："明哉！非一人之天下也，乃见于钟石。"

正因为舜具有"非一人之天下"的思想与情怀，所以，在让出天子之位时，显得那样洒脱而自然。这两段文字，特别是第一段文字，写得那样富有诗意，其显现出来的君臣之间的和谐，社会的和谐，是那样令人神往！而这种令人神往的社会局面，正是"通贤共治"的结果。从这个角度来说，"通贤共治"应是伏生在《尚书大传》中所描述的二帝三王道统的重要内容。

以上所述是道统的重要内容，但并非道统的全部。陈寿祺说："伏生之学尤善于礼，其言巡狩、朝觐、郊尸、迎日、庙祭、族燕、门塾、学校、养老、择射、贡士、考绩、郊遂、采地、房堂、路寝之制、后夫人入御、太子迎问诸侯之法、三正之统、五服之色、七始之素、八伯之乐，皆唐虞三代遗文，往往六经所不备，诸子百家所不详。"（《尚书大传定本·序》）应该说《尚书大传》中有关礼的记述，也是道统的重要组成部分，礼涉及的方面非常广泛，非本文所能容纳。

三　《尚书大传》与《今文尚书》之比较

众所周知，伏生所传的《今文尚书》为二十八篇。《尚书大传》既为伏生所著，其疏解的对象，当然也应当是《今文尚书》二十八篇。如果我们把《尚书大传》与二十八篇《今文尚书》放在一起比较的话，就会发现两者之间存在着很大的差别。继续深入研究这些差别，我们就会发现一些值得深思的问题，这些问题对于我们破解今、古文《尚书》传承之谜是极有帮助的。

　　《今文尚书》二十八篇，开头两篇为《虞书》，这两篇是《尧典》和《皋陶谟》。《尚书大传》这两篇传文的基本精神与思想，与经文本身大体上是吻合的。《夏书》两篇为《禹贡》和《甘誓》。《禹贡》是我国最早的历史地理文献，具有十分重要的史料价值。自宋代以来颇受学者重视，绵延至今几成一门专门学问——"《禹贡》学"。然而，《大传》关于《禹贡》的传文并不多。众所周知，禹最大的功绩在于成功地治理洪水。大禹治水，在古代有许多神奇的传说，传文对这些传说概未涉及。对禹的功劳只有简单概括的叙述："夏成五服，外薄四海。""禹成五服，齿、革、羽、毛、器备。""大川相间，小川相属，东归于海。""大水、小水，东流归海也。""百川趋于东海。"除此之外，对水的作用作了这样的陈述："非水无以准万里之平；非水无以通远道任重也。"人们只能从传文这些简单的概括的陈述中，去想见禹的功绩。对《夏书》的另一篇《甘誓》不仅无一字传文，而且连篇题也未列出！《甘誓》文字虽短，但意义却非同寻常，它标志着禅让制"公天下"的结束，以及传子制"家天下"的开始。以尧舜为代表的"大同"式的"公天下"和以"三代"为代表的"小康"式的"家天下"，儒家的创始人孔子多有论及，这一点伏生应当是了解的。然而，对如此重大的历史事件，《尚书大传》竟然未置一词，不能不令人深思。是该篇传文彻底亡佚，还是另有其他原因，由于史缺有间，我们只好付诸"阙疑"了。

　　如果说《尚书》是一部史书，而且以《甘誓》篇为界线的话，那么我们不难看到《甘誓》篇前后的诸篇经文，所展现的竟是两种不同的世界。《甘誓》之前如《尧典》和《皋陶谟》所展现的世界，朝野之间、君臣之间人际关系是那样的和谐，社会氛围是那样的祥和。而在《甘誓》篇之后一些经文所展现的却是另一种世界，人们所能看到的是非杀即罚的冷峻与严酷。

　　夏、商、周，史称三代。夏是三代中的第一代，在中国历史上也是奴隶社会的开始。《甘誓》一文表明夏代是以战争的方式夺取政权的。同样，殷、周两代也是如此。紧接着《甘誓》之后的便是《汤誓》。《汤誓》是商汤讨伐夏桀时的战争动员令，正是通过这场战争，商汤消灭了夏桀，从而结束了夏王朝，建立了殷商王朝。在《今文尚书》中反映殷商王朝历史的共五篇，除《汤誓》外，尚有四篇，最后一篇是《微子》。《微子》之后，便是《牧誓》，《牧誓》是周武王讨伐殷纣王时的战争动员令。通过这场战争周武王消灭了殷纣王，从而结束了殷商王朝，建立了周王朝。历史竟是如此惊人的相似，夏、商、周三代均采用战争的手段靠武力立国。而《尚书大传》对于殷商王朝和周王朝，特别是对于殷商王朝和周王朝的建立经过，补充了许多史料。在这些史料中，商汤、古公亶甫、周文王甚至周武王，被描绘成爱民"重民"之至，深受民众爱戴的领袖。和《尚书》三篇誓词所表现的情形形成鲜明的对照，这不能不令人深思。

　　《商书》在《汤誓》之后，紧接着的便是《盘庚》，全文计1380字，在《尚书》中是文字最长的一篇，今、古文本均分作上、中、下三篇。盘庚，乃殷商王朝著名的一代国君，《盘庚》乃盘庚为迁都所发表的诰文。根据《史记·殷本纪》的记载，在盘庚之前"自中丁以来，废适而更立诸弟子，弟子或争相代立，比九世乱，于是诸侯莫朝"。相互争夺帝位，经历了九世的混乱，殷商王朝已呈衰败之势，形成"诸侯莫朝"的局面。盘庚继位之后，经过五次迁都，"涉河南，治亳，行汤之政，然后百姓由宁，殷道复兴"。盘庚之后"殷复衰，百姓思盘庚，乃作《盘庚》三篇"。盘庚能够使殷商王朝复兴，是因为盘庚所推行的是"汤之政"。"汤之政"按儒家的说法也就是"仁政"，那就让我们通过《盘庚》三篇来研究一下盘庚的政见吧。

　　《盘庚》三篇，是盘庚的三篇诰文。盘庚谈话的对象是两类人：一类是邦伯、师长、百执事，这些人是统治集团，大约因为其不在少数，盘庚又称这些人为"众"；另一类人是"民"，这些人当然属于被统治阶级。前一类人属于统治集团，所以盘庚对他们的谈话是劝说的口吻。但假如他们执意阻挠迁都大计，盘庚便要"无有远迩，用罪伐厥死"，不分亲疏远近，按照罪名杀死他们。对"民"的谈话，则更为严厉，如果他们破坏迁都大计，"我乃劓殄灭之，无遗育，无俾易种于兹新邑"。不但施以残酷的刑罚杀掉他们，而且连他们的后代也要统统杀掉，不让他们的后代在新邑里蕃衍。这是何等残酷的惩罚！上述《尚书大传》所描绘的商汤的德政，与此形成鲜明的对照。

《高宗肜日》是《商书》的第三篇。高宗名武丁，在殷商王朝中，是商汤之后最著名的一代君主。武丁为太子时，曾长期拜甘盘为师。武丁执政之初，甘盘曾辅佐武丁，但时间较短就去世了。而后便是起用傅说。这件事尤其值得关注。《史记·殷本纪》记载：

> 帝武丁即位，思复兴殷，而未得其佐。三年不言，政事决定于冢宰，以观国风。武丁夜梦得圣人，名曰说。以梦所见视群臣百吏，皆非也。于是乃使百工营求之野，得说于傅险中。是时，说为胥靡，筑于傅险。见于武丁，武丁曰："是也。"得而与之语，果圣人。举以为相，殷国大治。故遂以傅险姓之，号曰傅说。

应当说这段故事，富于传奇色彩。《古文尚书》有《说命》上、中、下三篇对此事大加渲染。其实，如果我们能够把武丁的经历及其行事作风放在一起思考，就会觉得这段故事虽然传奇色彩甚浓，但并非不可理解。如果说武丁在为太子时，曾奉父命长期与下层民众一起劳作的话，那么，傅说很可能就是武丁在这段时期内所结识的"奇人异士"。大约通过长期观察，武丁对这位"奇人异士"的才能与品德有了十分透彻的了解。因而即位之后，便大胆而果断地起用他。试想，如果不是事先已经结识，那么，"以梦所见"之人，与傅说实际相貌怎么会那样吻合？一个从事建筑劳作的奴隶，竟然是德才兼备的"圣人"，如果不是事先已有透彻了解，这种巧合岂非不可思议！

不管傅说才德如何兼备，而他的身份却是"胥靡"——一个因"犯法"而服劳役的囚徒，也可以说是一名卑贱的奴隶。殷商时代已是等级森严的阶级社会。在这样的社会里，身份如此低贱的人，一下子被立为相，地位反差如此之大，上层社会如何能够接受？可以想见在任命傅说为相之前，武丁不能不考虑到这样一个极其严肃的问题，因而采取非常手段，用"以梦所见"的方式，将傅说提拔上来。殷商时代又是一个极其笃信鬼神的时代，正是因为笃信鬼神，武丁采取这种方式，才能取信当时统治阶级的上层，从而顺利实现"举以为相，殷国大治"的愿望。

国王将自己的儿子——太子，长期地放到民众中去并长期地和民众一起劳作，而太子即位后又将一名身份卑贱的"胥靡"一下子擢升为相；这种特立独行，不但在殷商王朝，就是在四千多年的中国历史长河中，恐怕也仅此一见！在这里，我们不能不深思一下这种特立独行背后的指导思想。这种指导思想应该就是"王司敬民，罔非天胤"。民之所以要"敬"，就因为他们也是上天的后代。有的学者认为这是民本思想，而这种民本思想不是当时所能产生的，因而认为《高宗肜日》一文也是不可信的。其实，这样的观点是错误的。儒家的民本思想是一个完整的思想体系，有着丰富的内涵。这种思想的形成有一个渐进的过程，并非一蹴而就。《甘誓》《汤誓》，特别是《汤誓》都是在"吊民伐罪"。既是"吊民伐罪"，就足以证明战争的发动者，对民在战争中所起的重要作用有着清醒的认识。中华民族是一个善于总结历史经验的民族，在历次王朝的兴废与更迭，社会的动乱与安宁中，统治阶级中一些头脑清醒之人对民的作用则更加有了清楚的认识。武丁父子便是其中的突出代表，他们的作为没有"敬民"思想作基础，那是无论如何也做不到的。所以，在武丁时代产生"王司敬民，罔非天胤"的思想，是完全可能的，毫不足怪！

然而，奇怪的是《尚书大传》对武丁父子的事迹没有提供任何史料，是《大传》此处佚文未被发现，抑或另有原因，我们就不得而知了。

《西伯戡黎》为殷书第四篇。此篇所记载是殷纣王时周文王讨伐黎国一事，此时殷商王朝已濒临灭亡。《尚书大传》在此篇传文中，提供了有关文王的事迹，上文已引述。《微子》为殷书第五篇，也是殷书最后一篇，《尚书大传》在此篇传文中，提供的史料是微子朝周时，路过故都有所感而作《麦秀》一诗，与本文所论关系不大，故亦从略。

《周书》十九篇。按《尚书大传》的编排第一篇为《大誓》，《大誓》即《泰誓》，在《古文尚书》中，为《周书》第一篇并分上、中、下三篇。《今文尚书》二十八篇中有无《泰誓》，也是古今学者争论未决的问题。而《尚书大传》不但列有《泰誓》而且还有关于《泰誓》的传文，这些传文一些地方与《史记·周本纪》的记载近似。所以，关于《泰誓》的问题尚需进一步加以探讨。

对于灭殷战争，《今文尚书》与《尚书大传》有三篇记载此事，这三篇是《泰誓》《牧誓》《大战》。这三篇的情况有些特别：《泰誓》一篇，《尚书大传》虽有文字不多的传文，然而其经文却不在《今文尚书》二十八篇之内；《牧誓》一文虽在《今文尚书》二十八篇之内，而《尚书大传》不仅无一字传文且连篇题亦未列出；《大战》篇虽为《尚书大传》录出全文，但在《今文尚书》二十八篇之中却不见踪影。为什么会出现这种情况，实在令人费解。

如果把这三篇放在一起研读，我们不难发现这三篇将此次灭殷战争的经过，叙述得井然有序。《泰誓》所写是战前的准备。从《古文尚书》中的《泰誓》来看，不但八百诸侯盟于孟津，而且武王在誓词中历数殷纣的罪行，且天示异象："武王渡河中流，白鱼双跃入舟，武王俯取以祭。""武王伐纣，观兵于孟津。有火流于王屋，化为赤乌三足。"（见《尚书大传》）《史记·殷本纪》的记载与此虽有小异而大体相近，并说："诸侯皆曰：'纣可伐矣。'"不仅如此，《尚书大传》的传文尚有如下记载："武王伐纣，至于商郊，停止宿夜，士卒皆欢乐歌舞以待旦。"既取得八百诸侯的拥护，而士卒的战斗气氛又如此昂扬，按理说战斗应该开始了，然而武王的看法却不是这样。据《史记·周本纪》记载，武王说："汝未知天命，未可也。"没有立即发动战斗，而是"乃还师归"。由此可见，《泰誓》所写的，只是战前的准备。

《牧誓》一文是临战前的动员令，全文比《泰誓》简短得多，在声讨商纣的罪状时，开列三条罪名：一是听信妇人的话，二是不祭祖宗和上帝，三是任用四方逃亡的奴隶而不任用同宗兄弟。这比《泰誓》所列的罪状少得多，更没有《泰誓》所铺陈的丰富的思想内容。接着是对参战将士提出要求，要求是严酷的，倘不努力作战，便要遭到杀戮。《泰誓》篇也一样，"不迪有显戮"。不同的是在《牧誓》中，武王一再鼓励将士"勖哉夫子"，意即努力作战，而未言及奖赏，《泰誓》篇则言及奖赏："功多有厚赏。"《史记·周本纪》记录了《牧誓》的全文，文字虽小有不同但内容则完全相同。

《尚书大传》所录《大战》篇文字，首尾完具，应是全文，所写也是武王灭殷的战争，但只用很简短的文字叙述战争的经过，紧接着便如上文所述写开国之后大政方针的确定以及处理战后有关事宜，既与《牧誓》不同，也与《泰誓》不同。这其中所显示的问题，也应加以探究。

《周书》十九篇，除上面提到的三篇外，尚有十六篇。其中十篇为周公所发布的诰文，《金縢》一篇，虽非周公的诰文，但所记之事与周公有关。可见《今文尚书》的编纂者对周公的重视。这一点与孔子的思想是吻合的。

周公虽参与了周王朝的建立，但他的功劳主要是表现在周王朝建立之后政权的巩固和发展上面。周王朝建立之后，面临两大挑战：一、王室内部的纷争；二、殷商王朝残余势力的反抗。周朝建立不久，武王去世，成王尚幼，周公毅然代表成王行使天子的职权处理朝政。面对上述两大挑战，周公力排众议大举东征，成功地平定叛乱，平息了内部纷争与殷商残余势力的叛乱。从《今文尚书》的《大诰》到《立政》，几乎概括了周公一生主要的政治活动。从这些政治活动中，我们不难看出周公的确是一位杰出的政治家，他非常善于总结历史经验。在总结历史经验的基础上，否定了殷商统治者敬畏鬼神的观念，在"天不可信"思想的指引下，转变为重视"人事"，从而明确地提出了"敬德保民""明德慎罚"的执政理念。尽管如此，我们也应当看到另一面，周公在向殷商遗民谈话时，态度就变得十分严厉了，他明确地告诉殷民：只要"臣我多逊"，老老实实地服从统治，不但"尚有尔土"，而且"尚宁干止"，即不但给予土地，而且可以过着和平安定的生活；如果"尔不克敬"，不服从统治，那就要"致天之罚"，严惩不贷（见《多士》）。在向康叔交代如何治理殷民时，则要求康叔："蔽殷彝，用其义刑义杀。""元恶大憝……刑兹无赦。"（《康诰》）"群饮，汝勿佚，尽执拘以归周，予其杀。"（《酒诰》）根据宣布的律令，凡是触犯律令的就一定要杀掉，甚至触犯禁酒令，在一起喝酒的，也要杀掉，足见法令之严酷！

《尚书·吕刑》篇，应该说是一部最早的成文法典，文中明确指出要根据宽大的原则来制定刑法，即所谓"荒度作刑"，荒，宽大，度，度量，"荒度"谓宽大的度量。然而，这部依据宽大的原则所制定的刑法，其五刑（墨刑、劓刑、剕刑、宫刑、大辟）的条款竟然多达三千条，刑法严酷到何等程度，也就不难想见了。

从某种程度上来看，《尚书·洪范》也是一部法典，当然这部法典并非刑法法典，而是治国的法典。这部法典第六条对君臣的地位作出明确规定：

> 惟辟作福，惟辟作威，惟辟玉食；臣无有作福作威玉食。臣之有作福作威玉食，其害于而家，凶于而国，人用侧颇僻，民用僭忒。

只有天子才可以给人以幸福或惩罚，只有天子才可以享用美好的饭食；臣下没有权利给人以幸福或惩罚，也没有权利享用美好的饭食。不但集权于天子，而且规定了天子在生活方面所享受的特权。把这种规定和《尚书大传》中所记载的尧舜禹汤文武的行事相比较，差异之大，实在令人惊诧！

《尚书·立政》篇，周公在总结夏、殷两代经验的基础上提出"继自今后王立政，其惟克用常人"。"常人"即贤人，"其惟克用常人"用今天的话来说，就是任人惟贤。但周公所说的任人惟贤与《尚书大传》所说的"通贤共治"仍然存在着很大的差别。任人惟贤意在维护与加强周王朝的统治，而"通贤共治"意在"示不敢专，重民之至"。一在为君，一在为民，其间的差别是显而易见的。

综上所述，《今文尚书》二十八篇与《尚书大传》在思想倾向上的差别如此巨大，这是无法回避的事实。

四　由上述考论引发的进一步思考

研究伏生，最大的问题是史料匮乏。除了《史记·儒林传》载有极为简短的伏生传记之外，极少有别的史料可资探寻；但这并不是说对伏生我们就无法展开深入的研究了。笔者由研究《尚书大传》试对伏生传授《尚书》的历史过程中的几个关键问题进行一些推论。

伏生所传的《尚书》，实际上只有二十八篇，按朝代可划分《虞书》两篇、《夏书》两篇、《商书》五篇、《周书》十九篇。就篇数而论，残存的篇章按朝代先后递增，散佚的篇章则是按朝代先后递减，无论递增或递减，都显示出散佚或残存的情况，似乎出于人为的安排，并不是其自然状态。从今天出土的典籍来看，情形与此大不相同。比如1973年出土的定州汉墓竹简《论语》，是公元前55年以前的本子，距今已二千多年。在整理过程中，又遭到1976年唐山大地震的破坏，不仅竹简又一次散乱，而且有一定损毁。① 经过学者们整理，因原简未发现篇题，释文篇题为整理者据今本《论语》补加，篇章顺序也是整理者据今本《论语》顺序排列，与今本《论语》对照，就篇目而言简本与今本均为二十篇，各篇均有，并无残缺。就字数而言简本为7576字，简本《论语》整理者认为简本《论语》的字数不足今本《论语》的二分之一，此说实误。《论语》字数据南宋学者郑耕老的统计为12700字②，郑耕老为绍兴十五年（公元1145年）进士，其年龄当长于朱熹，朱熹《四书集注》中的《论语》与今本《论语》无甚差异。所以，郑耕老对《论语》所统计的字数与今本《论语》的总字数或稍有出入，但出入可能很小。如以郑耕老的统计为准，那么，简本《论语》的总字数占今本《论语》总字数接近百分之六十而不是不足二分之一。简本整理者在《凡例》中说："原简未发现篇题，释文篇题系据今本《论语》补加。并参照今本分篇顺序排列。"其实《论语》的篇题出自每篇首章开头几个字，为后人所加，与其他古书不同。原简未发现篇题不足为怪。汉代《论语》有三种版本：《古论》《鲁论》《齐论》。今本《论

① 参见《定州汉墓竹简〈论语〉》前言，文物出版社，1997。
② 黄宗羲：《宋元学案》第一册，陈金生、梁运华点校，中华书局，1986，第219页。

语》为《张侯论》，乃汉成帝时张禹所编。张禹受《鲁论》于夏侯建，又受《齐论》于庸生、王吉。所以，《张侯论》乃张禹据《鲁论》、《齐论》择善而从编成的。简本《论语》是从汉中山怀王刘修墓中发现的，早于《张侯论》。简本《论语》当是《鲁论》。据《经典释文·序录》记载《鲁论》为二十篇，《齐论》多出《问王》《知道》两篇为二十二篇。而整理者将简文按今本《论语》顺序排列，这样整理的结果是，简本《论语》的篇目数量与今本《论语》相同，均为二十篇。可见简本《论语》并无残缺，残缺的是篇中的章或章中字句。这种情况与当年伏生从壁中得到的《尚书》残本大不相同。《尚书》残本，就篇数而言"亡数十篇"。所"亡"的这"数十篇"，不仅篇目尽亡，且无一字一句留存；"独得二十九篇"，这"独得"的"二十九篇"（实为二十八篇）不仅篇目具在，而且每篇首尾完具，少有字句残缺。这难道是伏生所得残本《尚书》的自然状况吗？这种情况不是非常值得怀疑吗？所以，笔者认为伏生所得的残本《尚书》是人为的"残本"。倘是"残本"自然状态，绝不会如此巧合。

再从内容上来看，虞、夏书四篇除《甘誓》为发动战争的誓词外，其余三篇涉及虞、夏两代人物历史、人文礼制以及历法、地理诸方面。就《商书》而言，虽然篇数甚少，但从商朝立国至灭亡以及中兴等史迹也都有涉及，也很全面。《周书》十九篇更是全面地反映了周代立国之后至春秋初年的历史。伏生残本《尚书》，在内容上居然如此完备，也难以令人置信。

从上述情况观察，笔者以为《尚书》二十八篇不是残本，而是经过伏生再一次整理与加工的选编本。《尚书大传辑校·略说》中，有一则记载可资佐证。这则记载全文如下：

　　　　子夏读《书》毕，孔子问曰："吾子何为于《书》？"子夏曰：

"《书》之论事，昭昭然若日月焉，所受于夫子者弗敢忘。退而穷居河、济之间，深山之中，坏室蓬户。弹琴瑟以歌先王之风，有人亦乐之，无人亦乐之。上见尧舜之道，下见三王之义，可以忘生死矣！"孔子愀然变容曰："子殆可与言《书》矣！虽然，见其表未见其里，窥其门未入其中。"颜回曰："何谓也?"孔子曰："丘常悉心尽志以入其中，前有高岸，后有大溪，填填正立而已。六《誓》可以观义；五《诰》可以观仁；《甫刑》可以观诚；《洪范》可以观度；《禹贡》可以观事；《皋陶谟》可以观治；《尧典》可以观美。"

六《誓》指《甘誓》《汤誓》《牧誓》《费誓》《秦誓》。但以上只有五篇，所缺的一篇，笔者以为可能是《文侯之命》，也可能指《泰誓》。《泰誓》在《古文尚书》中，而《文侯之命》在伏生所传的《今文尚书》中。对于《文侯之命》，笔者倾向于郑玄的说法，当指西周末年的宫廷政变中周平王向晋侯仇发布的誓词。[①] 该文分四段与誓词文体十分吻合。五《诰》指《大诰》《康诰》《酒诰》《召诰》《洛诰》。其实，《多士》《君奭》《多方》篇题虽无"诰"字，但从其内容来看，亦属诰体。《无逸》乃周公训诫成王，与周公训诫康叔（《康诰》）、召公奭（《召诰》）相同，亦应属诰体。"五《诰》可以观仁"。如果说从《酒诰》中可以观出"仁"来，那么，从《无逸》《君奭》中更可以观出"仁"来，即使《多士》《多方》亦可观出"仁"来。在上述孔子"七观"中，除《汤誓》一文可以列入"六《誓》"外，《商书》其余四篇均很难列入。《盘庚》一文与诰体近似，倘若列入诰体，似无不可。不知"七观"中何以对《商书》如此轻视，这是一个值得研究的

---

① 详见拙著《尚书译注》，四川人民出版社，1982，第282页。

问题。

其实，《尚书》中的篇名，并非本来就有的，而是后人因事名篇添加上去的。孔子在删定《尚书》时是否已添加篇名，不得而知。至少在伏生时，各篇均已有固定的篇名，则是可以肯定的。

上述孔子与子夏、颜回的对话中，所引发的"七观"之论，是否可靠，这也是一个值得研究的问题。陈寿祺曾对此作过考论。他说："《外纪》引'子夏读书毕'一条，未举所征。然《文选》注、《御览》、《困学纪闻》分引数条并与此合，是为《书传》文无疑。薛季宣《书古文训·序》亦有此文，末有'通斯七者，《书》之大义举矣'二句。亦不称所出。而末叙'七观'云：'是故《帝典》可以观美；《大禹谟》、《禹贡》可以观事；《皋陶谟》、《益稷》可以观政；《洪范》可以观度；六《誓》可以观义；五《诰》可以观仁；《甫刑》可以观戒。'其序次与《孔丛子》同，与《御览》、《困学纪闻》所引《大传》'七观'异，则非《书大传》之文明矣。《孔丛子》言《大禹谟》、《益稷》者盖作伪者羼入，而不知真古文与今文皆无《大禹谟》，其《益稷》一篇，则统于《皋陶谟》中也。"清儒皮锡瑞认为："六《誓》者，《甘誓》、《汤誓》、《泰誓》三篇、《牧誓》也。五《诰》者，《大诰》、《康诰》、《酒诰》、《洛诰》、《召诰》也（舜案：后两篇次序颠倒，误）。皆《今文尚书》文。伏生传《书》，本无《太誓》，而此并数之，且分《太誓》为三篇者，盖欧阳、张生据后出篇数增之也。"[①]笔者认为皮氏的意见值得商榷，如果说《文侯之命》篇题无"誓"字，不算在六《誓》之中，还有一定道理；而《费誓》《秦誓》篇题均有"誓"字，却被皮氏排斥在六《誓》之外，这是无论如何也说不通的。其实，这段话是孔子在传授《尚书》时，从某一方面对《尚书》内容

---

①　皮锡瑞：《尚书大传疏证》，《续修四库全书》影印本，上海古籍出版社，2002，第791页。

的撮要论述。这个论述被七十子后学口耳相传，最后被伏生记录在《尚书大传·略说》里。这段话的真实性，尚需作进一步研究才能确定。

子夏一生淡泊名利，以传经授徒为业，这一点与伏生十分相似。孔子一生所编纂或撰述的经典，绝大部分是由子夏传授下来的。所以，笔者认为《尚书大传》借助子夏表述孔子"七观"之议，是伏生重新编纂《尚书》所要依循的总纲。伏生所传《今文尚书》与孔子"七观"之议如此吻合，就证明了这一点。

《史记》虽记载伏生为秦始皇博士，但并未确指为何种博士。七十博士，成分甚杂。可能儒家人数居多，除儒家外尚有法家、诸子、诗赋、方伎等（参见王国维先生《汉魏博士考》），而伏生无疑属于儒家。从后半生行事来看，伏生在儒家中是专攻《尚书》的博士。由秦入汉时，伏生当已四十余岁，伏生既为专攻《尚书》的博士，那么他对《尚书》一定极为熟悉。按南宋学者郑耕老统计今、古文《尚书》加在一起，总字数不过 25800 字。《尚书》的先秦原本，目前已不可考，估计总字数或与此相当。即便多一些，也不大可能多得太多。以伏生的才能记诵全书当非难事。即便后来所得的《尚书》是残本，而伏生依据残本再凭记忆恢复《尚书》的全貌也是完全可能的。秦始皇焚书的重点是《尚书》《诗经》。《诗经》的总字数按郑耕老的统计为 39224 字，比《尚书》的字数多得多，何以《诗经》留存的几近全本，而《尚书》的散佚竟如此之多？也许有人认为《诗经》是诗歌，易于记诵，不像《尚书》那样佶屈聱牙难以记诵，因而易于保存。其实，这个理由是难以成立的。在后代或现代学者中全文背诵十三经的大有人在，更不要说是五经或其中一经了。伏生几乎用毕生精力精研《尚书》，仅有 25000 多字的《尚书》竟然记诵不下来，这是难以令人置信的。果真如此，那么伏生为什么没有将《尚书》全书整理出来，而只将其中二十八篇转写成汉代今文而加以传授呢？

伏生是一位高龄学者，汉文帝时伏生传授晁错《尚书》时已九十余岁，何时去世，史无明文。陈寿祺认为伏生享有"期颐之寿"。这是可能的。伏生不但经历了秦始皇的暴政，而且经历了秦、汉之际的大动乱。享寿如此之高，确是十分难得。秦始皇"焚书坑儒"，郭沫若先生认为："照扶苏的话来看，所坑的儒实在是不折不扣的孔子之徒。"① 伏生就是这样一位"不折不扣的孔子之徒"，又是怎样躲过这场"焚书坑儒"的灾难的呢？伏生是孔子及门弟子伏不齐的后裔。由于家风的影响以及儒家学说的陶冶，在伏生身上我们看到了君子儒的人格与气节。秦始皇自以为功过三皇五帝，其傲视古今真是达到了疯狂的程度，对于儒生的态度，岂止是"傲"，简直是视之如草芥，稍不如意或绌或杀。这些暴行都是伏生所耳闻目睹的。以伏生的品格，决不会为这类暴君服务。既不为其服务又要避免受到伤害，这是伏生在其所处的境遇下所要思考的问题。可以想见伏生当时行事不但十分谨慎，而且十分低调。在秦始皇东巡时，伏生在当时的学术界当已有相当成就和声望，所以被召为秦始皇的博士。但为秦始皇的博士，当非伏生的心愿。然而，为了避祸又不得不从。从《史记》的记载中，我们一点也看不到伏生在秦时的影踪或言行，足见其行事之低调。因而，虽为博士但并未引起秦始皇的甚至李斯等人的注意。在封禅活动中，儒生们的意见因不合秦始皇的心意而被"绌"（见《史记·封禅书》），很可能此时伏生已借机遁去。后来秦始皇坑儒时，伏生能够躲过这场灾难，其原因大概在此。入汉以后，刘邦曾将儒生的帽子拿来做便盆向其中撒尿，以此羞辱儒生（见《史记·郦生陆贾列传》）。此事伏生不会不知。作为一位有人格尊严的学者，伏生还会像叔孙通等人那样主动依附吗？汉定之后，经过一番经

---

① 郭沫若：《十批判书》，《郭沫若全集·历史编》第 2 卷，人民出版社，1982，第 445 页。

营，社会已趋于稳定。此时，伏生大概已绝意仕途，仅以《尚书》"教于齐、鲁之间"，不再涉足是非丛生的官场了。陈寿祺在《尚书大传定本·序》中说："汉始定天下，庶事草创。独一叔孙通略定制度，杂以秦仪，若乃正朔、服色、郊望、宗庙之事，数世犹未章焉。假令当高帝时，伏生年未笃老，尊其高节，安车礼征，与张苍等考旧章、立经制、议礼乐，则鲁两生息面谀违古之诮，绛、灌诸臣泯年少纷更之谗，规橅粗定。然后，继之以贾谊、董仲舒、河间献王、王吉、刘向之伦，先后讨论，法象明备，成康之治，何必不复见西京？"陈寿祺这番话不免有些迂腐。他假设刘邦尊重伏生的"高节"，便会对伏生"安车礼征"，然后再让伏生与张苍等议定制度朝仪就会如何如何。其实，这样的假设没有多少根据可言。以刘邦的秉性不对儒生加以污辱就很不错了，怎么可能因伏生的"高节"而对他"安车礼征"？即便"安车礼征"，以伏生的"高节"是否应征也是问题。再说张苍虽有大才，却是一个妒贤嫉能之人，连贾谊、公孙臣等人均遭到他的罢黜（见《史记·张丞相列传》），怎能与伏生共事。伏生一生历尽沧桑。从伏生入汉以后的行事来看，他所要考虑的恐怕只是如何将孔子的学说及其编纂或撰述的经典传授下来，至于功名利禄恐怕不在他的考虑范围之内。他一直平静地在家乡设帐授徒，直至九十余岁。从这番作为中便可以推想他的人生旨趣了。

众所周知，汉代《尚书》两个重要版本：其一为伏生所传的《今文尚书》二十八篇；其二为孔安国所传的《古文尚书》二十五篇。这两部《尚书》在先秦时应是一部，均为古文。汉初伏生传授《尚书》时，将所传二十八篇由先秦时古文改写成汉代今文。因而，后人将伏生所传的二十八篇称为《今文尚书》。未被传授的二十五篇，在伏生时仍为古文。至孔安国时，才由孔安国将这批古文《尚书》转写成汉代的今文。其时，伏生所传的《今文尚书》已立于学官。而孔安国所传的

《尚书》未被立于学官，只是私下传授。所以，这批《尚书》虽经孔安国改写为汉代的今文，但仍被称为《古文尚书》。伏生在传授《尚书》时为什么要舍弃二十五篇《古文尚书》，只传授二十八篇《今文尚书》呢？笔者认为要回答这个问题，必须考虑以下几点。

首先，伏生对《尚书》的取舍，当是考虑到今、古文《尚书》在内容方面的不同。《今文尚书》的内容，上面已作概括的分析和叙述。此处不赘。下面让我们概括地分析和叙述《古文尚书》的内容。

《古文尚书》二十五篇，篇目如下：

《虞书》（一篇）：《大禹谟》。

《夏书》（二篇）：《五子之歌》《胤征》。

《商书》（十篇）：《仲虺之诰》、《汤诰》、《伊训》、《太甲》（上、中、下）、《咸有一德》、《说命》（上、中、下）。

《周书》（十二篇）：《泰誓》（上、中、下）、《武成》、《旅獒》《微子之命》、《蔡仲之命》、《周官》、《君陈》、《毕命》、《君牙》、《冏命》。

《古文尚书》的思想内容，其主要方面就是宣扬民本思想。《商书》十篇，着重记载了两个人的事迹。其一为伊尹，其二为傅说。这两个人，特别是伊尹被描写成大臣的最高典范。通过这两个人的事迹，《古文尚书》近一步宣扬了民本思想。记载伊尹事迹的有《伊训》、《太甲》（上、中、下）、《咸有一德》共五篇，占《商书》一半，足见其分量之重。记载傅说事迹的有《说命》上、中、下三篇。

《伊训》的"训"，《说文》："训，说教也。"段玉裁《说文解字注》："说教者，说释而教之，必顺其理。"《书序》："成汤既没，太甲元年，伊尹作《伊训》《肆命》《徂后》。"而《肆命》《徂后》两篇俱亡佚，惟《伊训》尚存。《尚书》孔安国传："作训以教道太甲。"教训也好，教导也好，都是上对下而言。然而，伊尹所教导的对象，却不是对下，而是对一国之君太甲。伊尹本是夏桀的大臣，后来抛弃夏桀，投奔商汤。在商汤消灭夏桀，建立商王朝的过程中建立殊勋而成为商汤的重臣。商汤在建立商王朝之后不久去世，他的儿子太丁又未立而卒。太甲是太丁的儿子，太丁死后，太甲继承王位。《伊训》就是伊尹在太甲即位之初，对太甲进行的教导。教导的主旨是如何做好一个国君。对此，伊尹要求太甲以成汤为榜样，然后提出五点要求。第一："今王嗣厥德，罔不在初。"就是说要在执政开始，便应当省察自己是否继承了成汤的德政。成汤的德政是什么呢？伊尹用这样一句话加以概括："代虐以宽，兆民允怀。""虐"指夏桀虐待百姓的暴政；"宽"指的是造福百姓的德政。第二："立爱惟亲，立敬惟长，始于家邦，终于四海。"这四句话有内在的联系，只有着眼于这种内在联系，才能获得正确的解释。"立爱惟亲"是说"立爱"应从自己的亲人开始；"立敬惟长"是说"立敬"应从自己的长者开始。然后，将这种"爱"和"敬"推而广之，从"家"至"邦"；从"邦"至"四海"。通俗地说就是由家至国，由国至天下。这种思想，其实就是孟子所说的"老吾老，以及人之老；幼吾幼，以及人之幼。天下可运于掌"（《孟子·梁惠王上》）。一个国王能够做到这一点，治理好国家便是一件很容易做到的事情了。第三："先王肇修人纪，从谏弗咈，先民时若；居上克明，为下克忠；与人不求备，检身若不及，以至于有万邦，兹惟艰哉！"在这里伊尹提到了"人纪"，而且明确指出这个"人纪"是由"先王肇修"的。"先王"当然指的是商汤。"肇修"谓开始建立，那么商汤开始建立的"人纪"，意义何在呢？"人纪"孔传解释谓"为人纪纲"，用今天的话来说，就是做人应当遵守的道德规范。做人的道德规范，既有因地位的不同而不同，也有地位虽不同而要求则相同。从不同方面讲，做国君的应该"从谏弗咈"（"咈"，违逆。"从谏弗咈"即从谏如流），还应该

"居上克明"。孔颖达疏："见下之谓明。言其以理恕物，照察下情，是能明也。"只有"照察下情"才能处理好政务。"从谏"及"克明"是国君必备的操守。"为下克忠"："下"指臣民而言，作为臣民对于国君，应该做到的是"忠"。这是臣民应该具备的操守。"与人不求备，检身若不及"这是君、臣、民都应当具备的操守。只有君、臣、民都严格地履行这些"人纪"，才能使整个国家长治久安。第四："敷求哲人，俾辅于尔后嗣。"广泛地寻求才德兼备的贤哲之人，让他们辅助国王治理国家。这个要求和《尚书大传》的"通贤共治"的思想是相通的。第五："制官刑，儆于有位。""有位"指官吏而言。"制官刑"即制定惩罚贪官污吏的刑法。用这样的刑法来儆诫所有在位的官吏。不仅如此，还要"具训于蒙士"。苏轼《书传》："蒙童也，士自童幼即以此训之也。"蔡沈《书集传》："童蒙始学之士，则详悉以是训之，欲其入官而知所以正谏也。"学生从少年时代就进行反腐防腐教育，真是一种创举！不仅如此，伊尹还对腐败加以细化，分成"三风""十愆"。蔡沈《书集传》："三风，愆之纲也；十愆，风之目也。"孔颖达《尚书正义》："巫风二，淫风四，乱风四也。"愆，谓过失或罪过。"十愆"，指十种过失或罪过。这十种过失或罪过，"巫风"占两种：其一为"恒舞于宫"（在宫中经常举行歌舞）；其二为"酣歌于室"（在家中酗酒高歌）。"淫风"占四种：其一、二为"殉于货色"（过于贪图财货、过于贪图女色）；其三、四为"恒于游畋"（贪于游玩、贪于畋猎）。"乱风"占四种：其一为"侮圣言"（侮慢圣人的言论）；其二为"逆忠言"（违逆忠直之言）；其三为"远耆德"（疏远年老德高望重之人）；其四为"比顽童"（亲近无知无识的小人）。不仅如此，伊尹还特别强调三风十愆的危害："卿士有一于身，家必丧；邦君有一于身，国必亡。"于此可见三风十愆的危害到了何种程度。因而伊尹极其严肃地提出："臣下不匡，其刑墨。"臣下见到国君上述过失不加谏正，便要受到墨刑惩罚。伊尹的用心可谓良苦，然而这些良苦用心在太甲身上并没有起到作用。太甲仍然走上了败德纵欲的道路。面对这种情况，伊尹采取了果断措施，将太甲从天子之位上拉下来，将他流放到桐宫（桐宫为离宫名，在河南偃师西南汤冢附近）并要求他在桐宫反省，时间长达三年。在这三年之中，"伊尹摄行政当国，以朝诸侯"，居然代替太甲行使天子职权。"帝太甲居桐宫三年，悔过自责，反善。于是伊尹乃迎帝太甲而授之政，帝太甲修德，诸侯咸归殷，百姓以宁。伊尹嘉之，乃作《太甲训》三篇，褒帝太甲，称太宗。"（《史记·殷本纪》）《太甲训》三篇应当即是《古文尚书》中《太甲》上、中、下三篇。这三篇记载了太甲由流放到复位的全过程。其中既有伊尹对太甲的训诫劝勉之词，也有太甲自我检讨表示悔过自新之词。还政太甲之后，伊尹便告老还乡。

在告老还乡时，伊尹又作《咸有一德》进一步告诫太甲。文中伊尹要求"惟新厥德，终始惟一，时乃日新"。即始终如一地保持着"德"。这样的"德"，它的内容是什么呢？首先是："任官惟贤才，左右惟其人。臣为上为德，为下为民；其难其慎，惟和惟一。德无常师，主善为师；善无常主，协于克一。"在这里，伊尹把"德"和"一"紧紧地联系在一起，意思仍然是始终如一地保持着"德"。这种"德"对君主而言，便是"任官惟贤才，左右惟其人"。对臣而言，则是"为上为德，为下为民"。"上"指君主而言，"为上为德"是说臣下应当帮助君主保持住德。"为下为民"是说对下应当顺从民愿教导民众。"其难其慎"是对"任官惟贤"来说的。"惟和惟一"是说君臣上下和衷共济始终如一地保持住"德"。要求虽是始终如一，但决不能过于拘泥。"德无常师，主善为师；善无常主，协于克一"是说培养品格没有固定的老师，只要是注重善行的，便可以作为老师；善行不固定于某一个人身上，能够始终如一合乎纯正之德的才能保持住善行。伊尹这些话既深刻又辩证，称之为千古名言，似非过誉。其次是："无自广以狭人。"

不要自高自大，轻视别人。"狭人"的人，当指百姓而言。紧接着下面两句话便是佐证："匹夫匹妇，不获自尽，民主罔与成厥功。""匹夫匹妇"指的就是百姓。"不获自尽"的"自"，指的也是百姓，"尽"，谓尽力。意思是说不能获得百姓尽心尽力。这是假设句，必须与下面反诘句联系起来才能确切地理解其含义。"民主"，谓民的君主，和上文假设句联系在一起，是说如果不是老百姓尽心尽力地拥戴，那么君主和谁一起去成就他的功业？这句话看似简单，其实不然，试问几千年来，有几位君主能够有这样的认识？这里所表达的依然是"重民"思想，同时也是民本思想的延伸。

记载傅说的事迹在《说命》上、中、下三篇。《说命上》记载了商王武丁寻求傅说的经过，详见前述。值得一提的是傅说与武丁的关系。武丁求得傅说后便"爰立作相"而且"置诸其左右"。然后向傅说表示："朝夕纳诲，以辅台德！若金，用汝作砺；若济巨川，用汝作舟楫；若岁大旱，用汝作霖雨；启乃心，沃朕心。若药弗瞑眩，厥疾弗瘳；若跣弗视地，厥足用伤。惟暨乃僚，罔不同心以匡乃辟，俾率先王，迪我高后，以康兆民。"这些披肝沥胆推心置腹的话语，千载之后读来仍然令人感动不已！尤其值得称道的是武丁把傅说的谏正居然称作教诲，君对臣如此尊重可以说到了无以复加的程度。然后又通过一系列比喻，表达了武丁对傅说全心全意的倚重。而这一切最终着眼点却放在"以康兆民"上。

傅说没有辜负武丁的期望，上任伊始，首先肯定武丁"明王奉若天道……不惟逸豫，惟以乱民"（《说命中》）。乱，治理。称武丁为"明王"，认为武丁顺从"天道"，不贪图安逸，而用心于治理百姓。并坦率地向武丁提出如下建议：一、慎言慎行："惟口起羞，惟甲胄起戎，惟衣裳在笥，惟干戈省厥功，王惟戒兹。允兹克明，乃罔不休。"（《说命中》）国王的言语乃政令之所从出。因而国王说话一定要慎重，否则便会招致耻辱。干戈用于讨伐；标志官爵的礼服，用于赏赐。慎重行使赏罚，才能使赏罚得当，而不致引起祸端。能够做到慎言慎行，才能有美好的结果。二、整肃吏治："惟治乱在庶官。官不及私昵，惟其能；爵罔及恶德，惟其贤。虑善以动，动惟厥时。有其善，丧厥善；矜其能，丧厥功。惟事事，乃其有备，有备无患。无启宠纳侮，无耻过作非。惟善攸居，政事惟醇。"（《说命中》）傅说认为治乱的关键在于"庶官"。对于"庶官"的任命要"惟其能""惟其贤"，而不要任命那些"私昵"及"恶德"之人。不要自矜其"能"其"善"；否则不仅会丧失其美德，而且也会丧失其功业成就。做每件事情都要有备无患。不要宠信小人而招致轻侮；不要羞于认错而文过饰非以致酿成大错。只有居于正道，政务才能纯正不杂。对傅说的建议，武丁予以充分肯定："旨哉！说。乃言惟服。乃不良于言，予罔闻于行。"（《说命中》）武丁不但认为这些话说得好，而且认为这些话都是可以实行的。正是由于武丁和傅说君臣之间如此和衷共济，才使得"殷国大治"（《史记·殷本纪》）。武丁和傅说的事迹是"通贤共治，示不独专，重民之至"的又一生动写照，在中国历史上也同样是绝无仅有的。

以上的介绍与分析涉及《虞书》一篇、《夏书》一篇、《商书》八篇，一共十篇。剩下《夏书》一篇、《商书》二篇以及《周书》十二篇（见上文）共十五篇。这十五篇在内容方面同样也是高扬民本思想，和上述十篇的基调是一致的，但无论从深度和广度而言似未超出上述十篇的范围。由于篇幅所限，对剩下的十五篇本文就略而不论了。

从以上的介绍和分析中，我们可以清楚地看出《古文尚书》和《今文尚书》在内容上的巨大差别。《尚书大传》本是伏生用以解释《今文尚书》的专著，而其思想内容却与《今文尚书》的思想内容存在十分明显的矛盾，而与《古文尚书》的思想内容却十分吻合。应当怎样来解释这一现象呢？这个问题我们只能从伏生由秦入汉的种种经历和伏生的为人处世以及与此相关的心路历程来寻求答案。

作为一名孔子信徒，一种使命感和责任感促使他必须将自己毕生精研的《尚书》传授下去。但是面对如此严酷的现实，伏生不能不考虑到如果将高扬民本思想的《古文尚书》传授下来，可以预见的后果将是：一、像秦始皇坑杀儒生那样，给传授者带来杀身之祸；二、像秦始皇焚书那样再次使《尚书》遭到禁毁而失传。当然，也可以想见后代的君主不会个个都像秦始皇那样暴虐，不过即便比秦始皇好上一百倍，但他们毕竟是专制帝王，长期以来养成的专制思想，要他们接受《古文尚书》所表达的理念，几乎是不可能的。特别是《商书》中伊尹和傅说的事迹及其所表达的观念，即便是开明的君主，恐怕也难以容忍。高扬民本思想的孟子曾给伊尹以极高的评价："伊尹，圣之任者也。"（《孟子·万章下》）对伊尹放逐太甲津津乐道。在孟子心目中伊尹是一位能够"格君心之非"（《孟子·离娄上》）的理想的大臣形象。然而，这样的大臣，三千多年来哪一个专制君主能够容纳！显而易见传授载有这些事迹和思想的典籍，无异于玩火。所以，为了自身的安危，更为了使《尚书》长期留存世间而不致失传，伏生不得不忍痛割爱将《古文尚书》删去，对《尚书》重新加以编选，只将其中二十八篇改写成汉代的今文而加以传授，《古文尚书》则一仍其旧束之高阁。笔者认为《古文尚书》在伏生那里似未失传，至少在伏生的头脑中仍然留存着。伏生所传授的《今文尚书》，虽可以为当道者所容纳，但在所表达的思想方面，不免显得苍白无力。为了补偏救弊，伏生在《尚书大传》中，本着以孔孟为代表的传统理念，着力宣扬民本思想，用以弥补《今文尚书》所存在的缺陷。这就是《尚书大传》与所传二十八篇《今文尚书》在思想上如此矛盾，而与《古文尚书》又如此吻合的原因所在。

也许有人要问，伏生既然有那么大的勇气敢于在《尚书大传》中那样宣扬民本思想，为什么还要忍痛割爱将《古文尚书》删去？在

《尚书大传》中那样宣扬民本思想，不也同样会招致祸端吗？这个问题其实并不难回答。经和传是有很大区别的，经的文本在传授时应当公开，而传却不必如此，只在入门弟子中口口相授，无须形成文字公开流布。《尚书大传》在伏生生前并未形成文字便是证明。后来虽由伏生弟子形诸文字，恐怕也只是在本门弟子中传阅。可以想见它的流传范围远不如经文文本那样广泛，引起祸端可能性极小。

有一个问题需要指出，汉代的今、古文之分，开始只是文字的区别并无学派之分。在伏生以及孔安国时代是如此，学派之分，甚至学派之间势同水火，那是西汉后期，特别是东汉时代的事情。伏生再传弟子兒宽，既从欧阳生那里，受伏生所传的《今文尚书》，又从孔安国那里受《古文尚书》，便是明显的一例。兒宽距伏生甚近，是否见过伏生不得而知。但可以推想兒宽在从欧阳生那里受《今文尚书》时，也可能对《古文尚书》有所耳闻。据《史记》记载，兒宽是在"诣博士"之后，又从孔安国受业。如果不是对《古文尚书》有兴趣，兒宽又有什么必要再从孔安国那里"受业"呢？兒宽出身于贫穷之家，是一个从社会底层，通过个人的艰苦奋斗而挣扎出来的知识分子。通过推荐与考试做了廷尉史，之后便得到了张汤的赏识。张汤虽然是一个长于深文周纳，善于罗织罪名的酷吏，但自奉却甚为廉洁，而兒宽也是"有廉智，自持"。由于张汤的赏识并引荐，兒宽又得到了汉武帝的赏识。张汤死后六年，兒宽官至御史大夫。但是"宽在三公位，以和良承意从容得久，然无有所匡谏"。因而遭到"官属"的轻视。可见兒宽并不是一个品节高尚的人。但他却是一位"善著书"而"敏于文"的学者。《汉书·艺文志》曾著录《兒宽》九篇，而这九篇仅有《议封禅对》及《改正朔议》两篇传世，余皆散佚无考。这两篇文章除了歌功颂德之外，并没有什么高明的见解。《尚书大传》按郑玄的说法，是伏生口授予弟子。伏生死后，由其弟子张生、欧阳生等"数子"整理而成。兒宽是否参与整理不得而知，但他对《尚书大传》一定十分熟悉，则是可以肯定的。然而兒宽的作为与《尚书大传》所表达的意恉相去甚远。从这一点来看，兒宽应是伏生的一位不甚理想的再传弟子。尽管如此，但兒宽却是一位将《今文尚书》与《古文尚书》相关联的人物。也许这件事能够给我们提供一些线索或启示。

东汉时代，是古文经盛行的时代。即便如此，《古文尚书》依然未被立于学官，只能私相传授。《后汉书·杜林传》："林前于西州得漆书《古文尚书》一卷，常宝爱之，虽遭难困，握持不离身。出以示宏等曰：'林流离兵乱，常恐斯经将绝。何意东海卫子、济南徐生复能传之，是道竟不坠于地也。古文虽不合时务，然愿诸生无悔所学。'宏、巡益重之，于是古文遂行。"根据本传记载，杜林不仅"博学多闻，时称通儒"，而且颇有志节，在隗嚣面前不为权势、利诱、威胁所动。隗嚣称他为"天子所不能臣，诸侯所不能友"。杜林由于有如此"名德"，所以深受汉光武帝的尊重和赏识。杜林被光武帝任用后，官位不断高升，在代王良为大司徒司直以及代丁恭为少府，复为光禄勋之后，不久又代朱浮为大司空。死时，光武帝亲自临丧送葬。就是这样一位地位高而又德高望重的大儒，虽然对漆书《古文尚书》情有独钟，仍不能公开传授，只能在私下传授给卫宏和徐巡。以杜林的威望和高节，虽在重位仍不能为"不合时务"的《古文尚书》争一席地位，使《古文尚书》得以公开传授，何况身处乱世之后，经历了焚书坑儒的浩劫而余悸犹存的一介平民——伏生呢？可见伏生没有传授《古文尚书》乃情势使然。尽管伏生没有传授《古文尚书》却传授了思想倾向与《古文尚书》息息相关的《尚书大传》，同样功不可没。东汉末年著名的经学大师郑玄为《尚书大传》作注。郑玄虽是一位今、古文兼容的经学大师，但毕竟偏重于古文经。郑玄为《尚书大传》作注，一方面反映了郑玄治经的特点，另一方面也反映了《尚书大传》不容忽视的文献价值与史料价值。

　　总之,《尚书大传》是一部思想内容丰富、文献价值与史料价值很高的著作,在《尚书》学史上具有不容忽视的开创之功。通过对《尚书大传》的深入研究,不但可以深入探讨伏生治经的特点及其思想,更重要的是可以帮助我们解开《尚书》流传过程中诸多难点并对汉代今文经、古文经重新加以审视,从而使经学研究更加深入。为此,笔者热切希望更多的学者参与到这样的讨论中来!

　　(原载于《中国经学》第四辑,彭林主编,广西师范大学出版社,2009 年 1 月)

试论《周易》产生的年代

《周易》究竟产生于何时，这是研究《周易》首先需要解决的问题。

关于《周易》产生的年代，影响最大的有两种说法：一、殷末周初说；二、战国说。管见认为这两种说法都很难成立。

周初说是传统的说法，在西汉以前就颇为流行。这种说法认为，八卦是伏羲或神农所作，周文王据以推衍出六十四卦和三百八十四爻并作卦辞和爻辞（一说卦、爻辞为周公所作）。这种说法在流传中又增添了许多附会和渲染，真是言之凿凿，煞有介事。然而考诸历史，却是于古无征的。

《周易》并不只是一部单纯讲占卜的书，但占卜毕竟是《周易》所使用的一种重要手段，《周易》和占卜的关系极为密切。因此，考查《周易》产生的历史，就需要考查一下占卜的历史。

司马迁在《史记·太史公自序》中说："三王不同龟，四夷各异卜。"可见占卜这种迷信活动由来已久，大约在原始社会末期或奴隶社会初期就已经产生了。从考古发掘来看，龙山镇城子崖遗址中发现了十六块卜骨，这说明在当时已经有人从事占卜活动了。

商代的奴隶主阶级为了加强和巩固自己的统治，更大肆从事占卜活动，占卜的手续也更加完备。从历史的记载以及从殷墟的地下发掘所获得的实物来看，都证明了这一点。殷商时代的统治阶级极为重视神权，只要统治者举行什么活动，无论国家大事或日常生活，都要事先进行占卜。占卜之后，还要把占卜的日期、卜问的事情、原因以及兆形所显示的吉凶等刻在所使用的卜骨上面，以备查考。所谓"甲骨文"实际上就是这种占卜的记录。

周代的统治者在占卜活动方面，开始还只是继承殷商时代统治者所使用的占卜方法，后来周代统治者把占卜方法进行改革，从而创造了与殷商时代不同的占卜方法。《周易》所使用的就是这种已经改革了的占卜方法。从使用的工具来看，殷商时代所使用的是龟甲和兽骨，而《周易》所使用的则是蓍草。由于使用的工具不同，殷商时代的占卜称作"龟卜"，而《周易》的占卜却称作"筮占"。在考查占卜的历史时，这种不同应引起我们的重视。

筮占所使用的工具，开始大约是竹，后来才改用蓍草。《说文》："籭，易卦用蓍也。从竹，从舝。舝，古巫字。"可见，"籭"就是"筮"的古体。《说文》把"筮"当作《周易》的占卜方法，当有所据；从占卜的发展历史来看，这个说法是可信的。

"筮"这种占卜方法究竟是谁创造的？开始于何时？为了弄清占卜的历史，这个问题也是需要解决的。

《世本·作篇》和《吕氏春秋·勿躬篇》都说："巫咸作筮。"这个巫咸究竟是什么时候人，古书记载说法不一。这些说法多属传闻，很难据为信史，较为可信的记载当是《尚书》。《君奭》说："在大戊，时则有若伊陟臣扈，格于上帝，巫咸乂王家。"根据这个记载，巫咸应当是殷的太戊时代人。但是，值得注意的是《君奭》篇虽然把这位"巫咸"当作贤能的巫者加以称颂，但并没有说他创造"筮"法。可见，"巫咸作筮"之说并不可信。尤其值得注意的是，殷墟的发掘，虽然发现了大量的甲骨卜辞，但并没有发现"筮占"的任何遗迹，在现有的甲骨文中也没有发现"筮"字以及"筮占"的任何记载。这说明，在殷商时代，"筮占"尚未产生。考查一下有关商代的最古的文献记载——《尚书》中的《商书》，我们的这一论断也同样可以得到证明。

《商书》中有关占卜的记载有如下三处：

一、《盘庚上》："不能胥匡以生，卜稽曰其如台？"意思是：假如不能互相救助而生存下来，就是研究了占卜的结果，又将如何呢？

二、《盘庚下》："肆予冲人，非废厥谋，吊由灵各，非敢违卜，用宏兹贲。"意思是：现在我这年幼的人，不是不听从大家的意见，迁都之意实在是二帝通过深知天命的人传达下来的，因此迁都新邑不仅不是违背卜兆，正是大大彰露卜兆的灵异。

三、《西伯戡黎》："格人元龟，罔敢知吉。"意思是：那深知天命的圣人，用大龟来占卜，始终没有遇上吉兆。

这里的记载都只称卜而不称筮，《西伯戡黎》的记载则又证明这种占卜是龟卜而非筮占。这种情况与殷墟的考古发现，完全吻合。可见在商代并无"筮占"。

周初留存到现在的历史记载，在《尚书》中有《周书》。考查一下《周书》中关于占卜的记载，又可能使我们看到不但在殷商时代没有筮占，就是在西周初年也没有筮占。

现在让我们把《周书》中有关占卜的记载摘录如下：

《金縢》两处：

（一）"二公曰：'我其为王穆卜？'周公曰：'未可以戚我先王。'"

（二）"今我即命于元龟，尔之许我，我其以璧与珪，归俟尔命。尔不许我，我乃屏璧与珪。"

《大诰》四处：

（一）"用宁（文）王遗我大宝龟，绍天明。"

（二）"我有大事休，朕卜并吉。"

（三）"宁（文）王惟卜，用克绥受兹命。今天其相民，矧亦惟卜用。"

（四）"予曷其极卜敢弗于从？……矧今卜并吉，……天命不僭，卜陈惟若兹。"

《召诰》一处：

"卜宅，厥既得卜，则经营。"

《洛诰》两处：

（一）"我卜河朔黎水，我乃卜涧水东，瀍水西，惟洛食。我又卜瀍水东，亦惟洛食。伻来，以图及献卜。"

（二）"公既定宅，伻来，来视予卜，休。"

这些记载都只称卜而不称筮。卜和筮并称的只有《君奭》和《洪范》两篇。而这两篇据今人考证并不是周初的作品，而是东周时代的作品。

这些记载表明，周初统治者所使用的仍是龟卜，和殷商时代并没有多大差别。1977年在周王朝的发祥地——陕西周原地区发掘的西周早期甲骨，充分地证明了这一点。既然"筮占"在当时并未产生，因而和"筮占"密切相关的《周易》也就不可能产生。

尤其值得注意的是，如果《周易》真像后人所追述的那样是文王的发明和创造，那么周初的统治者为什么不运用文王所发明的《周易》进行占卜，却继续运用龟卜？在后人的追述中《周易》被吹得天花乱坠，简直成了一项伟大的发明，倘若如此，为什么周初的统治者对于文王这项伟大的发明不是大加宣扬，而是缄口不言，甚至在占卜时也只说"文王遗我大宝龟"，而绝口不提《周易》？这只能有一个解释：《周易》根本不是文王的什么发明和创造！

除《尚书》之外，在《诗经》中，关于占卜的记载，有以下几处：

（一）《大雅·緜》："爰始爰谋，爰契我龟。"

（二）《小雅·小旻》："我龟既厌，不我告犹。"

（三）《鄘风·定之方中》："卜云其吉，终焉允臧。"

（四）《卫风·氓》："尔卜尔筮，体无咎言。"

《緜》是周初的作品，所以只称卜而不称筮。《小旻》产生于西周末年，当时筮卜仍在酝酿形成阶段，所以这里所写仍是龟卜。《氓》是春秋时代的作品，当时筮占已经产生，所以这里卜和筮并提。这些记载与《尚书》完全吻合。在《尚书》中，《大诰》《召诰》《洛诰》等篇都是周初的作品，只称卜而不称筮。《金縢》一篇虽属晚出也只称卜而不称筮。《君奭》和《洪范》两篇，由于是东周时代的作品，所以卜、筮并称。这种情况，为我们考查《周易》产生的时代提供了重要资料。

《君奭》说："若卜筮，罔不是孚。"这项记载说明在《君奭》产生的时候，卜和筮这两种不同的占卜方法已经同时使用了。在《洪范》中，卜和筮并用的情形，就有了比较详细的记载："七，稽疑：择建立卜筮人，乃命卜筮：曰雨，曰霁，曰蒙，曰驿，曰克，曰贞，曰悔，凡七。卜五，占用二，衍忒。立时人作卜筮。三人占，则从二人之言。汝则有大疑，谋及乃心，谋及卿士，谋及庶人，谋及卜筮。汝则从、龟从、筮从、卿士从、庶民从，是之谓大同。身其康强，子孙其逢，吉。汝则从、龟从、筮从、卿士逆、庶民逆，吉。卿士从、龟从、筮从、汝则逆、庶民逆，吉。庶民从、龟从、筮从、汝则逆、卿士逆，吉。汝则从、龟从、筮逆、卿士逆、庶民逆，作内吉，作外凶。龟筮共违于人，用静吉，用作凶。"

这段记载一面说明龟卜和筮占作为两种不同的占卜方法在当时都被采用，另一方面也说明这两种占卜方法虽然不同，但都起着同样的权威作用。文中所叙述的七种征兆，前五种属于龟卜，后两种属于筮占。"贞"指内卦，"悔"指外卦。《周易》最基本的卦是八个，由八个基本卦相互重叠，推演出六十四卦，所以这六十四卦中每一卦都由两个基本卦组成，这两个卦下面一卦叫内卦也就是贞卦，上面一卦叫外卦也就是悔卦。再者《周易》在占卜时，不但要推求出本卦，而且还要由本卦推求出之卦，本卦也叫作内卦或贞卦，之卦也叫作外卦或悔卦。《洪范》的记载说明，周代的统治者已经在开始建立自己的一套占卜方法了。这种方法在当时虽然已被采用，但还不够完善，《周易》就是在这种占卜方法日臻完善的过程中产生出来的。

这里有一点值得我们注意，《洪范》的这一段是专门谈论占卜的，就是在这里也没有提到《周易》，这就证明《周易》的产生比《洪范》还要稍为晚些。也许有人会说，《洪范》所记载的是箕子和武王的对话，箕子是殷商的遗臣，箕子对武王的回答所提到的是"我闻在昔"的往事，不提《周易》，正是情理中事，不能据以推断《周易》产生的时代。这个看法虽则貌似有理，其实也是错的。须知《洪范》并非当时实录而是后人的假托。在所谓箕子的"我闻在昔"中既没有伏羲画卦一事，也没有"文王拘而演周易"一事，这就清楚说明《周易》不但在周初没有被创造出来，就是在《洪范》的制作时代也还没有被创造出来。

既然《周易》不可能产生于殷末周初，那么，是不是像有些同志所说的那样产生于战国呢？也不是。这里所说的《周易》是指"经"不是指"传"。《易传》显然是战国时代的东西，《易经》则不是。从《易经》的卦辞和爻辞来看，它所反映的社会生活，所涉及的社会制度，所使用的语言文字，都很难说有战国时代的色彩，战国说实际上也是很难成立的。

那么，《周易》究竟是什么时候产生的呢？在古代文献中，对《周易》的使用情况，记载得较为完备和详细的，只有《左传》和《国语》。对于这两部书的真实性，过去的一些今文经学家和当代的一些学者，曾经提出过疑议，管见以为这些疑议，其中虽然不无可取之处，但理由大都不甚充分，很难据以完全否定这两部书的历史真实性。所以在考查《周易》产生的时代的时候，我们仍然要以这两部书的记载作为主要依据。

下面就让我们来研究一下《国语》和《左传》中的有关记载。《左传》中记述用《周易》占筮或论证人事的地方共十七条，另有引文与今本《周易》不符的两条。《国语》中记载用《周易》来占卜人事的有三条。一共二十二条。最早的一条所记述的是陈侯的一次筮占，时在公元前672年。最晚的一条所记述的是《左传·哀公九年》阳虎的一次筮占，时在公元前486年。这就是说，根据《国语》《左传》记载，从春秋中叶起，奴隶主贵族便开始利用《周易》占卜了。从记载中还可以看到，就卦来讲，不但有本卦，还有之卦，亦即不但有成卦，还有变卦。卜筮者依据占卜判断吉凶时，不仅要看象数，也要看卦、爻辞所含的义理。可见，在春秋中叶以前，《周易》就已经产生了。

《周易》在这个时候产生，和当时的阶级斗争有着密不可分的联系。西周末年，阶级矛盾非常尖锐，奴隶主贵族对奴隶进行残酷的压迫和剥削，不断激起奴隶的反抗与暴动。公元前841年发生了一次规模空前的奴隶暴动，赶走了暴虐的周厉王，给奴隶主阶级的反动统治以极其沉重的打击。经宣王到幽王时代，这个腐朽透顶的反动统治，终于在风雨飘摇中彻底崩溃了。这次奴隶制危机之后，到了春秋时代，随着奴隶制的没落，新的封建制的生产关系在孕育和发展，从而开始了由奴隶社会向封建社会转变的新时代。

在这个新旧生产关系交替的大转变过程中，日趋没落的奴隶主贵族，失去了旧日的政治地位和经济地位，由统治者逐渐沦为被统治者。面对着这种局面，在一部分没落的奴隶主贵族中间形成了"天命匪谌"的思想，对上帝表示怀疑了，劳动人民对上帝持否定态度的观念也出现了。奴隶主阶级感到旧的神学理论已经失去应有的作用，必须创建新的神学体系来适应新的情况和新的需要。这样就造成了龟卜的废弛，筮占的兴起。

上面我们依据史料确定《周易》是西周末年到春秋中叶以前的产物。"八卦说"和"阴阳说"，作为一种朴素的唯物主义思想，大约产生于周初，后来被统治阶级加以唯心主义的改造，到春秋中叶以前，便在这个改造的基础上产生了《周易》的神学体系。

（原载于《齐鲁学刊》1981 年第 2 期）

论《周易》的产生时代及其与
《易传》的关系

  《周易》产生时代及其与《易传》的关系是《周易》研究中的重要问题。

  《周易》的作者究竟是谁，司马迁的意见是：伏牺画八卦，文王演为六十四卦，孔子作十翼。班固在《汉书·艺文志》中归纳为"人更三圣，世历三古"。司马迁的说法便成为权威的说法。根据这个说法，《周易》经的部分，最后的实际的完成者是文王，而传即十翼的作者则是孔子。

  对于司马迁的这种说法，唐以前的学者大都是信从的。但疑古之风，在唐代中叶以后逐渐兴起，到了宋代则大张其帜。北宋时欧阳修作《易童子问》，否定《易传》为孔子所作。讨论延及于近代，自五四以后，在学术界，《周易》的产生时代及其与《易传》的关系便成易学讨论中的焦点。众说纷纭，莫衷一是，到目前为止这个问题依然没有解决，仍有进一步加以探讨的必要。

  应当怎样推断《周易》产生的年代呢？我以为应当从以下三个方面进行考查。

  首先要研究一下占卜的历史。《周易》和占卜的关系极为密切，因此，要推断《周易》产生的年代，就需要考查一下占卜的历史。

司马迁在《太史公自序》中说："三王不同龟，四夷各异卜。"可见占卜这种迷信活动历史很久，并且因时代和地区的不同而不同，大约在奴隶社会初期就已产生了。从考古发掘来看，龙山镇城子崖遗址发现了十六块卜骨，这说明在当时已经有人从事占卜活动了。

殷商时代，统治阶级为了加强和巩固自身的统治地位，更大肆从事占卜活动。占卜的方法是龟卜。占卜之后要把占卜的日期、卜问的事情、原因以及兆形所显出的吉凶等刻在所使用的卜骨上面，以备查考。所谓"甲骨文"实际上就是这种占卜的记录。

周代的统治者，从事占卜活动时，开始还只是继承殷商时代的龟卜方法。后来，周代的统治者把占卜方法进行改革，创造了与龟卜不同的占卜方法——筮占。《周易》所使用的，就是这种已经改革了的占卜方法。从使用工具来看，殷商时代所使用的是龟甲和兽骨，而《周易》所使用的则是筮草。由于使用的工具不同，殷商时代的占卜称作"龟卜"，而《周易》的占卜却称作"筮占"。

筮占所使用的工具，开始大约是竹，后来才改用蓍草。《说文》："籌，易卜用蓍也。从竹舜，舜，古文巫字。"可见，"籌"就是"筮"的古体。《说文》把"筮"当作《周易》的占卜方法，这个说法是可信的。

筮占的方法，可能来源很古，但发展成《周易》的筮占方法，肯定是在龟卜之后。因为《周易》的筮占方法以象数作基础，而这种象数是一个非常严密的体系，特别是数，它表明《周易》的制作者，数理思维已达到相当的高度，不可能出现在远古时期。《世本·作篇》和《吕氏春秋·勿躬篇》都说："巫咸作筮。"巫咸究竟是何时人，说法不一，或说为伏牺时人，或说为黄帝时人，或说为殷人，此说当属传闻，不可据为信史。近来，有的甲骨文学者从武丁卜辞关于" 𤕟 "（巫）

的记载，认为殷人至少在武丁时代已知占筮。安阳出土的殷代末期铜器，已出现过八卦符号。这些都说明在殷代已有筮占。[①] 但这种筮占是否和《周易》的筮占属于同一系统尚不得而知，我认为这种筮占，至多只能看作《周易》筮占的滥觞。

西周甲骨文的发现为我们研究筮占的历史，提供了新的依据。在西周的甲骨文上发现有一种与龟卜或骨卜无关的特殊数字记号，有的学者认为这就是占筮用的"筮数"。但是还没有发现这种筮数已有《易经》上那样严格的卦名。[②] 因此，如果把这种筮数看作与《易经》筮数有关的话，也只能看作《易经》筮数的酝酿的初期阶段。

以上这种情况，和古代较为可靠的文献记载基本上是吻合的。

现存的今文《尚书》中记载商代的《商书》有五篇，其中《盘庚上》《盘庚下》《西伯戡黎》等篇有三处关于殷商时占卜的记载，这三处均是龟卜不是筮占。今文《尚书》中的《周书》关于周初的占卜记载有如下一些篇目：

《金縢》两处：

① "二公曰：'我其为王穆卜？'"

② "今我即命于元龟。"

《大诰》四处：

① "用宁（文）王遗我大宝龟，绍天明。"

② "我有大事休，朕卜并吉。"

③ "宁（文）王惟卜，用克绥受兹命。"

④ "予曷其极卜敢弗于从？……矧今卜并吉，……天命不僭，卜陈惟若兹。"

---

① 吴浩坤：《中国甲骨学史》，上海人民出版社，1985，第 77 页。
② 王宇信：《西周甲骨探论》，中国社会科学出版社，1984，第 178～180 页。

《召诰》一处："卜宅，厥既得卜，则经营。"

《洛诰》两处：

① "我卜朔黎水，我乃卜涧水东，瀍水西，惟洛食，我又卜瀍水东，亦惟洛食。伻来，以图及献卜。"

② "公既定宅，伻来，来视予卜，休。"

这些记载都只称卜不称筮。卜、筮并称的只有《君奭》和《洪范》两篇，而这两篇产生时代较晚。

在《诗经》中，关于占卜的记载，有如下几处：

《大雅·緜》："爰始爰谋，爰契我龟。"

《大雅·文王有声》："维龟正之，武王成之。"

《小雅·小旻》："我龟既厌，不我告犹。"

《小雅·小宛》："握粟出卜，自何能谷。"

《小雅·杕杜》："卜筮偕止，会言近止。"

《鄘风·定之方中》："卜云其吉，终焉久藏。"

《卫风·氓》："尔卜尔筮，体无咎言。"

《大雅》产生的时代较早，只有龟卜的记载，而没有筮占的记载。筮占的记载，只有《小雅·杕杜》和《卫风·氓》两处，而这两篇产生时代较晚，《氓》大约是春秋时代的作品。以上资料说明，《尚书》和《诗经》关于龟卜和筮占的记载，就其时代而言，基本是吻合的。

从甲骨文和出土的殷商铜器所提供的资料，以及《尚书》和《诗经》等古代文献所提供的资料来推断，西周时代中期以前只能看作《周易》筮占方法的酝酿阶段，它的形成阶段应当在西周中期以后。

其次，我们应当考查一下阴阳说产生的历史。

有人以为阴阳说与《易经》并无关系。一、- -并不代表阴阳，并以《易经》卦爻辞中没有阴阳二字作为根据。管见以为这个说法难以成立。因为《易经》六十四卦象均由六爻组成，如果一、- -并不代表阴阳，那么这些卦象便无法解释，可见，阴阳说是《易经》的核心和基础，是《易经》不可或缺的组成部分。可以这样说，离开阴阳说，《易经》也就不复存在了。所以，考查《易经》产生的时代，就必须考查阴阳说产生的历史。

目前甲骨文学者研究成果表明，在殷商时代的甲骨文中没有发现阴阳二字。甲骨文虽已存在"天"的观念，但这种观念却多用"帝"字来表达。周初虽然出现了"天"字，但"地"在金文中却不存在。所以，郭沫若说："金文无与天对立之地字，天地对立之观念，事当后起，则乾坤对立之观念亦当后起矣。"①

但是，随着社会的发展，以及对于自然和社会认识的深化，人们不但认识了天地之间的对立关系，发现了阴和阳，也发现了阴与阳之间的对立关系。阴阳说开始产生了，人们试图运用阴阳说来解释一些自然现象。西周末年（周幽王二年）岐山一带发生一次地震，伯阳父便用阴阳说来解释这次地震：

> 周将亡矣！夫天地之气，不失其序；若过其序，民乱之也。阳伏而不能出，阴迫而不能蒸，于是有地震。今三川实震，是阳失其所而镇阴也。阳失而在阴，川源必塞，源塞，国必亡。

这是有关阴阳说的最早的文献记载，根据《左传》的记载，到了春秋时代，阴阳说被广泛地用于解释自然和社会现象。尽管这些说法带有神秘主义的色彩，但毕竟标志着人类思维的深化，应当给予正确的估价。《易经》的出现，标志着阴阳说发展到了相当成熟的阶段。我们认为《易经》的产生是跟阴阳说产生和发展紧密地联系在一起的。

最后，让我们考查一下运用《周易》进行占卜的记载。

---

① 郭沫若：《金文丛考》，人民出版社，1954，第32～33页。

　　运用《周易》进行占卜的记载，最早见于《国语》和《左传》。《国语》中有三条，《左传》中有十九条（其中有两条与今本《周易》不符），一共二十二条，现在按照年代的先后列表于下：

前 672 年《左·庄二十二年》　遇《观》之《否》

前 661 年《左·闵元年》　　　遇《屯》之《比》

前 660 年《左·闵二年》　　　遇《大有》之《乾》

前 645 年《左·僖十五年》　　遇《归妹》之《睽》

前 645 年《左·僖十五年》　　遇《蛊》（卦辞与今本《周易》不符）

前 637 年《国语·晋语》　　　遇《泰》

前 636 年《左·僖二十五年》　遇《大有》之《睽》

前 636 年《国语·晋语》　　　贞《屯》悔《豫》

前 606 年《国语·周语》　　　遇《乾》之《否》

前 603 年《左·宣六年》　　　遇《丰》之《离》

前 597 年《左·宣十二年》　　遇《师》之《临》

前 575 年《左·成十六年》　　遇《复》（卦辞不见于今本《周易》）

前 564 年《左·襄九年》　　　遇《艮》之《随》

前 548 年《左·襄二十五年》　遇《困》之《大过》

前 545 年《左·襄二十八年》　遇《复》之《颐》

前 541 年《左·昭元年》　　　遇《蛊》

前 537 年《左·昭五年》　　　遇《明夷》之《谦》

前 535 年《左·昭七年》　　　遇《屯》之《比》

前 530 年《左·昭十二年》　　遇《坤》之《比》

前 513 年《左·昭二十九年》　遇《乾》之《姤》

　　　　　　　　　　　　　　遇《坤》之《剥》

前 510 年《左·昭三十年》　　遇《大壮》

前 486 年《左·哀九年》　　　遇《泰》之《需》

　　表中最早的在前 672 年，最晚的在前 486 年。最早的一次是陈厉公的筮占，筮占之前有如下记载："周史有以《周易》见陈侯者，陈侯使筮之，遇《观》之《否》。"这里已出现了《周易》的全名，其后宣公六年、十二年，襄公九年、二十八年，昭公元年、五年、七年、二十九年、三十二年，哀公九年，共十次，均明确记载以《周易》进行筮占。在《国语》和《左传》的二十二次记载中，除其中两次仅卦爻辞与今本《周易》不符外，全部的卦名与另外二十次所记载的卦爻辞与今本《周易》则是相符的。从记载中还可以看到，就卦来讲，不但有本卦，还有之卦，亦即不但有成卦，还有变卦（也作贞卦与悔卦）。卜筮者在判断吉凶时，不仅要看象数，也要看卦、爻辞所含的义理。可见，在公元前 672 年亦即春秋中叶以前，《周易》已经建立了自己的一套完整的体系，很可能在这个时候，《周易》的定本已经产生了。

　　关于《周易》的作者，也是一个聚讼未决的问题。这个问题和《周易》产生的时代是密不可分地联系在一起的。上面，我们依据史料大体断定《周易》是西周末年到春秋中叶以前的产物，因而我们也就认为《周易》绝不会是一时一人之作，而是从西周末年开始，到春秋中叶以前的长期流传中，经过许多人之手加工整理而成。那么这些人究竟是谁呢？当然，这个问题由于史料缺乏一时难以断定，这里只能提出一些推断，供大家参考。

　　司马迁说："文史星历，近乎卜祝之间。"（《报任安书》）星，指的是天文；历，指的是历法，这些事在古代都属太史令掌管。卜，就是掌管卜筮的人；祝，则是祭祀时赞词的人。在古代，这些人在职业上都是相近的，他们是当时的文化人。这类人的政治地位似乎并不那么高，但在先秦以前，这些人均为统治者所尊重，应当说是统治者阶级中的重要成员。由于在当时他们掌握高度文化，又掌握着国家的历史档案资料，他们对于历代兴亡得失是比较熟悉的。因此，他们有条件从历代的兴亡得失中比较系统地总结统治经验，提供当权者作为借鉴。在《国语》和《左传》的记载中，我们可以看到运用《周易》进行占卜，联系人事加以分析的，绝大部分都属于这一类人。为了说明这一点，特列表于后：

左·昭　二十九年　蔡史墨

左·昭　七年　　　史朝

左·僖　二十五年　卜偃

左·闵　三年　　　卜楚丘之父

左·襄　九年　　　史

左·昭　六年　　　医和

左·僖　十五年　　卜徒父

左·成　十六年　　史

左·昭　三十二年　史墨

左·昭　五年　　　卜楚丘

左·襄　二十五年　史

左·僖　十五年　　史苏

左·庄　二十二年　周史

国·晋　　　　　　筮史

这些人或称"史"，或称"卜"，或"筮史"合称，这说明在春秋及春秋以前，史和筮不但经常接近，有时甚至是合二为一的。从他们的言谈中可以看出，在当时，他们是具有高度文化修养的人，而他们的职业又是掌管历史档案、从事卜筮活动，因此，我们认为：《周易》就是这些人的先辈们在长期流传过程中的集体创作。

这里还要谈谈经与传的关系。传就是十翼，相传为孔子所作。宋欧阳修作《易童子问》力辩十翼非孔子所作，争论延及于当代。当代学者多谓十翼出于战国，有的学者则以为出于秦及汉初，断言《说卦》

《文言》《系辞》三种传为汉初《易说》丛抄。在当代，多数学者主张将经、传分开，反对以传解经，以为只有如此才能恢复《周易》的本来面目。管见与时贤的看法不同。我以为离开传去解经绝不能恢复《周易》的本来面目。

大家知道，先秦时代书写非常艰难，《易经》文字虽然不多，但在当时，可以说是鸿幅巨制了。因此，我认为在《易经》形成定本的时候，对于《易经》的体制，卦、卦象、卦辞及爻辞必定还有许多说解，但是由于书写条件所限，这些说解很难再形成文字，便由制作者口头传授，流传下来。所以传的文字虽然形成较晚，难免有后人的润色加工，但它的基本思想与体制是和《易经》同时产生的。离开传，经便成了无法索解的天书。

孔子生活的时代是春秋末年。从《左传》和《国语》的记载来看，远在孔子之前，《周易》已在社会上被广泛地加以运用。《周易》之所以具有强大的生命力，就是因为《周易》不单纯是一部筮书，其中还包含深刻的哲理，它之所以能够引起孔子极大的兴趣，绝不是偶然的。司马迁在《孔子世家》中说："孔子晚而喜易，序《彖》、《系》、《象》、《说卦》、《文言》。"认为《易传》为孔子所序，不为无据。孔子在当时根据口口相传的关于《易经》的说解，进行加工整理并传授给学生，再由学生用文字记录下来形成所谓十翼，是完全可能的。《易传》及其有关说解能够流传到今天，应当说是孔子的一大功劳，孔子与《易经》的关系是不能抹煞的。

（原载于《聊城师范学院学报》1989 年第 2 期）

《春秋》《左传》平议

  《左传》，按汉儒的说法是《春秋左氏传》的简称，其作者是与孔子同一时代的左丘明。传是对经的解释，《春秋左氏传》即左丘明对《春秋》这部经书的解释。《春秋》按孟子的说法为孔子所作。根据汉儒记载，解释《春秋》这部经书的，除《左传》之外还有公羊氏、穀梁氏、邹氏、夹氏四家。《汉书·艺文志》："邹氏无师，夹氏未有书。"邹氏、夹氏因而失传。这样一来，解释《春秋》的传只剩下《左传》《公羊传》《穀梁传》三家，后代学者称之为《春秋》三传。

  这里需要着重指出的是，先秦只有关于《春秋》的记载，并无为《春秋》作传的记载，《左传》（或《左氏春秋》）、《公羊传》、《穀梁传》等书名，均不见于先秦，这些书名是西汉时期才先后出现的。《公羊传》《穀梁传》在先秦时期是以口头方式在流传，到西汉时期才先后著于书帛。《左传》则不然，虽卷帙浩繁，在先秦时期已著于书帛。据汉儒记载，它的作者为左丘明。然而，这一说法在先秦时期却查无实据。长期以来《左传》作者问题，在学术界久讼不决。对这个问题进行研究和探索，不但是经学史上的一件大事，也是学术史上的一件大事，它的意义是不应低估的。

  至于孔子作《春秋》也是一个久讼未决的问题。孔子作《春秋》之说，是孟子首先提出来的。此说在先秦时期未曾受到质疑、驳议，在汉代却出现了两种不同的说法：今文经学家以经（当然包括《春秋》）为孔子所作；古文经学家则认为六经是前代的史料（当然也包括《春秋》），孔子不过将这些史料加以整理作为教材传授给学生。司马迁既是古文经学家孔安国的学生，也是今文经学家董仲舒的学生。在《史记》中，司马迁有时称孔子"作《春秋》"，有时又称孔子"次《春秋》"。"次"的意思是编，和"作"的意思不同。"作《春秋》"是今文家的观点，而"次《春秋》"则是古文家的观点；可见在这个问题上，司马迁是依违、调停于今、古文两家之间的。

应该说，在《史记》中，司马迁对孔子作《春秋》的记载是含混不清，前后矛盾，相互抵牾的，对这种情况应该深入地加以探讨。

《史记》中，对孔子作《春秋》的记载，比较集中的有如下几处：①《孔子世家》，②《十二诸侯年表·序》，③《儒林传》，④《太史公自序》（《报任安书》所记与《太史公自序》大体相同，不单列）。

首先让我们分析《儒林传》。《太史公自序》陈述此篇作意时说："自孔子卒后，京师莫崇庠序，唯建元、元狩之间，文辞粲如也。作《儒林列传》第六十一。"按司马迁自己的说法，《儒林传》主要是写汉代儒学及儒家经典授受源流情况。但儒学也好，儒家也好，为孔子所创立，谈儒学及儒家经典的源流授受，就不能不谈到孔子及先秦的儒家。因此，在《儒林传》开头，司马迁用相当大的篇幅叙述儒学的建立，及儒家经典流传的情况。对"七十子之徒"司马迁提到了子路、子张、澹台子羽、子夏、子贡等，并将他们区分为三种情况：①"大者为师傅卿相"；②"小者友教士大夫"；③"隐而不见"。又特别提到子夏的学生田子方、段干木、吴起、禽滑釐等人。因为这些人在"受业于子夏"之后，"为王者师"。战国中后期，又有"孟子、荀卿之列，咸尊夫子之业而润色之，以学显于当世"。在这些人中，特别要提到的是禽滑釐，他虽受业于子夏，但后来却背叛师门，转投墨家，成为墨家学派代表人物。尽管司马迁对孔子作《春秋》着墨甚多，但对《春秋》有"润色"之大功的左丘明却只字不提，而对背叛师门的禽滑釐要提一提，这，是何道理？在叙述儒家经典在汉兴以后授受流传的情况时，首先谈到的是《诗》，其次是《书》，再次是《礼》，复次为《易》，最后是《春秋》。对于《春秋》的传授，司马迁提到董仲舒、公孙弘、胡毋生三人。然后，明确指出："故汉兴至于五世之间，唯董仲舒名为明于《春秋》，其传公羊氏也。"又说："齐之言《春秋》者多受胡毋生，公孙弘亦颇受焉。"至于胡毋生所传授的是何种《春秋》，司马迁虽未明言，但公孙弘所治为《公羊春秋》，便说明他从胡毋生那里所受的即为《公羊春秋》。《汉书·儒林传》："胡毋生字子都，齐人也，治《公羊春秋》，为景帝博士。"对于《穀梁传》，司马迁说："瑕丘江生为《穀梁传》。"至于左丘明、《左氏春秋》或《春秋左氏传》在《儒林传》中，司马迁却只字不提，实在令人难以理解。有人认为当时《春秋左氏传》未立于学官，所以司马迁不曾提及，但《穀梁传》当时亦未立于学官，为什么司马迁提到它？可见是否立于学官不是理由。

对孔子作《春秋》以及左丘明、《左氏春秋》的史实记载，较为详细的则是《十二诸侯年表·序》和《孔子世家》。首先，让我们来研究一下《十二诸侯年表·序》的记载。这段记载文字如下：

> 及至厉王，以恶闻其过，公卿惧诛而祸作，厉王遂奔于彘，乱自京师始，而共和行政焉。是后或力政，强乘弱，兴师不请天子。然挟王室之义，以讨伐为会盟主，政由五伯，诸侯恣行，淫侈不轨，贼臣篡子滋起。……是以孔子明王道，干七十余君，莫能用，故西观周室，论史记旧闻，兴于鲁而次《春秋》，上记隐，下至哀之获麟，约其辞文，去其烦重，以制义法，王道备，人事浃。七十子之徒口受其传指，为有所刺讥褒讳挹损之文辞不可以书见也。鲁

君子左丘明惧弟子人人异端，各安其意，失其真，故因孔子史记具论其语，成《左氏春秋》。铎椒为楚威王傅，为王不能尽观《春秋》，采取成败，卒四十章，为《铎氏微》。赵孝成王时，其相虞卿上采《春秋》，下观近势，亦著八篇，为《虞氏春秋》。吕不韦者，秦庄襄王相，亦上观尚古，删拾《春秋》，集六国时事，以为八览、六论、十二纪，为《吕氏春秋》。及如荀卿、孟子、公孙固、韩非子，各往往捃摭《春秋》之文以著书，不可胜纪。汉相张苍历谱五德，上大夫董仲舒推《春秋》义，颇著文焉。

在这段记载中，司马迁首先说明孔子次《春秋》的原因，然后说明《春秋》所涉及的历史范围及其内容。接着指出《春秋》有刺讥褒讳挹损的文词不能书写下来。因而左丘明害怕孔子的弟子在传授的时候加上自己的理解或认识，以致人人异端而失其真，所以"因孔子史记具论其语，成《左氏春秋》"。最后说明《春秋》一书在学术界所产生的巨大影响。

在这里有一个令人困惑不解的问题。左丘明及其《左氏春秋》与孔子所次之《春秋》关系极大。然而这件事既不见于《儒林传》的记载也不见于《孔子世家》的记载，却在《十二诸侯年表·序》中娓娓道来。难道《十二诸侯年表》与孔子所次之《春秋》有什么特殊关系吗？再者左丘明其人，在《史记》中只出现过两次，除《十二诸侯年表·序》之外，便是《太史公自序》。《报任安书》不在《史记》之内而在班固《汉书·司马迁传》之中，且与《太史公自序》相同，可以不计算在内。《左氏春秋》一书的记载则仅此一处。为什么只在《十二诸侯年表·序》提及《左氏春秋》，这也是一个值得认真思考的问题。

这些问题，在姚曼波教授所著《〈春秋〉考论》一书中，我们找到了答案。《〈春秋〉考论》在第二章第六节"《史记》所称引的孔子

《春秋》"中，把《史记》称引孔子《春秋》区别为四种情况列为四表，将"《春秋经》文""《左传》文""《年表》文"一一加以对照，从而证明：

①"《春秋经》与《左传》记载史实相同者，《年表》用《左传》文而不用《春秋经》文"；

②"《经》《传》记载史实乖违者，《年表》从《传》背经"；

③"取材舍《经》求《传》"；

④"舍《经》的大事，取《传》的细节"。

这就是说，司马迁在《年表》中所使用的史料来自《传》而不是《经》。以此证明《春秋经》并非孔子所作，而《传》即姚曼波教授所说的《孔春秋》，才是孔子所作。这样就很自然地产生一个问题，在《年表序》中，司马迁不但提到了左丘明，还提到了与孔子所次之《春秋》关系十分密切的《左氏春秋》。既然如此，可不可以把《左氏春秋》当作《传》呢？当然不可以。只要仔细分析司马迁在《年表序》中所说的话就不难理解。

"因孔子史记具论其语，成《左氏春秋》。"这里说得十分明确，《左氏春秋》是"因孔子史记具论其语"而成。"论"犹如《论语》之"论"，是编的意思。这就是说《左氏春秋》是将孔子在"孔子史记"中有关论述的"语"加以整理编辑而成。既然《左氏春秋》是"具论其语"而不是具述史事，那么《年表》中所引述的史料当然不是来自《左氏春秋》，便是再明白不过的事情了。既然《年表》所引的史料不出自《左氏春秋》，又出自何处呢？这是一个无法回避的问题。它的答案当然也只有在《年表序》中去寻找。揆诸情理，司马迁之所以要在《十二诸侯年表》前写一篇"序"，无非是要在这篇"序"中交代一下《年表》所引述的史料的来源。值得注意的是这篇"序"文的文字之长，出乎意料。文字之长是为了把问题说清楚，而在这里，司马迁所作的长篇"序"文，非但没有把问题说清楚，反而含混不清，矛盾丛生，这样一来，致使后人产生诸多歧议、歧解，也就不难理解了。

其实，这篇"序"文尽管含混不清，细读"序"文，在司马迁的心目中《年表》的资料来源是孔子所次的《春秋》，这一点还是很清楚的。但如果明确指出资料来源于孔子所次的《春秋》，按当时的习见，这部《春秋》是指《春秋经》，而《年表》中的资料却不见于《春秋经》，这不是睁着眼睛说瞎话吗？由此我们可以看出：在司马迁看来，孔子所次之《春秋》决非《春秋经》则是可以断言的。那么孔子所次之《春秋》是什么？就是司马迁在下文中所说的"孔子史记"。"孔子史记"就是孔子所次之《春秋》亦即《孔春秋》。关于这一点姚曼波教授在《〈春秋〉考论》一书中，作了充分论证，没有必要再重复论述了。

司马迁这段含混不清的记载，到了班固手中，被改写成如下这段文字：

> 仲尼思存前圣之业……以鲁周公之国，礼文备物，史官有法，故与左丘明观其史记，据行事，仍人道，因兴以立功，就败以成罚，假日月以定历数，藉朝聘以正礼乐。有所褒讳贬损，不可书见，口授弟子，弟子退而异言。丘明恐弟子各安其意，以失其真，故论本事而作传，明夫子不以空言说经也。《春秋》所贬损大人当世君臣，有威权势力，其事实皆形于传，是以隐其书而不宣，所以免时难也。及末世口说流行，故有公羊、穀梁、邹、夹之传。四家之中，公羊、穀梁立于学官，邹氏无师，夹氏未有书。（《汉书·艺文志》）

司马迁说，孔子"西观周室，论史记旧闻，兴于鲁而次《春秋》"。班固则改为"以鲁周公之国，礼文备物，史官有法，故与左丘明观其史记"。在班固看来，孔子并没有"西观周室"；既然没有"西观周室"，那么孔子在什么地方看的史记呢？在鲁国。班固认为鲁国是周公之国，所以"礼文备物，史官有法"。这就是说在鲁国本来就存在着详备而又规范的历史记载，这种历史记载当然也就是史记了。观史记的地点不在周室而在鲁国，这些史记当然不是周室的史记而是鲁国的史记了。尤其值得注意的是在《十二诸侯年表·序》中"西观周室，论史记旧闻"的仅孔子一人，而在《汉书·艺文志》中却变成了"与左丘明观其史记"。这就是说观史记的不只是孔子一人，还有左丘明！班固何所据而云然？他本人未作交代，后人已无法确考。此其一。

"丘明恐弟子各安其意，以失其真，故论本事而作传，明夫子不以空言说经也。"明确指出由左丘明论本事而作传，而不是如司马迁所说"因孔子史记具论其语"。这样一改，"孔子史记"便给班固抹煞了。再者，左丘明既然不是"因孔子史记具论其语"，而是"论本事而作传"，那么这"传"便不是孔子的而是左丘明的了。必须指出，这种改动是对史实的重大改动。班固究竟何所据而云然？他本人依然未作任何交代，后人同样无法确考。不过，这种对重大史实的随意改动，的确有失史家应有的严谨与求实之风，不免有率尔操觚之嫌！此其二。

左丘明其人，据《论语》记载，当与孔子同时。如果孔子的"传"和"指"因触及时忌而不能形诸文字，按班固的说法是左丘明将"事实皆形于传"，是左丘明将"贬损大人当世君臣，有威权势"的史实形诸文字，难道左丘明就不怕因触及时忌而招来"时难"吗？左丘明和孔子既为同时人，孔子为了"免时难"而不书，左丘明却不惧"时难"而书，这岂不是说左丘明比孔子更有史家勇气？既然孔子如此害怕"时难"却偏偏要自我麻烦去著作《春秋》，岂非不可理解！再者如果写出来而又"隐其书而不宣"，那和不写出来，不形成文字又有什么区别？司马迁承认孟子所说"孔子作《春秋》而乱臣贼子惧"，倘是"隐其书而不宣"，又怎么可以使乱臣贼子惧？这些矛盾又怎样解释？此其三。

上文我们曾经指出在《史记》中，司马迁对孔子作《春秋》一事的记载比较集中的有四篇，如果我们将这四篇放在一起研究，便可以发现其中不无相互抵牾之处。

首先是写作的时间。《十二诸侯年表·序》认为《春秋》是写在"干七十余君，莫能用"之后，《孔子世家》也认为孔子作《春秋》是在自以为"吾道不行矣"之后。这两处所写基本相同，其具体时间当在"孔子之去鲁凡十四岁而反乎鲁"以后。孔子"去鲁"时已五十六岁，十四年后"反乎鲁"，孔子已七十岁，距离去世不足三年。在不足三年的时间里，孔子既要编次《诗》《书》，又要整理残缺不全的音乐使"《雅》、《颂》各得其所"，还要序《易传》，再加上作《春秋》，这样的工作量似乎太大了一些。孔子虽是"天纵之圣"，但毕竟是古稀老人，在不足三年的时间里，完成如此浩大的工程，实在令人难以置信。所以，在《太史公自序》中，作《春秋》的时间出现了另一种说法："孔子厄陈蔡，作《春秋》。"孔子厄于陈蔡究竟发生在那一年，历代学者说法不一，有鲁哀公四年或鲁哀公六年等说法。如以鲁哀公四年计，孔子时年为六十一岁；如以鲁哀公六年计，孔子时年为六十三岁。距离去世的时间为十至十二年。在这样长的时间里，完成作《春秋》的工作比较可信。但这里又出现一个问题，《十二诸侯年表·序》曾明确指出孔子次《春秋》之前，曾从事过"西观周室，论史记旧闻"等准备工作。其时孔子既"厄于陈蔡"，有什么办法分身去"西观周室"？"西观周室，论史记旧闻"是需要耗费相当时日的。如作《春秋》是"反乎鲁"之后，那么孔子在生命最后阶段不足三年的时间里，忙于编《诗》《书》，正礼乐，序《易传》，不仅没有时间，而且年已老迈，更不可能"西观周室"。可见"西观周室"有无其事，实在值得深究。班固已不采此说，在《汉志》中已删除此事，认为观史记是在鲁国而非周室。

其次，据《孔子世家》记载，孔子滞留陈蔡之时，楚国使人聘孔子。孔子将往时，"陈蔡大夫谋曰：'孔子贤者，所刺讥皆中诸侯之疾。今者久留陈、蔡之间，诸大夫所设行皆非仲尼之意。今楚，大国也，来聘孔子。孔子用于楚，则陈、蔡用事大夫危矣。'于是乃相与发徒役围孔子于野"。厄于陈、蔡的事件就是这样发生的。而事件发生的起因正在于孔子"所刺讥皆中诸侯之疾"。是孔子在厄于陈蔡之前，就已经"所刺讥皆中诸侯之疾"了。这一点，应当引起我们足够的重视。

下面再让我们来看一看"厄于陈蔡"时孔子的表现。其时，孔子的弟子已表现出相当不满的情绪。孔子一方面心平气和地"讲诵弦歌不衰"，另一方面又循循善诱地对弟子们进行教育。但孔子的言传身教并没有平息弟子们的不满情绪。

子路率先发难气愤地向孔子提出质问："君子亦有穷乎？"孔子回答说："君子固穷，小人穷斯滥矣。"

子路又问："意者吾未仁邪？人之不我信也。意者吾未知邪？人之不我行也。"孔子回答说："有是乎！由，譬使仁者而必信，安有伯夷、叔齐？使智者而必行，安有王子比干？"不屈不挠的凛然正气溢于言表！

接着子贡又以商量的口气向孔子提出建议说："夫子之道至大也，故天下莫能容夫子。夫子盖少贬焉？"这里所说的"天下"，是指"诸侯""大夫"一类的当政者。子贡认为孔子的主张，过于广大高远，所以不能为那些当政者所容纳和接受，希望孔子能够降低一下标准和要求。孔子回答说："赐，良农能稼而不能为穑，良工能巧而不能为顺。君子能修其道，纲而纪之，统而理之，而不能为容。今尔不修尔道而求为容。赐，而志不远矣！"以牺牲道为代价而苟且取"容"是孔子所不屑为的！这不禁使人想起孔子那句掷地作金石声的名言："三军可夺帅

也，匹夫不可夺志也。"（《论语·子罕》）

由此可见，陈蔡之厄并没有把孔子吓倒，孔子那种义无反顾，威武不能屈的大无畏精神洋溢于孔子和弟子们的言谈话语之中。既然如此，为什么次《春秋》之后，反而为了"免时难"竟然不敢把刺讥贬损诸侯大夫的史实言论形诸文字了呢?!

在文章的开始，我就指出为《春秋》作传的记载始于西汉时代。最早的记载者可能就是司马迁，然而司马迁的有关记载，如上文所述，不但含混不清，而且前后矛盾。但随着时间的推移，在一代又一代的汉儒，特别是公羊派的汉儒手里，不但变得明朗确凿，并且添枝加叶，使事件变得丰满起来。

孔颖达《春秋左传注疏》疏引沈氏云："《严氏春秋》引《观周篇》云：'孔子将修《春秋》，与左丘明乘如周，观书于周史，归而修《春秋》之经，丘明为之《传》，共为表里。'"① 这里的沈氏，即南北朝时期南朝陈时沈文何。《严氏春秋》即西汉时期《公羊春秋》的严氏学。清末今文经学家皮锡瑞认为："《严氏春秋》久成绝学，未必陈时尚存。汉博士治《春秋》者惟严、颜两家，严氏若有明文，博士无缘不知……刘歆博极群书，又何不引《严氏春秋》以驳博士，则沈引《严氏春秋》必伪。"②

所谓《严氏春秋》乃西汉博士严彭祖所撰。杨伯峻先生在《春秋左传注》前言中说："严彭祖要早于司马迁。"③ 牛鸿恩教授赞同此说，认为"早在司马迁之前，公羊家学者严彭祖《严氏春秋》……就引用西汉本《孔子家语·观周篇》……"④ 说严彭祖早于司马迁是错误的。

---

① 阮元校刻《十三经注疏》下册，中华书局，第 1705 页中。
② 皮锡瑞：《经学通论》四《春秋》，中华书局，1954，第 35 页。
③ 杨伯峻：《春秋左传注·前言》，中华书局，1990。
④ 牛鸿恩：《厌弃〈春秋〉尊〈左传〉》，《聊城大学学报》（哲学社会科学版）2002 年第 1 期，第 92 页。

严彭祖与颜安乐（即上文皮锡瑞所称之"严、颜"）均为眭孟的弟子，而眭孟则为董仲舒的再传弟子。严彭祖乃董仲舒四传弟子且兴起于汉宣帝时，其时司马迁早已死去。严彭祖怎么可能早于司马迁？公羊《春秋》严、颜两家均为董仲舒的后学而晚于司马迁，这是毫无疑问的。严彭祖虽为今文经学家，但据《汉书·儒林传》记载，汉宣帝时为博士，官至太子太傅，为人"廉直不事权贵"不"委曲从俗，苟求富贵"，以致"竟以太傅官终"。《汉书·艺文志》虽著录有《公羊颜氏记》，而《严氏春秋》却不见著录。严彭祖再传弟子公孙文，虽"徒属尤盛"，但另一位再传弟子东门云却"坐为江贼拜，辱命，下狱诛"。可能由于这些原因，《严氏春秋》至西汉末年未及成书，因而《汉志》不曾著录。既然未曾成书，所以刘歆虽"博极群书"亦无由得见。但严氏学在东汉时由丁恭、周泽、钟兴、甄宇及其子甄普其孙甄承，还有楼望、程曾等人的推阐而大为盛行。《隋书·经籍志》始著录为严彭祖所撰的《春秋公羊传》，此书当为《严氏春秋》。其成书时间当在班固之后，因而《汉志》未及著录。据此，我以为皮锡瑞断《严氏春秋》为伪书，恐非确论。至于《严氏春秋》所引《观周篇》为何人所撰，已难确考。杨伯峻先生在提到《严氏春秋》引《观周篇》时在"云"之上加括号，括号中的文字为："西汉本《孔子家语》中的一篇。今本《孔子家语》是曹魏王肃所伪作。"意思似是说"云"之下的引文出自西汉本《孔子家语·观周篇》。受杨伯峻先生影响，牛鸿恩教授毫不犹豫地断言孔子与左丘明西观周室那段文字出自西汉本《孔子家语·观周篇》。其实西汉本《孔子家语》久已亡佚，原书已不可得见。今本《孔子家语》虽有《观周篇》，但又不曾载有杨伯峻先生所述的那段文字。大约因为今本、西汉本《孔子家语》均有《观周篇》，杨伯峻先生才将今本《孔子家语·观周篇》不曾载的那段文字放在西汉本《孔子家语·观周篇》内。也许杨先生觉得这样做没有太大的把握，因而括号中的文字，语气便不那么肯定，给人们闪烁其词的感觉。在下面的文字中，杨先生这样写道："严彭祖却说孔子和左丘明同车到周太史那里看书，一个作《经》，一个作《传》，是《经》、《传》写作同时。"① 按照杨先生的处理，这段话分明在西汉本《孔子家语·观周篇》中，怎么一下子又变成"严彭祖却说"了呢？杨伯峻先生是我所敬佩的学术界前辈，成就之高令人景仰！但在这个问题上如此处理史料，敝人虽属后学，却也不敢苟同。

今本《孔子家语》学者们多怀疑是王肃伪作，其目的是攻击郑玄。宋元以来学者攻之尤力，但也有的学者持不同看法，如清代学者沈钦韩在《汉书疏证》一书中就认为王肃只是取婚姻、丧祭及郊禘、庙祧不同于郑玄者，羼入《家语》，"其他固已有之，未可竟谓肃所造也"②。

20 世纪 70 年代有一批竹简及木牍分别从河北及安徽两地汉墓中出土。竹简是在 1973 年从河北定县八角廊汉墓中出土的，其中一部分竹简学者们根据内容定名为《儒家者言》。1977 年安徽阜阳双古堆汉墓又出土一批章题木牍。这两批简牍内容与《孔子家语》关系极为密切。李学勤在《竹简〈家语〉与汉魏孔氏家学》及《八角廊汉简儒书小议》（见李学勤著《简帛佚籍与学术史》一书）两文中推断这两批简牍即《孔子家语》的原型。此后，一些学者对王肃本《孔子家语》进行深入研究，有的学者否定今本《家语》为王肃伪造（见 2000 年出版的《国学研究》第七卷所载胡平生《阜阳双古堆汉简与〈孔子家语〉》一文）。也有的学者认为《家语》虽有王肃的改易或添加，但范围不大，大部分内容仍然保留刘向、刘歆父子校本的原貌（见《烟台师范学院学报》2001 年第 3 期王承略《论〈孔子家语〉的真伪及其文献价值》

---

① 杨伯峻：《春秋左传注·前言》，中华书局，1990。
② 王先谦：《汉书补注》第一册，中华书局，1983，第 875 页上。

一文）。可见《家语》中，何者为西汉原本所有，何者为王肃所伪，尚须再作进一步研究，方可鉴定。孔子与左丘明西观周室一事，倘为西汉原本所有，而此事与攻郑无涉，王肃没有理由将其删去。上文我曾提到近代今文经学家皮锡瑞力辨《严氏春秋》为伪书，我虽不赞同此说，但其所持理由倒是给我一些启发。西汉本《孔子家语》为班固《汉书·艺文志》所著录。而《汉书·艺文志》出自刘歆《七略》。据此，西汉本《孔子家语》刘歆不但读过，而且亲手校勘过。其内容必为刘歆所熟知，既然如此，刘歆为何不引《孔子家语·观周篇》以驳博士？可见，西汉本《孔子家语·观周篇》并不曾记载此事。

《严氏春秋》所引《观周篇》究竟为何人所撰，已难确考。我怀疑此篇当是严彭祖之前的公羊学者所编造。西汉时期经学派别之间，门户之见已深，倘非公羊家所述，恐怕严彭祖不会加以引用。司马迁所说的"西观周室"，除孔子外并无其他人，而在《观周篇》里面却冒出了左丘明。是孔子和左丘明一同西观周室，然后由孔子作经，左丘明作传，相为表里。真是活灵活现，煞有介事。然而，此事却不见于先秦典籍的记载，实在难以令人信从。

公羊学虽因董仲舒而成为西汉学坛上独领风骚的显学，但和董仲舒同时传授《公羊传》的还有胡毋生及公孙弘二人。《史记·平津侯主父列传》记载，公孙弘为齐人，四十余岁时学《春秋》杂说。《史记·儒林传》又载："公孙弘治《春秋》不如董仲舒，而弘希世用事，位至公卿。"《汉书·公孙弘传》也说："公孙弘……年四十余，乃学《春秋》杂说。"公孙弘所学的《春秋》杂说，当与《公羊传》有关。《汉书·艺文志》著录的《公羊杂说》可能就是由公孙弘所学的《春秋》杂说编著而成。《严氏春秋》所引《观周篇》的素材或出其中。司马迁之后的公羊学者又因司马迁"西观周室"一语再加附会，从而形成《严氏春秋》所引的《观周篇》。

　　司马迁既是孔安国的学生，也是董仲舒的学生。在《太史公自序》中，司马迁直截了当地承认关于孔子作《春秋》的一些说法是闻自董仲舒。可见司马迁的"春秋学"至少有一部分当出自董仲舒。《严氏春秋》是董仲舒的四传弟子严彭祖所为。这样，则大体上可以认为左丘明为《春秋经》作《传》的说法，当出自汉初的公羊学家。

　　这里需要指出的是西汉公羊学家的治学态度和治学方法实在令人不敢恭维。董仲舒创立了公羊学派，同时也开创了这一学派恶劣学风的先河。只要读一读董仲舒的《春秋繁露》便不难发现其中牵强附会生拉硬扯以及由此而生发出的"非常异义可怪"之论，俯拾皆是。董仲舒的目的就是要通过这种方法，在"独尊儒术"的幌子下从根本上篡改孔子的思想，建立起天人感应的神学目的论的思想体系为汉代帝王服务。在这种思想和学风的影响下，董仲舒之后的公羊学家很快与图谶合流，一系列神话呓语，在光天化日之下被"创造"出来了。

　　"《公羊》全孔经。"（《演孔图》见《初学记》卷二一引）

　　"传我书者公羊高。"（《公羊传》何休《解诂序》疏引《春秋说题辞》）

　　舜按：我，指孔子。书，指《春秋经》。

　　"谶书云：董仲舒乱我书。"（王充《论衡·案书篇》引）

　　舜按：乱，作治解。我，指孔子。书，指《春秋经》。

　　为了建立《公羊传》、公羊学及其创始者董仲舒的权威，董仲舒的后学们竟不惜采取如此低劣的手段制造谎言。由此可见，今存《左传》为什么不见容于公羊家了。

　　今本《左传》尽管不少地方为后人所添加、所加工、所润色，但她的基本面貌、基本思想、基本精神仍然被保留下来。作为史书，今本《左传》对史实的记载最为详实。而在史实的记载中所表现出来的思想最为人们所称道的便是民本思想。

夫君，神之主而民之望也。若困民之主，匮神乏祀，百姓绝望，社稷无主，将安用之？弗去何为！……天之爱民甚矣，岂其使一人肆于民上，以从（纵）其淫，而弃天地之性，必不然矣。（《左传·襄公十四年》）

这里所记载的是师旷回答晋侯的一段话。晋侯认为："卫人出其君，不亦甚乎？"师旷回答说："或者其君实甚。"由此引发出师旷关于君臣关系的上述那一段石破天惊，发聋振聩的议论。这段议论可以归纳为四个字："屈君申民"。类似记载还有一些，限于篇幅就不一一引述了。

在《春秋繁露·玉杯》中，董仲舒从对《春秋》（指《春秋经》）之法的分析中得出这样的结论："故屈民而伸君，屈君而伸天，《春秋》之大义也。"这和《左传》中师旷的议论截然相反。可见，翔实的史料记载，特别是"屈君伸民"的思想，都是以董仲舒为首的公羊学家们所无法接受的，所不能容忍的。但如果承认这部书为孔子所著，那么不管董仲舒们如何不能容忍，如何不能接受，总不能一方面打着"独尊儒术"的旗号推尊孔子而另一方面却要拒绝接受甚至批判孔子的这部著作。怎么办呢？历史却给董仲舒们提供了回旋的余地和空间。在先秦，史书并无固定的名称而通称为《春秋》或《史记》。既然孟子说孔子作《春秋》，而《春秋》又可以统指所有不同的史书，这样便不难采取移花接木的手段，把孔子所作的《春秋》说成是《春秋经》。这样做，一方面是因为这部"断烂朝报""流水账簿"式的《春秋》最易穿凿附会；另一方面把孔子所作的《春秋》说成是左丘明为《春秋经》所作的传，便容易对之加以批评和指责。于是，孔子作《春秋经》连同左丘明为这部《春秋经》作《传》的说法，便这样绘形绘色地制造出来了！而《春秋经》到底是怎样一部书呢？不管董仲舒们把《春秋经》说得如何神乎其神，但总不能永远一手遮天堵住后代众多学者之口。到了唐代，杰出史学家刘知幾率先发难，作《惑经》一文将批判的矛头直接指向《春秋经》，提出"未谕者十二""虚美者五"，无情地将《春秋经》如何歪曲史实的真相揭露了出来。以致近代学术大师梁启超引征古今发出如下的议论和慨叹：

> 《春秋》在他方面有何等价值，此属别问题，若作史而宗之，则乖莫甚焉。例如二百四十年中，鲁君之见弑者四（隐公、闵公、子般、子恶），见逐者一（昭公），见戕于外者一（桓公），而《春秋》不见其文，孔子之徒犹云"鲁之君臣未尝相弑"（《礼记·明堂位》文）。又如狄灭卫，此何等大事，因掩齐桓公之耻，则削而不书（看闵二年《穀梁传》"狄灭卫"条下）。晋侯传见周天子，此何等大变，因不愿暴晋文公之恶，则书而变其文（看僖二十八年"天王狩于河阳"条下《左传》及《公羊传》）。诸如此类，徒以有"为亲贤讳"之一主观的目的，遂不惜颠倒事实以就之。又如《春秋》记杞伯姬事前后凡十余条，以全部不满万七千字之书，安能为一妇人去分尔许篇幅，则亦曰借以奖励贞节而已。其他记载之不实、不尽、不均，类此者尚难悉数。故汉代今文经师谓《春秋》乃经而非史，吾侪不得不宗信之。盖《春秋》而果为史者，则岂惟如王安石所讥断烂朝报，恐其秽乃不减魏收矣。顾最不可解者，孔叟既有尔许微言大义，何妨别著一书，而必淆乱历史上事实以惑后人，而其义亦随之而晦也。自尔以后，陈陈相因，其宗法孔子愈笃者，其毒亦愈甚，致令吾侪常有"信书不如无书"之叹。……郑樵之言曰："史册以详文该事，善恶已章，无待美刺。读萧、曹之行事，岂不知其忠良？见莽、卓之所为，岂不知其凶逆？……而当职之人，不知留意于宪章，徒相尚于言语。正犹当家

之妇不事饔飧，专鼓唇舌。"（《通志·总序》）此言可谓痛切。[①]

梁启超的议论可谓一针见血，入木三分！但遗憾的是梁启超和刘知
幾一样，仍然相信今本《春秋》（即所谓《春秋经》）为孔子所作。于
此可见传统习见影响之深！

在《史记》中，司马迁将左丘明三字连在一起当作人名提出来的
情形，仅《十二诸侯年表·序》一次。《太史公自序》作"左丘失明"，
《报任安书》与此同，亦作"左丘失明"。而《太史公自序》与《报任
安书》均说"左丘失明"之后所作的是《国语》并非《春秋左氏传》
或其简称——《左传》。此外，没有任何一处提到左丘明或《春秋左氏
传》（或《左传》）。在《十二诸侯年表·序》中，司马迁为什么要大
谈孔了作《春秋》一事，其目的就是说明一下《年表》中所使用的史
料来源。尽管这个说明有些含糊其辞，但只要认真阅读，人们仍然可以
体会到《年表》中所使用的资料是来源于孔子所次的《春秋》。只是这
部《春秋》并非董仲舒们奉若神明的《春秋经》而是《年表序》所说
的"孔子史记"，也就是姚曼波教授所说的《孔春秋》而已。为了避免
引起误会，司马迁明确指出左丘明的《左氏春秋》是"具论其语"而
成。"其"，从上下文来看，毫无疑问指的是"孔子史记"，《年表》所
引的史料是"事"而非"语"，决不可能来自《左氏春秋》，这是再清
楚不过的事情了！即便如此，司马迁还是不放心，在《年表序》最后
又说了这样一番话：

太史公曰：儒者断其义，驰说者骋其辞，不务综其终始；历人
取其年月，数家隆于神运，谱谍独记世谥，其辞略，欲一观诸要
难。于是谱十二诸侯，自共和讫孔子，表见《春秋》、《国语》学

---

① 梁启超：《中国历史研究法》，上海古籍出版社，1998，第34～35页。

者所讥盛衰大指著于篇，为成学治古文者要删焉。

这番话可以看作司马迁在《年表》最后所加的案语。司马迁不愧为伟大的史学家，同样也不愧为伟大的文学家，这篇案语竟写得如此妙不可言！

"断其义"的"儒者"是谁？"隆于神运"的"数家"指的又是谁？"断其义"者，断章取义之谓也。擅于此道的行家里手不正是以董仲舒为代表的公羊家们吗？什么是"数家"呢？唐司马贞索隐解释说："谓阴阳术数之家也。"大家知道，董仲舒及弟子们同样也是阴阳术数的行家里手。何谓"隆于神运"？冯友兰先生有一段话说得十分精彩，非常有助我们对"隆于神运"的理解，特引述于下：

> 《公羊传》说："君子曷为为《春秋》？拨乱世，反诸正，莫近诸《春秋》。"（哀公十四年）这几句话所说的"乱世"，指的是秦朝；所说的"正"指的是他们所要新立的上层建筑。《公羊传》接着说：孔丘"制《春秋》之义，以俟后圣"。（同上）何休注说："待圣汉之王以为法。"从"衰乱世"进到"升平世"就是拨乱反正的结果。
>
> 董仲舒也是这样了解《春秋》的，他认为孔丘是"奉天命"为汉朝制定上层建筑，所以孔丘的思想应该是汉朝的统治思想，也就是作为封建社会的统治思想。就当时说，汉朝是封建社会政治上的具体代表；孔丘是封建社会的思想上的具体代表。这就是给汉朝的皇帝加上"受天命"的头衔，将皇权神化，也给孔丘加上"受天命"的头衔，将孔丘神化，使他们都好像有超社会，甚至超自然的权威。董仲舒发挥这种思想说："有非力之所能致而自致者，西狩获麟，受命之符是也。然后托乎春秋正不正之间，而明改制之义，一统乎天子，而加忧于天下之忧也。"（《符瑞》）这样把孔丘

和《春秋》神化，是公羊家所讲的《春秋》"微言大义"之一。①

董仲舒们的所作所为，不正是"隆于神运"吗？

"驰说者骋其辞"又当如何理解呢？有的学者把"驰说者"解释为"游说家"；将"骋其辞"解释为发挥《春秋》的辞令。② 这样理解似无不可。只是《春秋经》中却没有什么"辞令"，而"辞令"均在《左传》中。如果这样理解是正确的话，那么，这里所说的《春秋》当指"孔子史记"（《孔春秋》）而非《春秋经》了。但这句话似乎也可以这样理解："驰说者"仍指公羊家，"骋其辞"的"其"亦当指公羊家，这些公羊家在解释《春秋经》的时候，其牵强附会颠倒黑白，简直到了信口开河的程度，用"驰说""骋辞"来形容不但十分形象，而且十分恰当。"历人取其年月"，表面上指的是"历人"，实际上似暗讽《公羊传》中的日月例。《公羊传》以日月例解经简直矛盾百出，形同儿戏！这些做法对于严肃的史学家而言都是不能容忍的。因而在这里，司马迁用"不务综其始终"一语加以否定。之所以这样理解，是因为在我看来，这段话是紧承上文"汉相张苍历谱五德，上大夫董仲舒推《春秋》义，颇著文焉"而来。"太史公曰"以下的话大体上可以分为四层：第一层意在否定"董仲舒推《春秋》义"；第二层是说《年表》的形式采用张苍的"历谱"；第三层进一步肯定《年表》的史料出自《春秋》《国语》；第四层是说《年表》的目的在于"为成学治古文者要删焉"。

应当指出，司马迁这种表述方式是十分曲折，十分隐晦的。为什么要采取这种方式？分析一下司马迁当时的处境及其背景，我们就不难明白了。

---

① 冯友兰：《中国哲学史新编》第三册，人民出版社，1995，第51页。
② 王利器主编《史记注译》第三册，三秦出版社，1988，第331页。

　　只要读过《史记》和《春秋繁露》，司马迁和董仲舒两个人思想倾向的迥异是不难分辨的。但不管司马迁和董仲舒在思想倾向上如何不同，司马迁却不能公然站在董仲舒的对立面对公羊家的观点加以批评或指责。这是因为司马迁非常了解公羊家的背后是以汉武帝为代表的汉王朝最高统治者，汉武帝为代表的汉王朝最高统治者也清楚地了解必须依靠董仲舒们"隆其神运"的手段来证明其统治地位的合理性，才能使其统治地位得以巩固。批评公羊家就等于批评以汉武帝为代表的汉王朝，就是从理论上对汉王朝统治地位的合理性提出质疑。司马迁能够这样做吗？当然不能。在写作《史记》的过程中，司马迁就因为替李陵说几句公道话，而惨遭腐刑，不仅在肉体上而且在人格上受到极大的摧残。"每念斯耻"司马迁的内心总是充满难以言宣的悲愤！其实，司马迁并非贪生怕死之辈。"死，或重于泰山，或轻于鸿毛"，这是司马迁的名言。司马迁之"所以隐忍苟活"，就是因为司马迁还要以自己"受辱"之身，在有生之年完成父亲的遗愿，实现自己的伟大抱负——写出一部"究天人之际，通古今之变，成一家之言"的著作来。同时，为了使这部著作在"汉武专制之世，法网严密"之时，免于遭禁而流传下来，司马迁不得不在书中使用一些"诙诡"之笔（参见高步瀛《文章源流》），《年表序》就是其中的适例。特别是《年表序》最后一段，可以说将"诙诡"之笔发挥到了极致。

　　在这一段中，司马迁巧妙地设立了以今文家董仲舒为代表的儒者一方，同时又设立了以汉初名相北平侯张苍为另一方。司马迁对张苍颇有微词，然而张苍"秦时为御史，主柱下方书"。且"苍本好书，无所不观，无所不通，而尤善律历"（《史记·张承相列传》）。司马迁既然了解张苍在秦时即在中央政府主管图书，且又无书不观，可见在司马迁的心目中，张苍与古文有关。对这两方，司马迁的用词尽管十分曲折但意思表达还是很清楚的，用"不务综其始终"一语，否定了"断其义"

的"儒者","骋其辞"的"驰说者",同时也否定了"取其年月"的"历人","隆于神运"的"数家"。在汉代方士与儒生是合流的,这些儒生当然包括公羊家,而公羊家则以董仲舒为代表。可见董仲舒则是司马迁所要否定的一方。对于"谱谍",司马迁虽然不满于它的"独记世谧,其辞略",但司马迁至少还是肯定了它的形式,因为《年表》所采用的正是这种形式。这就是说对于张苍,司马迁有否定也有肯定,然而对以董仲舒为代表的公羊家儒者在这里却只有否定,而丝毫没有肯定的意思,司马迁的态度不是很明确吗?

尤其值得细加推敲和体味的是结尾一段话:

> 于是谱十二诸侯,自共和讫孔子,表见《春秋》、《国语》学者所讥盛衰大指著于篇,为成学治古文者要删焉。

王利器主编的《史记注译》将这段话翻译成下面文字:

> 于是我把春秋时期的十二个诸侯国编列成谱,起自共和,下至孔子,以年表的方式将研究《春秋》《国语》的学者所探究的盛衰大旨,著述在本篇之内,为成学治古文的人提举了纲要,删去了繁复之处。[①]

译文十分准确,大有助于我们对原文的理解。

在这里司马迁提到了"学治古文者",意思仿佛是说制作《十二诸侯年表》的目的是为"学治古文者"提供方便。仔细推敲起来,这句话似有许多不便明言的言外之意,弦外之音。首先为什么司马迁突然提起"学治古文者",难道"学治今文者"就不需要吗?再者,《春秋经》在司马迁时已成今文,而在这里司马迁将《春秋》《国语》并提并说以

---

① 王利器主编《史记注译》第一册,三秦出版社,1988,第331页。

《年表》的方式将学者们从《春秋》和《国语》中所探究的盛衰大旨"表现"出来，是为了给"学治古文者"提供方便，这不是明指这里所说的《春秋》不是今文《春秋》而是古文《春秋》吗？今文《春秋》的大旨已被董仲舒发挥得淋漓尽致，为什么司马迁还要花费那么大的力气将学者们从古文《春秋》中所探究的盛衰大旨"表现"出来呢？"我欲载之空言，不如见之于行事之深切著明也。"（《太史公自序》司马迁引孔子语）对孔子这句话，司马迁不仅深信不疑而且身体力行。在《年表》中司马迁所使用的就是这种方法。这就是说在司马迁看来真正能够表现《春秋》真谛的，并不是董仲舒"颇著文"而"推"出的"《春秋》义"，而是学者们从《春秋》《国语》中探究出来的"盛衰大旨"。这才是司马迁在这里突然提出"学治古文者"的真正用意所在，只是在这里司马迁所用的是"恢诡"之笔，因而不易为人们所发觉罢了！

由此可见，司马迁所说的《春秋》与董仲舒所说的《春秋》是不同的，司马迁所说的《春秋》是"孔子史记"，是古文《春秋》，《孔春秋》，而董仲舒所说的《春秋》是一万七八千字的《春秋经》，两者是截然不同的，只是迫于处境和形势，司马迁不能明说而已。

在《太史公自序》中，有一段感人至深的文字。这段文字是写司马谈在临死前如何向司马迁口授遗嘱，而司马迁又如何恭承遗嘱的情形。遗嘱的内容是要求司马迁继承孔子作《春秋》的传统写出一部史书来。这段文字可以说是用血泪写成的文字。司马谈在口授遗嘱时是"执迁手而泣"，殷殷致意，叮嘱再三；而司马迁在接受遗嘱时"俯首流涕"，然后信誓旦旦地表示"请悉论先人所次旧闻，弗敢阙"。观司马谈的《论六家要旨》足见司马谈是一位充满理性的批判精神思想深邃而又具有渊博历史知识的学者；观司马迁所著的《史记》，则司马迁更是一位充满理性的批判精神思想深邃而又具有渊博历史知识的伟大学者。这样的两位学者竟然看不出《春秋经》是怎样的一部书?!如果这两位学者已经看出《春秋经》是一部颠倒黑白,其所记载之不实、不尽、不均之处难以悉数的秽史,还要痛哭流涕地发誓要去继承,岂非滑稽之至?如果说这两位学者没有看出《春秋经》是怎样一部书,其识见之低下是不言而喻的,既然识见如此低下,则司马谈如何能够写出《论六家要旨》那样的文章来?须知司马谈在《论六家要旨》中是明确无误地批评了儒家的。司马迁又如何能够写出一部被誉为"史家之绝唱"的《史记》来?查遍《史记》,人们在什么地方能够找出《春秋经》对她的影响?相反,《孔春秋》对她的影响却随处可见。可见司马迁父子心目中的《春秋》,必是《孔春秋》无疑。

牛鸿恩教授批评姚曼波教授"厌弃《春秋》尊《左传》"。如上所述《春秋》(《春秋经》)不过是一部秽史,对这部秽史厌之弃之难道不应该吗?而《左传》则是在史学乃至文学方面都取得极高成就的名著,"尊"一下又有什么不妥?

如果说孟子、司马迁提出"孔子作《春秋》"是对孔子的圣化、神化,那么,将这部秽史强加在孔子头上,那就不是什么圣化、神化而是丑化了。

黄觉弘君《"孔子作〈春秋传〉说"辨议》一文认为姚曼波女士的考证方法是武断臆测,这个说法实在无法令人赞同。只是拙文已写得过长,这方面的不同意见,只好另文申说了。黄文以为:"'孔子作《春秋传》说'首见于清人张沐《春秋疏略》,再见于清人许伯政《春秋深》,三见于近人毛起《春秋总论初稿》,非始于姚曼波女士。"因而认为姚著所论"不过他人之旧曲而已"。[①] 对于这一点,我想谈一下不

---

① 黄觉弘:《"孔子作〈春秋传〉说"辨议》,《聊城大学学报》(社会科学版)2004 年第 3 期。

同看法。

张沐《春秋疏略》中断言："《左传》必非左氏（舜按：左氏指左丘明）之书。"不为无见。为什么称作《左传》呢？张沐解释说："采其实事，附于经文之左，谓之《左传》。"[①] 然而张沐对于"采其实事，附于经文之左"的事实经过并未加以考证颇有望文生义之嫌，以此立说，这个"说"，自然是立不起来的。按照《四库全书总目提要》的惯例，凡作考证，则《提要》必将其考证撮要加以评述。而对张沐的《春秋疏略》，《提要》是这样介绍的："国朝张沐撰，沐有《周易疏略》已著录。是书以经文为鲁史，以《左传》为孔子所作。谓孔子取鲁史尊之为经，而以不可为经者挨年顺月附录经左，命之曰《左传》。异哉斯言！自有经籍以来未之有也。"（按：标点为笔者所加）

提不出任何根据来证实自己的说法，难怪四库馆臣说"异哉斯言"，而老实不客气地将这部书放在"存目"之中。

至于许伯政《春秋深》，《四库全书总目提要》评论说："是书谓孔子既因鲁史作《春秋》，其史中所载事实即为之《传》。今《左传》中叙而不断，言约旨精者，即孔子所作。其有加注解，如段不弟，故不言弟之类。又加论赞，如'君子曰'、'仲尼曰'之类。词气浮夸，多与经旨相悖，乃属左氏增设，书内皆列之小注，使不与本《传》相混。其有传无经者，则全删不录。按近时河南张沐著《春秋疏略》，以左为列于经左之义，不为人姓。伯政盖踵是说，然又觉《传》中论赞或称孔子，或称仲尼，究不类孔子所自作，故变其说，归于左氏增加耳。至《春秋》之用周正，原无可疑，其兼用夏正，以便民事，则有《周礼》正月、正岁之文，显然可据。伯政但摭经书中夏正之文以相诘难，盖知其一不知

---

① 王渭《春秋疏略序》述张沐语，见《四库全书存目丛书》经 132 册，齐鲁书社，1995，第 292 页。

其二。其《左传》'王周正月'一语，尤为确证。伯政并此二字，诋为不通，以为后人所加。则凡古书之害于己说者悉以后人窜入概之，天下无不可伸之论矣。惟其考定每年十二月朔日甲子，及节气时刻，俾二百四十年间置闰之得失，干支之次序，一一可见，以伸其合于夏正之说，似乎可据。不知周正、夏正在月不在日，其月虽相差六十日，而其日则六十甲子刚及一周。不论周正夏正，其朔、望原未尝改，不足以为建寅之据，亦不揣本而齐末也。"①许伯政虽踵张沐，然而并非全袭其说，已有所变更，且其考证与《〈春秋〉考论》一书不可同日而语，则明若观火。毛起《春秋总论初稿》，未曾寓目，不敢妄议，然其书既在，取阅之后，与《〈春秋〉考论》一书相较，不但同异即可立辨，其考证的内容与方法，持论之高下，亦可立辨。

　　行文至此，不禁使我想到阎若璩《尚书古文疏证》一书。阎若璩所证者乃《古文尚书》之伪。然而远在唐代韩愈弟子李汉已怀疑《尚书》中存在伪篇了。南宋时代吴棫、朱熹等人又进一步提出许多问题，怀疑《古文尚书》为伪作，明代梅鷟《尚书考异》一书，从七个方面加以考证，明确论证了《古文尚书》之伪。阎若璩的《尚书古文疏证》就是在前人立说的基础上，加以"推广"而成。至今，似乎无人讥阎著所述"不过他人之旧曲"。虽有毛奇龄"百计相轧，终不能以强辞夺正理，则有据之言，先立于不可败也"②。阎若璩及其《尚书古文疏证》在学术史上的崇高地位，似乎至今无人能够撼动！

　　只要言之有据，就一定可以立于不败之地，这是阎著的生命力所在。窃以为这也是《〈春秋〉考论》一书的生命力所在。在写作此文时，我不仅仔细地思考了双方的论辩，也详细地考核了有关史料，于此

---

① 永瑢等撰《四库全书总目》上册，中华书局，1983，第260页。标点为笔者所加。
② 永瑢等撰《四库全书总目》上册，中华书局，1983，第101页。

信之弥笃。我坚信《〈春秋〉考论》一书，能够经起历史的检验！

"平议"一词有二义焉，其一谓：公平论断；其二谓：议论，评论。拙文命题为"平议"者，乃取其第二义，非敢以第一义高自期许，妄事吹诩也。幸方家与读者鉴察之！

[原载于《聊城大学学报》（社会科学版）2004 年第 6 期]

《春秋》《左传》再平议

确定《左传》的作者为何人，是一个十分困难的问题，解决这个问题的关键在于寻求确切有力的证据。由于文献（包括出土文献）不足，在寻求证据时，当然要谨慎从事，不能草率，不能马虎，对于每一个证据都应当反复推究，只有这样得出的结论，才有可能是正确的。

《左传》是一部大书，总字数为 196845 字①，接近 20 万字，就规模而言，在先秦所有典籍中是首屈一指无与伦比的（《吕氏春秋》为 173054 字，比《左传》少 23791 字）。就史料价值、艺术成就、思想深刻的程度而言，也是罕与比肩的。然而这样一部极为辉煌的巨著，在先秦竟然没有留下作者的姓名，这种情况在先秦名著中也是仅此一例。

平心而论，《左传》一书的作者在先秦时代没有留下姓名，也是有原因的。在春秋战国时代特别是春秋时代，学者们并无著作权观念，很多典籍不仅成于众人之手，而且在流传中一代又一代的学者不断地润色加工，使之臻于完善。当时不仅一部著作如此，甚至一篇文章也是如此，都要经过多人加工，最后才形成定稿。《论语·宪问》："子曰：'为命，裨谌草创之，世叔讨论之，行人子羽修饰之，东里子产润色之。'"学者们多依据《左传·襄公三十一年》的记载解作外交辞令。

---

① 黄宗羲：《宋元学案》第一册，中华书局，1986，第 219 页。

一篇外交辞令尚需经过四人由"草创"而"讨论"而"修饰"而"润色",何况是一部皇皇巨著呢?《左传·襄公二十四年》:"豹闻之:'大上有立德,其次有立功,其次有立言。'虽久不废,此之谓三不朽。"立言就是著书立说,古人视著书立说为不朽的盛事,足见对著书立说极为重视。孔子一生从政的时间很短,大部分时间都用来从事教学活动。大约从三十岁时开始执教直至七十三岁去世时止,从事教学活动四十余年,教学内容相当广泛,包括"文、行、忠、信"。行、忠、信属于德育,而"文",则属于文化教育,孔子在实行文化教育时,当然需要教材,这些教材便是孔子倾毕生精力所编纂的《诗》《书》《礼》《乐》《易》《春秋》,后代称为六经。这六部书,虽成于孔子之手,但也经过多人的加工、润色甚至增益,特别是《书》和《春秋》,因而这两部书,具有战国时代的色彩也就不足为奇了。以今天的眼光来看,《书》和《春秋》属于"史"的范围。《书》讲的是古代史,《春秋》在当时则属近、当代史。

第一次记载孔子作《春秋》的是孟子。

　　世衰道微,邪说暴行有作,臣弑其君者有之,子弑其父者有之。孔子惧,作《春秋》。《春秋》,天子之事也;是故孔子曰:"知我者其惟《春秋》乎!罪我者其惟《春秋》乎!"(《孟子·滕文公下》)

　　昔者禹抑洪水而天下平,周公兼夷狄,驱猛兽而百姓宁,孔子成《春秋》而乱臣贼子惧。(同上)

这两段话有以下四点值得注意:①明确肯定孔子作《春秋》;②作《春秋》的目的在于拨乱反正,使"乱臣贼子惧";③作《春秋》的功劳之大可以和"禹抑洪水而天下平","周公兼夷狄,驱猛兽而百姓宁"相媲美;④作《春秋》为天子之事,孔子以平民身份"僭越"而作

《春秋》实有不得已的苦衷，因而有"知我""罪我"之叹。

《春秋》在春秋、战国时代是史书的统称。孟子所说孔子所作之《春秋》究竟所指为何书，这是一个大问题。历来学者大都认为是指一万八千字（后有散佚为一万六千字）的《春秋经》。这部所谓《春秋经》，据说是孔子根据《鲁春秋》修订而成。但也有不少学者对《春秋经》提出质疑甚至极为尖锐的批评，其中代表人物，在古代有唐代著名史学家刘知幾、北宋著名的政治家兼学者王安石、南宋著名哲学家朱熹；在近代则有著名学者梁启超。

一　刘知幾对《春秋经》的批判

刘知幾《史通·惑经》对世传孔子所修之《春秋》（案：指所谓《春秋经》）提出十二未谕和五虚美。为了验证《春秋经》是否为孔子所作，特将刘知幾的"十二未谕"加以摘述。摘述时，为了使眉目清晰，便于对照，先列《春秋经》的记载，再列《左传》的记载，或其他有关记载，并略作说明。

第一条未谕："奚为齐、郑及楚，国有弑君，各以疾赴，遂皆书卒？夫臣弑其君，子弑其父，凡在含识，皆知耻惧。苟欺而可免，则谁不愿然？……其所未谕，一也。"

这里举三条弑君：

第一条，《春秋经·哀公十年》："齐侯阳生卒。"阳生为齐侯悼公之名。《左传·哀公十年》："齐人弑悼公。"《史记·齐太公世家》："鲍子与悼公有郤，不善。四年，吴、鲁伐齐南方，鲍子弑悼公。"鲍子即鲍牧。据《左传·哀公八年》记载，鲍牧已为悼公阳生所杀。梁玉绳《史记志疑》据《晏子春秋·谏上篇》"田氏杀阳生"，疑弑者为陈恒。杨伯峻《春秋左传注》认为"存疑可也"，此说甚是。

第二条，《春秋经·襄公七年》："郑伯髡顽如会，未见诸侯，丙戌，卒于鄵。"《左传·襄公七年》："郑僖公（案：即郑伯髡顽）之为大子也，于成之十六年与子罕适晋，不礼焉。又与子丰适楚，亦不礼焉。及其元年朝于晋，子丰欲诉诸晋而废之，子罕止之。及将会于鄵，子驷相，又不礼焉。侍者谏，不听，又谏，杀之。及鄵，子驷使贼夜弑僖公，而以疟疾赴于诸侯。"据此，则郑僖公为被弑而死，弑者为子驷。

第三条，《春秋经·昭公元年》："冬十有一月己酉，楚子麇卒。"《左传·昭公元年》："十一月己酉，公子围至，入问王疾，缢而弑之。"这里楚子指楚康王之子郏敖，《史记》作"员"，《左传》作"麇"，立未久即为楚公子围所弑。

以上齐之悼公阳生，郑国国君髡顽，楚国国君麇，皆被弑而死，但齐、郑、楚均以病致死告鲁，这明显是欺骗，而《春秋经》明知被欺骗却遵照"承告而书"的所谓"书法"不加分辨均"书卒"。所以刘知幾说："苟欺而可免，谁不愿然。"这样一来，以上弑君的真相就被掩盖了。

第二条未谕。

此条列举三事：

第一件事，"齐荼野幕之戮，事起阳生"。《春秋经·哀公六年》："齐陈乞弑其君荼。"但据《左传·哀公六年》记载，实际上杀死荼的是齐悼公阳生。荼，即安孺子荼，荼为齐景公幼子，曾立为齐君，因年幼故称孺子，在位不及一年则为阳生所弑，所以没有谥号，称为安孺子。陈乞虽是小人，在齐国君臣之间挑拨离间而从中渔利，但不是弑孺子荼的主犯，主犯应是齐悼公阳生，《春秋经》却将这件弑君之罪安在陈乞头上，乃是故意错乱史实。

第二件事，"楚灵乾谿之缢，祸由观从"。《春秋经·昭公十三年》：

"楚公子比自晋归于楚，弑其君虔于乾谿。"此事《左传·昭公十三年》以及《史记·楚世家》均有记载。楚灵王之死，情节比较复杂。《史记》的记载条理比较清晰。楚灵王即上文所说弑康王之子郏敖的公子围，名虔。即位后为楚灵王。从其篡位所使用的手段来看，可以想见其为人。即位后，对外穷兵黩武，对内横征暴敛。楚灵王三年七月，"以诸侯兵伐吴，围朱方，八月，克之，囚庆封，灭其族"。又："会兵于申，僇越大夫常寿过，杀蔡大夫观起。"（《史记·楚世家》）观起的儿子观从，为了报仇，先做吴国的间谍，派人假传公子弃疾的命令，从晋国将楚公子比叫到蔡邑，让公子比与公子弃疾订立盟约，然后进入郢都杀死楚灵王的太子禄，暂时拥立公子比为楚王，公子弃疾为司马。此时，楚灵王驻扎在乾谿。于是公子弃疾"使观从从师于乾谿"。并让观从向驻扎在乾谿的楚军宣布："先归复所，后者劓。"（《左传·昭公十三年》）意思是说先归顺回来的恢复其爵位和俸禄，后回来的便要处以"劓"刑。这样，楚灵王所率领的楚军便溃散了，楚灵王便成为众叛亲离的孤家寡人。按《史记》的记载，楚灵王独自一人在乾谿山中，求食不得，三日不得食，以致"饥弗能起"，后死于申亥氏之家。《左传》记载略有不同，称："夏五月癸亥，王缢于芋尹申亥氏。"此事《春秋经·昭公十三年》记载为："夏四月，楚公子比自晋归于楚，弑其君虔于乾谿。"而实际上则是公子弃疾与观从合谋，借公子比之手弑楚灵王，又与观从合谋，使用阴谋诡计杀死公子比，然后，即位为平王。公子比为楚王的时间甚短，所以并无王的谥号，虽无王的谥号，因其一度为楚王，《史记》称之为"新王"又称"初王"。《史记·楚世家》在记载上述史实后，又有如下记载："平王以诈弑两王而自立，恐国人及诸侯叛之，乃施惠百姓。复陈、蔡之地而立其后如故，归郑之侵地。存恤国中，修政教。吴以楚乱故，获五率（案：率即帅，率、帅通）以归。平王谓观从：'恣尔所欲。'欲为卜尹，王许之。"观从在助平王

"诈弑两王而自立"的过程中，立了大功，所以平王才许观从"恣尔所欲"。这就是历史的真实。因而刘知幾批评《春秋经》对此事的记载和上述第一件事一样为"捐其首谋，舍其亲弑"。

第三件事，"邾之阍者私憾射姑，以其君卞急而好洁，可行欺以激怒，遂倾瓶水以沃庭，俾废炉而烂卒"。《春秋经·定公三年》："二月辛卯，邾子穿卒。"又："秋，葬邾庄公。"《左传·定公三年》："邾子在门台，临廷。阍以瓶水沃廷，邾子望见之，怒。阍曰：'夷射姑旋焉。'命执之。弗得，滋怒，自投于床，废于炉炭，烂，遂卒。先葬以车五乘，殉五人。庄公卞急而好洁，故及是。"平心而论，刘知幾对此事的看法，不免有些偏激，批评《春秋经》说："斯亦罪之大者，曷不书弑乎？"把责任完全算在阍者的头上，视阍者为弑者，实在有点过分。《左传》认为"庄公卞急而好洁，故及是"，并不认为阍者为弑者，这个看法比较公允。

第三条未谕。

刘知幾认为"史官执简"，犹"明镜之照物"，"善恶必书，斯为实录"。以这个标准来衡量孔夫子所修之《春秋》，则大相径庭了。因为夫子所修之《春秋》"多为贤者讳"。这样便与"善恶必书"的"实录"原则相违背了。为了说明问题，刘知幾提出如下例证：

第一例，"狄实灭卫，因桓耻而不书"。《春秋经·闵公二年》："十有二月，狄入卫。"《左传·闵公二年》："冬十二月，狄人伐卫。……卫师败绩，遂灭卫。"《春秋穀梁传·闵公二年》范宁集解："卫为狄所灭，明矣。不言灭而言入者，《春秋》为贤者讳。齐桓公不能攘夷狄救中国，故为之讳。"

第二例，"河阳召王，成文美而称狩"。《春秋经·僖公二十八年》："天王狩于河阳。"《左传·僖公二十八年》："是会也，晋侯召王，以诸侯见，且使王狩。仲尼曰：'以臣召君，不可以训。'故书曰：'天王狩于河阳。'言非其地也，且明德也。"

据此，刘知幾对《春秋》书法提出了尖锐的批评："苟书法其如是也，岂不使贤人君子，靡惮宪章，虽玷白圭，无惭良史也乎！"

第四条未谕。

> 哀八年及十三年，公再与吴盟，而皆不书。桓二年，公及戎盟
> 则书之。戎实豺狼，非我族类。夫非所讳而仍讳，谓当耻而无耻，
> 求之折衷，未见其宜。

此条涉及三件事：

第一件事，《左传·哀公八年》："三月，吴伐我……吴人盟而还。"而《春秋经》未书盟。杜预注："不书盟，耻吴夷。"

第二件事，《春秋经·哀公十三年》："公会晋侯及吴子于黄池。"《左传·哀公十三年》："夏，公会单平公、晋定公、吴夫差于黄池。"又："秋七月辛丑盟。"在盟誓时，吴、晋争执歃血的先后，意在争做诸侯的领袖，晋国在争夺中取得胜利。吴夫差打算带着哀公进见晋侯，这样做，将损害鲁国在诸侯中的地位。子服景伯从中斡旋，使吴夫差取消这样的做法。但实际上哀公参与此次会盟，而《春秋经》亦未书盟。杜预注："盟不书，诸侯耻之，故不录。"

第三件事，"桓二年，公及戎盟"于唐。《左传·桓公二年》："公及戎盟于唐，修旧好也。"《春秋经·隐公二年》："秋八月庚辰，公及戎盟于唐。"《左传·隐公二年》："戎请盟。秋，盟于唐，复修戎好也。"

将这三件事放在一起分析，《春秋经》的错误便非常明显了。因为前两件事指与吴盟，吴与鲁为同宗，虽地处偏远，并不是夷，而第三件事桓公与戎盟，而戎则属夷。所以刘知幾认为前两件事乃"非所讳而仍讳"，第三件事则属于"当耻而无耻"。因此，刘知幾批评《春秋

经》：“求之折衷，未见其宜。”

第五条未谕。

有二例：

第一例，“诸国臣子，非卿不书，必以地来奔，则虽贱亦志”。如《春秋经·昭公五年》：“夏，莒牟夷以牟娄及防、兹来奔。”《左传·昭公五年》：“夏，莒牟夷以牟娄及防、兹来奔。牟夷非卿而书，尊地也。”（案：牟娄，地名，在今山东诸城市西。防，在今山东安丘市西南。兹，在今山东诸城市北）又《左传·昭公三十一年》：“冬，邾黑肱以滥（案：地名，在今山东滕州市东南）来奔。贱而书名，重地故也。”

又《春秋经·襄公二十一年》：“邾庶其以漆、闾丘来奔。”《左传·襄公二十一年》：“庶其非卿也，以地来，虽贱，必书，重地也。”对于《春秋》这一书法，《左传》在同年记事中，表示不同看法：“邾庶其以漆、闾丘来奔，季武子以公姑姊妻之。皆有赐于其从者。于是鲁多盗。季孙谓臧武仲曰：‘子盍诘盗？’武仲曰：‘不可诘也，纥又不能。’季孙曰：‘我有四封，而诘其盗，何故不可？子为司寇将盗是务去，若之何不能？’武仲曰：‘子召外盗而大礼焉，何以止吾盗，子为正卿，而来外盗，使纥去之，将何以能？庶其窃邑于邾以来，子以姬氏妻之，而与之邑，其从者皆有赐焉。若大盗礼焉以君之姑姊与其大邑，其次皂牧舆马，其小者衣裳剑带，是赏盗也，赏而去之，其或难焉。纥也闻之，在上位者洒濯其心，壹以待人，轨度其信，可明征也，而后可以治人。夫上之所为，民之归也。上所不为，而民或为之，是以加刑罚焉而莫敢不惩。若上之所为，而民亦为之，乃其所也，又可禁乎？”在这里《左传》公然与《春秋经》唱反调，令人深思！

第二例，“阳虎盗入于讙，拥阳关而外叛。《传》具其事，《经》独无闻”。

《春秋经·定公八年》：“盗窃宝玉、大弓。”杜预注：“盗谓阳虎也。家臣贱，名氏不见，故曰盗。"《左传·定公八年》："阳虎劫公与武叔……阳虎说甲如公宫，取宝玉、大弓以出……阳虎入于讙、阳关以叛。"杜预注："叛不书，略家臣。"

将以上事例放在一起，《春秋经》书法之错误便十分明显。刘知幾评论这种错误为："略大存小，理乖惩劝。"可谓切中要害！

第六条未谕："按诸侯世嫡，嗣业居丧，既未成君，不避其讳。此《春秋》之例也。何为般、野之殁，皆书以名；而恶、视之殂，直云子卒？"

《春秋经·庄公三十二年》："八月癸亥，公薨于路寝。"又："冬十月己未，子般卒。"《左传·庄公三十二年》："八月癸亥，公薨于路寝。子般即位，次于党氏。冬十月己未，共仲使圉人荦，贼子般于党氏。"《春秋经·襄公三十一年》："夏六月辛巳，公薨于楚宫。"又："秋九月癸巳，子野卒。"《左传·襄公三十一年》："公作楚宫。……六月辛巳，公薨于楚宫。"又："立胡女敬归之子子野，次于季氏。秋九月癸巳，卒，毁也。"

《春秋经·文公十八年》："十有八年春王二月丁丑，公薨于台下。"又："冬十月，子卒。"《左传·文公十八年》："二月丁丑，公薨。"又："冬十月，仲杀恶及视，而立宣公。书曰'子卒'，讳之也。"

般、野及恶、视四人同为"诸侯世嫡，嗣业居丧"，而般、野之死按例"不避其讳"，"皆书以名"。而恶、视之死却讳之，"不书其名"，刘知幾认为此举是自乱其例。

第七条未谕。按《春秋》之例，"不得其死者，邦君已上，皆谓之弑，卿士已上，通谓之杀"。但实际上《春秋经》对这些事情却弑、杀不分。如以下事例：

第一例，《春秋经·桓公二年》："二年春，王正月戊申，宋督弑其君与夷及其大夫孔父。"《左传·桓公二年》："二年春，宋督攻孔氏，杀孔父而取其妻。公怒，督惧，遂弑殇公。”

第二例，《春秋经·僖公十年》：“晋里克弑其君卓及其大夫荀息。”《左传·僖公九年》：“冬十月，里克杀奚齐于次……荀息将死之，人曰：‘不如立卓子而辅之。’荀息立公子卓以葬。十一月，里克杀公子卓于朝。荀息死之。”

《春秋经》弑、杀不分，自乱其例。

第八条未谕：“动称耻讳，厚诬来世。”

第一例，《春秋经·隐公十一年》：“冬十有一月壬辰，公薨。”杜预注：“实弑，书薨，又不地者，史策所讳也。”《左传》于同年对此事虽有较为详细的记载，但不如《史记·鲁周公世家》详明而条理清晰，故特引其文以证之：

> 四十六年，惠公卒，长庶子息摄当国，行君事，是为隐公。初，惠公适夫人无子，公贱妾声子生子息。息长，为娶于宋。宋女至而好，惠公夺而自妻之。生子允。登宋女为夫人，以允为太子。及惠公卒，为允少故，鲁人共令息摄政，不言即位。……（隐公）十一年冬公子挥谄谓隐公曰：“百姓便君，君其遂立。吾请为君杀子允，君以我为相。”隐公曰：“有先君命。吾为允少，故摄代。今允长矣，吾方营菟裘之地而老焉，以授子允政。”挥惧子允闻而反诛之，乃反谮隐公于子允曰：“隐公欲遂立，去子，子其图之，请为子杀隐公。”子允许诺。十一月，隐公祭钟巫，齐于神圃，馆于蒍氏，挥使人弑隐公于蒍氏，而立子允为君，是为桓公。

第二例，《春秋经·桓公十八年》：“十有八年春王正月，公会齐侯于泺，公与姜氏遂如齐。”又：“夏四月丙子，公薨于齐。”《左传·桓公十八年》：“公会齐侯于泺，遂及文姜如齐。齐侯通焉。公谪之。夏四月丙子，享公。使公子彭生乘公，公薨于车。鲁人告于齐曰：‘寡君畏君之威，不敢宁居，来修旧好。礼成而不反，无所归咎，恶于诸侯。请以彭生除之。'齐人杀彭生。"桓公实际上由于其妻与齐侯私通，而被齐侯命彭生杀死。《左传·宣公十八年》："凡自内虐其君曰弑，自外曰戕。"这是《春秋》的书法。按照《春秋》的书法，桓公之死应书作"戕"，但《春秋经》却不书作"戕"而书作"薨"。杜预注："不言戕，讳之也。"

第三例，《春秋经·昭公二十五年》："九月己亥，公孙（案：孙同逊）于齐，次于阳州。"杜预注："讳奔故曰孙，若自孙让而去位者。阳州，齐鲁竟上邑，未敢直前，故次于竟。"《左传》与《史记·鲁世家》均有详细记载。这次昭公出奔，乃因昭公与以季氏为首（包括孟孙、叔孙）的三家夺取权利的斗争失败后，被三家所逐，后来一直流亡在外，于三十二年，昭公死于乾侯。

第四例，哀公二十七年，哀公被三桓放逐。此事与《春秋经》无关，不必涉及。

第五例，"姜氏淫奔"。《春秋经·庄公元年》："三月，夫人孙于齐。"夫人，即姜氏，本为桓公夫人，因其与齐侯通，导致桓公被弑，因久留于齐，不敢归鲁。《春秋经》讳其淫奔于齐而书作"孙于齐"。

第六例，"子般夭酷"，此例已见第六未谕。此处不再重复。

以上六例均为鲁国政坛之要事，但事属丑闻，故鲁史记载时讳之。刘知幾认为："斯则邦之孔丑，讳之可也。"原因是："夫臣子所书，君父是党，虽事乖正直，而理合名教。"这样便与他自己所主张的"动称耻讳，厚诬来世，奚独多乎"的观点相矛盾了。

第七例，"公送晋葬"。《春秋经·成公十年》："秋七月，公如晋。"《左传·成公十年》："秋，公如晋。晋人止公，使送葬。"又："冬，葬晋景公。公送葬，诸侯莫在。鲁人辱之，故不书，讳之也。"此事在次年《左传·成公十一年》有如下补叙："十一年春王三月，公至自晋。

晋人以公为贰于楚，故止公。公请受盟，而后使归。"成公自十年七月到晋国吊丧，为晋所拘留。止，留住；扣留。（见《左传·僖公十五年》："辂秦伯，将止之。"杜预注："止，获也。"）至次年三月"受盟"后方许归鲁，所以鲁人以为耻辱，不记载此事。

第八例，"公与吴盟"，事见第四未谕。

第九例，"为齐所止"。《春秋经·僖公十六年》："冬十有二月，公会齐侯……于淮。"《春秋经·僖公十七年》："九月，公至自会。"《左传·僖公十七年》："师灭项，淮之会，公有诸侯之事，未归，而取项，齐人以为讨，而止公。"又："秋，声姜以公故，会齐侯于卞。九月，公至。书曰'至自会'，犹有诸侯之事焉，且讳之也。"实际上齐人怀疑鲁人灭项是鲁僖公下的命令，将鲁僖公拘留在齐国，因而未能回国，鲁国史官认为这是耻辱，在记载此事时，便"讳之"了。

第十例，"为邾所败"。《春秋经·僖公二十二年》："秋八月丁未，及邾人战于升陉。"《左传·僖公二十二年》："八月丁未，公及邾师战于升陉，我师败绩。邾人获公胄，县诸鱼门。"这次战争，由于鲁僖公不听臧文仲的忠告，过于轻敌，招致惨败。邾人又将所获鲁僖公的甲胄悬在鱼门之上，鲁史以为耻，故讳而不书。

第十一例，《春秋经·文公十五年》："冬八月，公会诸侯、晋大夫盟于扈。"又《春秋经·文公七年》："秋八月，公会诸侯、晋大夫盟于扈。"《左传·文公十五年》："冬十一月，晋侯、宋公、卫侯、蔡侯、陈侯、郑伯、许男、曹伯盟于扈，寻新城之盟，且谋伐齐也。齐人赂晋侯，故不克而还。于是有齐难，是以公不会。书曰：'诸侯盟于扈。'无能为故也。凡诸侯之会，公不与，不书，讳君恶也。与而不书，后也。"

以上十一例，也都是鲁国政坛的丑闻，《春秋经》均讳而不书，《左传》的态度则相反，不但记载了这些丑闻，而且将前因后果，详细经过，叙述得清清楚楚，使这些丑闻无所遁形。不仅如此，刘知幾还将《鲁春秋》与《晋春秋》加以对比，《晋春秋》对"重耳出奔，惠公见获"都如实记载，"皆无所隐"。两相对比，刘知幾痛斥《春秋经》为"事乖正直"，"厚诬来世"，这个批评实在是非常恰当，毫不过分！

第九条未谕："夫子之修《春秋》，皆遵彼乖僻，习其讹谬，凡所编次，不加刊改者矣。"

此条所举之例，文字多有脱误，至不可解，不如暂付阙如。其实此条之论，前八条未谕所举之例，多数均可作此条之适例，不必对此条所举之例，强作解人。

第十条未谕：经传缺略，"寻绎难知"。《春秋经·定公六年》："六年春，王正月癸亥。郑游速帅师灭许，以许男斯归。"《春秋经·哀公元年》："楚子、陈侯、随侯、许男围蔡。"许既然已被灭于定公六年（公元前504年），而哀公元年（公元前494年）相隔10年之后又随楚围蔡，所以刘知幾说："夫许既灭矣，君执家亡，能重列诸侯，举兵围国者何哉？盖其间行事，必当有说。"然而"《经》既不书，《传》又缺载"，以致"缺略如此，寻绎难知"。

第十一条未谕。刘知幾认为，《春秋经》的许多失误，其原因"盖因周礼旧法，鲁策成文"。但孔子所修之《春秋经》乃"不刊之书"，而且"为后王之则"，怎么能够容许《鲁春秋》的过失，而一仍其旧，"不中规矩"呢？

此条举两例为证。

第一例，"宋飞六鹢"。《春秋经·僖公十六年》："十有六年春王正月戊申朔，陨石于宋五。是月，六鹢退飞，过宋都。"此事《左传·僖公十六年》有较为详细的记载和说明："十六年春，陨石于宋五，陨星也。六鹢退飞过宋都，风也。周内史叔兴聘于宋，宋襄公问焉，曰：'是何祥也？吉凶焉在？'对曰：'今兹鲁多大丧；明年齐有乱，君将得诸侯而不终。'退而告人曰：'君失问，是阴阳之事，非吉凶所生也，吉凶由人。吾不敢逆君故也。'"内史叔兴所说"吉凶由人"，这个观点与孔子的思想是吻合的。"六鹢退飞"，《左传》的解释是由于风速太急的缘故，是小得不能再小的小事，但宋襄公以为此事与"陨石于宋五"一样关乎吉凶，故宋国史官将此事赴告，鲁史便将此事记于简策。

第二例，"晋灭三邦"。此事《春秋经》没有记载。《左传·闵公元年》："晋侯作二军，公将上军，太子申生将下军。赵夙御戎，毕万为右，以灭耿、灭霍、灭魏。"此事晋史未赴告于鲁，《鲁春秋》没有记载这件事。但此事却是一件大事。这就是说孔子所要修订的《鲁春秋》"凡书异国，皆取来告。苟有所告，虽小必书，如无其告，虽大亦阙"。

将以上两件事放在一起，便不难看出一个极其重要，而又极为严肃的问题：《春秋》既然是孔子所作的一部"不刊之书"，为什么在处理史料问题时，竟如此"巨细不均，繁省失中"？

第十二条未谕。在这一条中，刘知幾先树立起这样一条原则："盖君子以博闻多识为工，良史以实录直书为贵。"然后用这条原则来评判孔子所修之《春秋》。

刘知幾说："而《春秋》记它国之事，必凭来者之辞，而来者所言，多非其实。或兵败而不以败告，君弑而不以弑称，或宜以名而不名，或应以氏而不以氏，或春崩而以夏闻，或秋葬而以冬赴。而皆承其说而书，遂使真伪莫分，是非相乱。"

此条所涉及的例证较多，为了说明问题，应当一一举出。

第一例，"兵败而不以败告"。《左传·隐公十一年》："冬十月，郑伯以虢师伐宋，壬戌，大败宋师，以报其入郑也。宋不告命，故不书。凡诸侯有命，告则书，不然则否。师出臧否，亦如之。虽及灭国，灭不告败，胜不告克，不书于策。"

第二例，"君弑而不以弑称"。此条所指在第一未谕中所举二事均属此例，第二未谕所举之一、二两例也是弑君，但"捐其首谋，舍其亲弑"。此处不再重复。

第三例，"或宜以名而不以名，或应以氏而不以氏"。

《春秋经·庄公二十五年》："二十有五年春，陈侯使女叔来聘。"杜预注："女叔，陈卿。女，氏；叔，字。"《左传·庄公二十五年》："二十五年春，陈女叔来聘，始结陈好也，嘉之，故不名。"杨伯峻注："《春秋》之世，命卿来聘于鲁者计三十次，不称名者，惟女叔一人而已。今年以前，陈未尝来聘，故此次来聘而嘉之。陈之来聘，见于经、传等亦仅一次。"

《春秋经·成公十五年》："宋杀其大夫山。"《左传·成公十五年》："秋八月，葬宋共公。于是华元为右师，鱼石为左师，荡泽为司马。……荡泽弱公室，杀公子肥。……华元……乃出奔晋……鱼石自止华元于河上。请讨，许之，乃反。使华喜、公孙师帅国人攻荡氏，杀子山。书曰：'宋杀其大夫山。'言背其族也。"案：山，即宋司马荡泽。

第四例，"或春崩而以夏闻"。

《春秋经·隐公三年》："三月庚戌，天王崩。"庚戌为十二日。《左传·隐公三年》："三年春，王三月，壬戌，平王崩。赴以庚戌，故书之。"壬戌，为二十四日。《左传》为实录。《春秋经》之所以书为"庚戌"是按讣告写的，相差十二日，就是说讣告将平王的卒日提前十二天。

《春秋经·僖公八年》："冬十有二月丁未天王崩。"《左传·僖公八年》："冬十有二月丁未，天王崩。"此处天王指周惠王。《左传·僖公七年》："闰月，惠王崩。襄王恶大叔带之难，惧不立，不发丧，而告难于齐。"杜预注："实以前年闰月崩，以今年十二月丁未告。""前年"指僖公七年，"今年"指僖公八年。《春秋经》将惠王的死期推迟一年有余。以上二例，说明《春秋经》据讣告而书，以致失实。

第五例，"或秋葬而以冬赴"。

《春秋经·隐公五年》："夏四月，葬卫桓公。"《左传·隐公五年》："夏，葬卫桓公。卫乱，是以缓。"实际上卫桓公死于鲁隐公四年春。《左传·隐公四年》："四年春，卫州吁弑桓公而立。"又："九月，卫人使右宰丑莅杀州吁于濮。"

《春秋经·庄公三年》："五月，葬桓王。"同年《左传》："夏五月，葬桓王，缓也。"《春秋经·桓公十五年》："三月乙未，天王崩。"此处天王即桓王。由桓公十五年至庄公三年，时隔六年始葬，故《左传》释之曰："缓也。"以示讥刺。

上述十二未谕，基本上对《春秋经》所存在的错误作了全面的揭露和评析，所提出的例证有四十四处之多。这些例证，用今天的话来讲，叫作"硬伤"。一部一万八千字的史书存在这么多"硬伤"，而且刘知幾还说："凡所未谕其类尤多。"就是说还没有把"硬伤"全部列举出来。这样一部"真伪莫分，是非相乱""厚诬来世"的书，还能称作"史书"吗？然而，就是这样一部糟糕透顶的书，不仅被称为"史"，而且被称为"经"，受到后代儒者那么多赞誉。所以，刘知幾不但痛斥《春秋经》的错误，而且将后人的赞誉，归纳为"五虚美"再加痛斥。处在一千多年前封建专制时代的学者，具有如此胆识，确属难能可贵！不过，刘知幾所说"五虚美"，就所举《春秋经》的实例而言，多与十二未谕中的事例重复。再者对刘知幾所说的"虚美"，笔者在下文将有论及，因而在这里，就不再一一介绍"五虚美"的详细内容了。

刘知幾在《史通》一书中，不仅写有《惑经》一文，对《春秋经》提出尖锐的批评；而且写有《疑古》一文，对《尚书》提出质疑；同时还写有《申左》一文，集中地对《左传》一书作了充分的肯定。这些内容，笔者在下文论析中，也将有所涉及。

　　刘知幾是一位深受儒家思想熏陶的学者，对孔子的崇敬以及对孔子思想的信仰，并不亚于其他儒家学者。孔子与孟子所高扬的是一种理性精神，在这种思想影响下，刘知幾对孔子的崇敬，并不是盲目的崇拜。同时他又是一位治学态度极为严肃认真的史学家，主张治史犹"明镜之照物也，妍媸必露"，"君子以博闻多识为工，良史以实录直书为贵"。在这种思想指导下，刘知幾发现了《春秋经》的许多错误，并本着史家应具的良知与品德，对《春秋经》痛加驳斥，这是不难理解的。但刘知幾另一方面认为"孔宣父以大圣之德，应运而生，生人已来，未之有也"。"生人已来，未之有"的"大圣"却"修"出一部混淆是非、曲意歪曲历史事实而"厚诬来世"的《春秋经》来，这就不可理解了。一方面是具有无人能及的智慧与品德的"大圣"，而另一方面是"其秽""不减魏收"的"秽史"（节引梁启超语）。如此"秽史"稍有良知的史家亦不屑为，何况是"大圣"呢？这个矛盾是无法调和的。对于这种无法调和的矛盾刘知幾却未加深究，这不能不说是一大失误！作为一个杰出的史学理论家，在总结史学史的时候，对过去的史学家免不了要对他们的得失加以评论。在论及司马迁和班固的时候虽然对二人治史之优劣都有评论，但从总体上看却存在着扬班抑马的倾向，大约由于这种抑扬失当，导致了上述刘知幾的这一大失误。

二　司马迁和班固对《春秋》和《左传》的记载

　　在汉代，最早记载左丘明的是司马迁。《十二诸侯年表·序》："是以孔子明王道，干七十余君，莫能用，故西观周室，论史记旧闻，兴于鲁而次《春秋》，上记隐，下至哀之获麟，约其辞文，去其烦重，以制义法，王道备，人事浃。七十子之徒口受其传指，为有所刺讥褒讳挹损之文辞不可以书见也。鲁君子左丘明惧弟子人人异端，各安其意，失其真，故因孔子史记具论其语，成《左氏春秋》。铎椒为楚威王傅，为王不能尽观《春秋》，采取成败，卒四十章，为《铎氏微》。"

这段记载十分重要，古今不少学者以此为据确认《春秋》为孔子所作，并确认《春秋左氏传》为左丘明所作。刘知幾也不例外，所持的也是这种观点。其实，这种观点是错误的，必须彻底加以澄清。这种观点之所以错误，主要原因是对司马迁这段话产生误解。

"西观周室，论史记旧闻，兴于鲁而次《春秋》。"

句中的"论"，和下文"具论其语"的"论"是一个意思，读作lún，均指编次而言。"论史记旧闻"是在"周室"中进行的，可以想见这些"史记"当然不会是鲁国的"史记"，而是周天子统治下的诸侯国（当然也包括鲁）的"史记旧闻"，这些"史记旧闻"当然要比鲁国的"史记旧闻"全面得多，丰富得多。这应当是孔子"西观周室"的原因所在。因而，孔子在"次春秋"的时候，所依据的应当是在周室所见到的史料，而决非只是《鲁春秋》。但孔子生于鲁，又在鲁国做过官，加上鲁国是周公的封地，孔子对周公又特别尊敬，因而，在"次春秋"的时候是"兴于鲁"。兴，起。"兴于鲁"是指以鲁隐公元年为起点。"下至哀之获麟"，记述春秋二百四十二年间的史实。可见，认为据《鲁史》修出一万八千字的《春秋经》，实在是一种误解。

"约其辞文，去其烦重。"

这句话是承上文而来，是说孔子在周室看到的史料，就"辞文"而言，必定极多，所以要"约"；就史料而言，必然"烦重"，所以要"去"。这两句话肯定是对今传《左传》，决非对《鲁春秋》而言的。《鲁春秋》只有不足两万字，其"文辞"已经够"约"的了，再"约"还能"约"到什么程度。尽管《左传》已是鸿幅巨制，但相对于孔子在周室所见到的原始史料而言，仍然是很少的。所以，虽经孔子"约其辞文，去其烦重"的"删削"，其篇幅仍在近二十万字之多。正因为篇幅如此巨大，所以"铎椒为楚威王傅，为王不能尽观《春秋》，采取成败，卒四十章，为《铎氏微》"。这里所说的《春秋》也显然指《左传》，而非《春秋经》。试想只有不足两万字的《春秋》尚且不能"尽观"，岂非不可思议；而《铎氏微》既是《春秋经》的缩编本，而这个缩编本竟然达四十章之多，这样的缩编本是不是又太多了一点？《铎氏微》已佚，我们无法取证。既然多达四十章，其文字篇幅，总不至于太少。

最重要的是下面这段话：

> 七十子之徒口授其传指，为有所刺讥褒讳挹损之文辞不可以书见也。鲁君子左丘明惧弟子人人异端，各安其意，失其真，故因孔子史记具论其语，成《左氏春秋》。

班固在《汉书·艺文志》中，对上述司马迁的记载，作了如下的修改和补充：

> 仲尼思存前圣之业……以鲁周公之国，礼文备物，史官有法，故与左丘明观其史记，据行事，仍人道，因兴以立功，就败以成罚，假日月以定历数，藉朝聘以正礼乐。有所褒讳贬损，不可书见，口授弟子，弟子退而异言。丘明恐弟子各安其意，以失其真，故论本事而作传，明夫子不以空言说经也。《春秋》所贬损大人当世君臣，有威权势力，其事实皆形于传，是以隐其书而不宣，所以免时难也。

对于这段文字，笔者在《〈春秋〉〈左传〉评议》一文中曾经加以批驳，但道理说得不够透彻，也不够全面。由于这段文字至关重要，有必要再加论析。

①"西观周室，论史记旧闻。"班固改作："鲁周公之国，礼文备

物，史官有法，故与左丘明观其史记……"这就是说观史记（班固略去"旧闻"二字）不在周室，而在鲁国。同时观史记的不仅有孔子，还有左丘明，为左丘明作传作了铺垫。孔子西观周室一事《史记·孔子世家》及《孔子家语·观周篇》均有记载。两书记载大体相同。两书在"观周"的时间上虽无确切记载，但大体上可以肯定，这一活动当发生在孔子生平的早期，随行者为南宫敬叔。《史记》司马贞《索隐》："孔子适周，岂访礼之时即在十七耶？且孔子见老聃，云'甚矣道之难行也'，此非十七之人语也，乃既仕之后言耳。"司马贞这段话是承《孔子世家》上文而言的，《孔子世家》上文曾记载，孔子十七岁时，孟子死了。死前孟子嘱咐两个儿子懿子与南宫敬叔拜孔子为师，学习礼。司马迁这段记载在年代上有误，《索隐》对此加以驳正，说："昭公七年《左传》云'孟僖子〔舜按：即孟子〕病不能相礼，乃讲学之，及其将死，召大夫'云云。按：谓病者，不能礼为病，非疾困之谓也。至二十四年僖子卒，贾逵云：'仲尼时年三十五矣。'是此文误也。"司马贞的考索是正确的，孔子此次"观周"当在三十五岁之后不久。然而《史记·十二诸侯年表·序》又说孔子"西观周室"在"干七十余君，莫能用"之后，这次"观周"当发生在孔子的晚年了。可见，根据《史记》记载，孔子"观周"当为两次，而这两次"观周"，左丘明均非随行者或参与者。

记载孔子"观周"一事的除《史记》，在西汉时期还有《严氏春秋》一书。《春秋左传正义·序》孔颖达疏引沈氏云："《严氏春秋》引《观周篇》云：孔子将修《春秋》，与左丘明乘如周，观书于周史，归而修《春秋》之经，丘明为之《传》，共为表里。"[①] 钱穆先生在《孔子与南宫敬叔适周问礼老子辨》中（见《先秦诸子系年》）引述这

---

① 阮元校刻《十三经注疏》下册，中华书局，第 1705 页中。

段文字。然而钱先生在《观周篇》前，增"家语"二字并加书引号。下文"共为表里"误作"共相表里"。如果说后一处可能是笔误的话，那么，增"家语"二字并加书引号，则不是笔误了。钱先生于此段引文之后，接着便指出："所引与今《家语·观周篇》文不同。"然后自注说："臧琳《经义杂记》谓此乃真《家语》文。刘逢禄《左氏春秋考证》辨之云：'严彭祖，公羊经师，妄语，何也？或章帝令贾逵自选严、颜高材生二十人，教以左氏，禄利之途使然。'贾逵亦在王肃伪造《家语》前。刘氏必谓此说出肃后，则无证。是汉时《家语》自有此说。"看来钱穆先生认定"汉时《家语》自有此说"，但这是钱先生自己的看法，并非孔颖达的看法，倘在孔颖达注疏原文中增加此二字，岂不成为孔颖达也是如此看法吗？这样将自己的看法强加在孔颖达身上，显然是不妥当的。西汉时代《孔子家语》中的《观周篇》中有没有记载孔子与左丘明共同"观周"一事，因为今天我们看不到西汉本《孔子家语》，无从质正。但有一点可以肯定，《史记》记载孔子到周室观史记，则是接近于事实的，而班固改为在鲁国观史记，显然是错误的。孔子生于鲁，长于鲁，在到周室观史记之前，对鲁国所拥有的史记，恐怕不止一次地观看过了。孔子不但是一位伟大的思想家，也是一位严肃的史学家。他曾经说过："夏礼，吾能言之，杞不足征也。殷礼，吾能言之，宋不足征也。文献不足故也。足，则吾能征之矣。"（《论语·八佾》）孔子作《春秋》是一件大事，怎么可能只满足于在鲁国所看到的史记，而不到周室去搜集更为丰富的史料呢？

　　至于说"以鲁周公之国，礼文备物"便有些夸大其辞了，鲁国虽是周公之国，但它毕竟只是一个诸侯国，其"礼文"不管如何完备，但比起周室来仍然要差得多。今存《孔子家语·观周篇》记载，观周的主要目的是向老聃请教"礼乐之原"与"道德之归"。在"观周"期间有三次活动：一、"观乎明堂"；二、"入太祖后稷之庙"；三、向老聃请教。在第一次活动"观乎明堂"中，孔子看到"明堂"四门"有尧舜之容、桀纣之像，而各有善恶之状"，孔子认为这是"兴废之诚"。在看到"周公相成王，抱之负斧扆南面以朝诸侯之图焉"时，孔子大发感慨，说："此周之所以盛也。夫明镜所以察形，往古者所以知今。"成王虽然年幼，没有能力处理朝政，而周公却抱着他，在朝堂之上面对诸侯处理政务，如此勤勉的情形，令孔子十分感动。孔子又动情地说："人主不务袭迹于其所以安存，而忽怠所以危亡，是犹未有以异于却走而欲求及前人也，岂不惑哉！"骄奢淫逸是孔子时代诸侯国君的常态，孔子认为这些"人主"（即指诸侯国君）的做法是"不务袭迹"。"迹"，指的是周公之"迹"，所谓"不务袭迹"，是指责当时诸侯国君不能遵守周公的做法，勤勉政务，而一味骄奢淫逸。打个比方说，这好像是一个人只是一个劲地向后跑，却妄图赶上前人，这不是糊涂吗？

"明镜所以察形，往古者所以知今"和上文"兴废之戒"这些话表明孔子已经深刻地认识到通晓古今历史的重要性。第二次活动是"入太祖后稷之庙"仔细阅读了"金人"背上的铭文。这段铭文文字较长且道家意味颇浓，后儒多疑为伪作，此事牵涉到的问题太多而与本文所论无甚关联，故存而不论。

第三次活动是向老聃请教。但请教的问题不是礼而是"道之于今难行"，老子答以"夫说者流于辩，听者乱于辞。如此二者，则道不可以忘也"。临别前老子又赠给孔子一番话，这些话道家意味甚浓，且与本文题旨无甚关联，亦可存而不论。该文虽只写了这三次活动，但文中对孔子"至周"之后的活动有一番概述："问礼于老聃，访乐于苌弘，历郊社之所，考明堂之则，察庙朝之度。"这些活动除"访于苌弘"未见记叙外，其余都涉及了，只是老聃和孔子的谈话，却未涉及礼，不知何故。

文中孔子称道老子"博古通今，通礼乐之源，明道德之归"，可以做自己的老师。孔子这次"观周"的最大收获便是深切感到"博古通今"的重要，为了"博古"所以孔子编纂了《尚书》，为了"通今"所以孔子著述了《春秋》。这次活动当是孔子在思想上萌发著述《春秋》的起点。《史记》虽然记载了孔子两次"适周"，但第二次却在"干七十余君，莫能用"之后，其时孔子当已七十岁，年已老迈，因而有的学者对此次"适周"的时间有所怀疑。而第一次"适周"，从《孔子家语》的记载来看，孔子对朝代的"兴废"十分关注，并且将历史比喻为"明镜"，认为"明镜所以察形，往古者所以知今"，不可能不观看周室所藏的史记，或对周室所藏的史记有一个大致的了解。不管晚年孔子是否适周，我们不能排除孔子到周室观史记一事。班固将孔子观史记的范围仅仅限定在鲁国，应该说是错误的不真实的。众所周知，孔子用作教材的《诗》《书》《礼》《乐》《易》《春秋》六部书，从搜集资料到形成定稿，均非一朝一夕之功。其中特别是《春秋》，如果说孔子从三十岁以后从事教学活动的话，那么，对《春秋》史料的搜集亦当前于此时，孔子生于鲁襄公二十一年（公元前551年），三十岁时为鲁昭公十九年（公元前523年），可以推断为了教学需要，至少在鲁昭公十九年之前就已经开始搜集春秋时代的史料了。公羊学家针对孔子将春秋分为三世：昭、定、哀为所见世；文、宣、成、襄为所闻世；隐、桓、庄、闵、僖为所传闻世。公羊三世说别有论说，另当别论。对所闻世及所传闻世孔子当然需要花费气力去搜集考订史料，即便对亲身经历的所见世，孔子也不能单凭耳闻目睹去撰写史书，同样也需要花费气力去搜集考订史料。从这一角度来看，我们可以这样说，孔子在从事教学活动的四十余年中，无时无刻不在对所使用的教材特别是《春秋》的资料进行搜集并考订。在孔子周游列国之际，恐怕也要顺便对列国的史记加以观看、搜集、考订。鲁史记、周史记只是孔子观看、搜集、考订的重点而已，决不会单凭鲁史记或周史记的记载来撰述《春秋》的。孔子对于《鲁春秋》，不过是依其编年而已，这一点从《左传》的记叙中可以看出。至于说孔子对鲁史记有所修订，由于《鲁春秋》已佚，无法与今本《春秋》相对照，已经很难确定孔子对《鲁春秋》作了怎样的修改。《春秋公羊传·庄公七年》："不修《春秋》曰：'雨星不及地尺而复。'君子修之曰：'星陨如雨。'"有的学者认为"不修《春秋》"是未加修改的《春秋》，亦即《鲁春秋》。君子即孔子。由这位"君子"所修之《春秋》便是《春秋经》。可见《春秋经》即据《鲁春秋》修订而成。《左传·庄公七年》所录之《春秋经·庄公七年》的经文作"星陨如雨"，而《春秋穀梁传》于此年所录之经文亦作"星陨如雨"，均与《春秋公羊传》不同。则《春秋公羊传》的说法是否可以信据，实在成为问题。再者，"星陨"是自然现象，对这种现象的记载，在科学发展史上自有其重要意义，但对《春秋》大义而言似乎不甚重要。因此，诸如此类的修改也说明不了太大的问题。如果在鲁隐公被"弑"、鲁桓公被"戕"等重大事件上均书作"薨"而未作修改，又何必在一些无关宏旨的地方作一些修改？刘知幾说："知夫子之所修者，但因其成事，就加雕饰，仍旧而已，有何力哉？加以史策有阙文，时月有失次，皆存而不正，无所用心。"（《史通·惑经》）刘知幾这些话对孔子所作的批评应当说是十分尖锐了。不过，我们认为这是刘知幾认定《春秋经》确为孔子所作而提出的批评。既说"皆存而不正，无所用心"，又何必"因其成事，就加雕饰"？恐怕孔子对《鲁春秋》的所谓"雕饰"也不存在。批评孔子对《鲁春秋》"无所用心"是符合实际的，因为孔子只是借用《鲁春秋》编年而另外编纂一部"史记"，又何必对《鲁春秋》有所"用心"呢？

②"故因孔子史记具论其语，成《左氏春秋》"，这里司马迁所说的"孔子史记"及《左氏春秋》是我们要论析的重点。

　　班固将司马迁这段话改作："左丘明恐弟子各安其意，以失其真，故论本事而作传，明夫子不以空言说经也。"

　　司马迁明明说左丘明的《左氏春秋》是"因孔子史记具论其语"而成，班固却改作"论本事而作传"。这样的改动是极为重大的改动，不容许轻易放过。首先在改动中，班固删除了"孔子史记"，这个改动尤为重要。这里我们不禁要问"孔子史记"到底是什么，如果说是指《春秋经》，那么司马迁为什么不直接写成《春秋经》，偏要另生枝节写成"孔子史记"？可见"孔子史记"是与《春秋经》不同的另一部书，而这部书应当就是姚曼波先生所说的《孔春秋》（见其所著《〈春秋〉考论》，江苏古籍出版社版）。左丘明的《左氏春秋》明明是就"孔子史记具论其语"而成，并非为"孔子史记"作"传"。而"具论其语"的"语"却因班固改作"论本事而作传"变成了"本事"。"语"和"本事"具有本质的区别。司马迁在"语"之上又加一个"其"字，而"其"字据上下文推断，显然是指孔子，"其语"就是孔子的话，"本事"是指历史事实。将孔子的"语"编辑起来，仍然是孔子的话，怎么可以成为"孔子史记"的"传"呢？"孔子史记"既称"史记"，那么，所"记"的当然是"史"亦即历史事实，司马迁既称之为"孔子史记"，那么这些历史事实则无疑是孔子所记，何须左丘明去"论"什么"本事"呢？"事实胜于雄辩"，孔子本来就要通过对历史事实的记载，来表达他的哲学思想和政治主张。所以，孔子所要"用心"的是"孔子史记"而不是什么《鲁春秋》。从这个角度看，刘知幾对孔子的批评是误解了司马迁的记载，而误信了班固的记载所致。这里我们要探究司马迁为什么将《孔春秋》说成是"孔子史记"，另一方面我们更要探究班固为什么要将《史记》"因孔子史记具论其语，成《左氏春秋》"改写成"左丘明……论本事而作传"。这是问题的关键，必须深入探究。

　　其实，"孔子史记"也好，《左氏春秋》也好，在《史记》的记载中，仅此一处，在别处均统称《春秋》。为什么司马迁要在《十二诸侯年表·序》中，将《孔春秋》说成是"孔子史记"呢？这是因为《十二诸侯年表》中所使用的史料，大都来自今存《左传》亦即《孔春秋》之中，写《十二诸侯年表·序》就是交代一下史料的来源。在司马迁时代，汉武帝采纳董仲舒等人的建议，"罢黜百家，独尊儒术"，于建元五年"置五经博士"，儒家已成"独尊"之势。在儒家之中，则以董仲舒为首。而董仲舒则是春秋公羊学的开创者和奠基人，"下帷发愤，潜心大业，令后学者有所统一，为群儒首"（《汉书·董仲舒传·赞》）。可见，公羊学由于董仲舒的影响，在儒学领域中地位之崇高。与此同时，公羊派在政治领域内也拥有很大的势力，"弟子通者，至于命大夫；为郎、谒者、掌故者以百数。而董仲舒子及孙皆以学至大官"（《史记·儒林传》）。尤其值得注意的是当时公羊学的代表人物除董仲舒外还有公孙弘。公孙弘是胡毋生的弟子，胡毋生在景帝时与董仲舒同为博士。公孙弘从胡毋生习公羊学，当在四十岁之后，《史记》和《汉书》均记载公孙弘"年四十余，乃学《春秋杂说》"。公孙弘所学的这部《春秋杂说》，当为胡毋生所传授。《汉书·艺文志》著录《公羊杂记》八十三篇及《公羊外传》五十篇，而未著录《春秋杂说》。可以想见，这三部书，至少在司马迁时已经流传。司马迁是董仲舒的弟子，这三部书司马迁应该能够看到。这三部书既取名为"外传""杂记""杂说"，肯定有关于《春秋》以及《公羊传》的诸多记载。这诸多记载中，恐怕已有左丘明为《春秋经》作传的记载了。相传在景帝初年，由胡毋生协助公羊寿将口口相授的《公羊传》著于书帛。公孙弘所学的《春秋杂说》之中，左丘明为《春秋经》作传的记载，恐怕已具雏形。公羊学派是一个善于造假的学派。东汉时代经学大师郑玄曾说："公羊善于谶。"① 这是符合实际情况的。经学与谶纬的结合，实际上则是董仲舒开其端绪。董仲舒不但杂糅阴阳家、墨家、道家的学说，而且杂以谶纬说经，特别是杂以谶纬说《春秋》，建立一套天人感应的神学理论体系，为汉王朝的建立寻找理论根据，以迎合汉武帝巩固政权的需要。这样一来，公羊学与现实政权的结合，便使公羊学成为汉王朝的精神支柱，不但使董仲舒成为"群儒首"，而且使公羊学在经学领域内形成独领风骚的局面。众所周知，《公羊传》属于今文经，汉武帝所设立的五经博士，均为习今文经者，不仅如此，终两汉之世，十四博士均习今文经，而古文经则始终被排斥在官学之外，不得立为博士。《左传》（实际上应称为《孔春秋》或《孔子史记》）则是古文经，在汉武帝时已遭排斥，面对公羊学与汉政权相结合而形成的封建专制（包括文化专制与学术专制）局面，司马迁已无法将"孔子史记"正名为《孔春秋》了。但司马迁又不甘于真相被淹没，所以在《十二诸侯年表·序》中，将《孔春秋》说成是"孔子史记"，并特别指明左丘明只是将"孔子史记"中孔子的"语"加以编排，编成《左氏春秋》。既然《左氏春秋》所编排的只是孔子的"语"，这就表明根本不存在左丘明为《春秋经》作传的事情了。试想，如果司马迁真的认为《左传》为左丘明所作，为什么说左丘明只是"因孔子史记具论其语"而不像班固那样做实"丘明……论本事而作传"呢？须知"具论其语"与"论本事而作传"是本质不同的两回事，无法将其混同。再者《史记·吴太伯世家·赞》司马迁说："孔子言：'太伯可谓至德矣，三以天下让，民无得而称焉。'余读《春秋》古文，乃知中国之虞与荆蛮句吴兄弟也。延陵季子之仁心，慕义无穷，见微而知清浊。呜呼，又何其闳览博物君子也。"这里所说的《春秋》古文无疑指的是《左传》，因为文

---

① 转引自日本学者本田成之《中国经学史》，上海书店出版社，2001，第 70 页。

中对季札的事迹多有记载，而这些记载大都采自《左传》，如果将两书放在一起对照，文字虽个别地方有小异，而大部分则是相同的。如鲁观乐、使于齐、使于郑、适卫、适晋活动的先后顺序也基本相同。特别是关于季札让位的事迹，《春秋公羊传·襄公二十九年》也有记载。但《公羊传》的记载与《左传》的记载是不同的。《公羊传》的记载有诸樊除丧让位之事。杨伯峻先生在《春秋左传注》中对此事加以辨正说："诸樊未有除丧让位之事。《史记·吴世家》叙此事，一则以立季札，本寿梦之意，诸樊因父意而让位，又全取此章传文。（舜按：指《左传·襄公十四年》传文）其不以《公羊传》为然可知。"[①] 如果将《吴太伯世家·赞》和《十二诸侯年表·序》相互印证，问题就更加清楚，我们有理由确认：一、"孔子史记"即《春秋》古文；二、《左氏春秋》决非《春秋左氏传》；三、在史料的取舍上，摒弃《公羊传》而取《春秋》古文（即今传《左传》）表明司马迁倾向于当时遭到排斥的古文经的立场。然而，无论司马迁的立场怎样倾向于古文经，但古文经在当时是遭到排斥的。而与《公羊传》相对立的《春秋》古文则更加遭到排斥。在这种情况下，如果司马迁确认《春秋》古文为孔子所作，这样一来，《春秋》古文便成了《春秋经》而《公羊传》则变成《春秋》古文的"传"。这是公羊家们所无论如何也不能容忍的，势必遭到公羊家的坚决反对，而在学术界甚至在当时的政界引起轩然大波。在这种情况下，司马迁的处境可想而知，他还能够顺利地进行《史记》的创作吗？面对这种情况，司马迁不得不做出利害的权衡。司马迁并不怕死，而是怕不能完成创作《史记》的大业。从这里，我们应该理解司马迁的苦衷。司马迁是一位伟大的史学家在今天已成为学术界的共识。作为一位史学家，司马迁就当时所能看的史料，并对这些史料做深入的研

---

① 杨伯峻：《春秋左传注》，中华书局，1990，第 1007 页。

究，当会深知孔子所作的《春秋》究竟是怎样的一部书。为了使《春秋》的真相不被公羊家所制造的假象所蒙蔽，司马迁在《十二诸侯年表·序》中，明确指出，左丘明所做的工作，不过是将孔子在"孔子史记"中所说的"语"加以编次而已，不是为《春秋经》作传，意思十分明显。所谓左丘明为《春秋经》作传的说法是不可信的。但司马迁迫于当时形势只能采用曲笔来表达这层意思。高步瀛先生《文章源流》："太史公遭汉武专制之世，法网严密……不敢昌言之者，往往以恢诡出之。"我所说"曲笔"便是高步瀛先生所说"恢诡"。然而这一做法，既是不得已的，也是缺乏力量的。不能彻底破除公羊家的谎言，更不能阻止公羊家进一步编织谎言。《观周篇》就是在这种情况下被编织出来的，在以公羊家为首的今文经学派的左右和控制下，左丘明为《春秋》作传一事，被当作信史流传下来。同时，还产生了关于《左传》的出现与传承的一些说法，而这些说法也被当作信史，为班固所采纳，在《汉书》中记录下来。

《汉书·儒林传》："汉兴，北平侯张苍及梁太傅贾谊、京兆尹张敞、大中大夫刘公子皆修《春秋左氏传》，谊为《左氏传训故》，授赵人贯公，为河间献王博士，子长卿为荡阴令，授清河张禹长子。"

班固这段记载是否属实，尚须做进一步考察，现在我们将考察的重点放在张苍及贾谊二人身上。

《史记》有《张丞相列传》比较详细地记载了张苍一生的事迹。通过记载，我们了解到张苍实际上生于战国末年，曾经做秦朝的御史"主柱下方书"。在秦朝时御史为史官，负责史籍的管理以及对当时朝廷大事的记录，同时还负责收录各地献上来的文书。因而"明习天下图书计籍"并且"善用算律历"。入汉之后，"客从"刘邦。萧何为"相国"时"令苍以列侯居相府，领主郡国上计者"，因称"计相"。张苍的专长是"律历"，所以司马迁在传中说："故汉家言律历者，本之张苍。"又说:"苍本好书,无所不观,无所不通,而尤善律历。"通观本传全文并无张苍"修"《春秋左氏传》的记载。再者《十二诸侯年表·序》也提到了张苍,说"汉相张苍历谱五德",接着说:"上大夫董仲舒推《春秋》义,颇著文焉。"在这段话前面不远处司马迁提到左丘明"因孔子史记具论其语,成《左氏春秋》"。试想如果张苍真的传授了《春秋左氏传》,或《左氏春秋》,为什么不在此处点明呢?

在《史记·贾谊传》中,对贾谊一生事迹也多有记载,并全文记录了贾谊的《吊屈原赋》及《鹏鸟赋》,指出贾谊"通晓诸子百家之书",因而"文帝召以为博士"。不但如此,还特别记载了贾谊的孙子贾嘉,"孝武皇帝立,举贾生之孙二人至郡守,而贾嘉最好学,世其家"。并特别提到贾嘉"与余通书"。亦未记载贾谊"修"或传授《春秋左氏传》一事。再看《汉书》中《张苍传》与《贾谊传》的记载。《张苍传》几乎全部抄袭《史记·张丞相列传》,只在一处改正了《史记》的讹误("汉王四年,楚围汉王荥阳急",《张苍传》改正为三年),在传末增"著书十八篇,言阴阳律历事",亦未记张苍修《春秋左氏传》一事。既然增加了张苍著书一事,为什么不顺便记下张苍修《春秋左氏传》一事呢?

《汉书·贾谊传》中,就事迹而言与《史记》大体相同,只是在《吊屈原赋》及《鹏鸟赋》之外,增加了《陈政事疏》。传末也提到了贾嘉,亦未提及贾谊修《春秋左氏传》一事。值得注意的是,在《汉书·儒林传》中,班固叙及《尚书》的传承时,明言"洛阳贾嘉颇能言《尚书》云"。而在叙及《春秋》经、传的传承时,却没有提到贾嘉。

再者,《汉书·儒林传》不但记载贾谊修《春秋左氏传》,而且还著作了《左氏传训故》一书。此事亦不见《汉书·贾谊传》的记载。同时,这部书也不见《汉书·艺文志》著录。贾谊是西汉初年人,而班固则是东汉初年人,两人相距仅二百年,而且据《经典释文·叙录》

所记载，贾谊之后，代有传承，至班固时此书当不致亡佚，为什么《汉书·艺文志》不加著录呢？

可以想见，在司马迁时代，以及司马迁之前，有关左丘明为《春秋经》作传的说法并不流行。汉初一些著名学者，一些著名的著作均未提及此事，便是明证。笔者一直认为最先提出这一说法的当是公羊学家。在《公羊传》于文帝朝由口说流传著于书帛时，《春秋》古文已在流行，当时《公羊传》在学术界的地位并不高，无法与《春秋》古文相抗衡，但《公羊传》从一开始，便将自己放在《春秋》古文的对立面。不承认《春秋》古文即孔子所作的《春秋经》，而认为经过少许修改的一万八千字《鲁春秋》才是孔子所作的《春秋经》。这是因为只有这样一部"断烂朝报"式的《春秋经》才能给公羊家们提供无限穿凿附会的空间，而记事详明的《春秋》古文则很难穿凿附会。因而便千方百计地压低《春秋》古文的地位，将《春秋》古文也说成跟《公羊传》一样为《春秋经》所作的传。既然是传，便要找出这部传的作者，于是他们想到了在《论语》中孔子所提到的左丘明。便将他拉来作《春秋左氏传》的作者，这样一来，《春秋》古文便成了左丘明所著的《春秋左氏传》。为了做实此事，善于造假的公羊家们便编造了所谓《观周篇》，在《观周篇》中，孔子与左丘明一起到周室观史记，然后由孔子作经，左丘明作传，真是煞有介事。随着公羊学地位的上升，以及公羊学与政权相结合而形成的文化专制、政治专制局面，公羊家在《观周篇》中的造假，便被当史实确定下来。西汉后期刘向、刘歆父子奉命校理群书，其最终的成果便是《七略》。刘向是一位大学问家，又是今文经学大师，所著的《七略》在学术界取得崇高的地位。众所周知，《七略》即班固《汉书·艺文志》的蓝本。刘向作为今文经学家定然对其先辈们所编造的左丘明为孔子《春秋经》作传的说法，深信不疑。所以，班固在《汉书》中关于《春秋左氏传》诸多记载，当本自刘向。然而，刘向的儿子刘歆，跟刘向一样也是一位大学问家，他的观点却跟他的父亲相反，成为古文经学的开创者和奠基人。班固在《汉书·董仲舒传·赞》中提到了刘向、刘歆父子对董仲舒的不同评价。刘向的评价是："董仲舒有王佐之材，虽伊、吕亡以加，管、晏之属，伯者之佐，殆不及也。"而刘歆则不同意他父亲对董仲舒如此之高的评价。刘歆说："伊、吕乃圣人之耦，王者不得则不兴。故颜渊死，孔子曰：'噫！天丧予。'唯此一人为能当之。自宰我、子赣、子游、子夏不与焉。仲舒遭汉承秦灭学之后，《六经》离析，下帷发愤，潜心大业，令后学者有所统一，为群儒首。然考其师友渊源所渐，犹未及乎游、夏，而曰管、晏弗及，伊、吕不加，过矣。"刘歆公然反对他父亲的说法，指出他父亲对董仲舒的评价为"过矣"，认为董仲舒的贡献连子游、子夏都赶不上，更不要说管、晏和伊、吕了。刘歆这一看法是从"考其（指董仲舒）师友渊源所渐"得出来的。这里十分清晰地表明刘歆反对以公羊学为主的今文经学家的立场！在西汉末年，当刘歆站在古文经学家的立场，指出"左丘明好恶与圣人同，亲见夫子，而《公羊》、《穀梁》在七十子后，传闻之与亲见之，其详略不同。歆数以难向，向不能非间也"，当刘歆奏请哀帝将《左氏春秋》《毛诗》《逸礼》《古文尚书》皆列于学官时，遭到了今文经学派的激烈反对，当时的公羊学家竟然忘记了他们前辈在《观周篇》所制造的记载，声嘶力竭地叫喊："谓《左氏》为不传《春秋》。"面对这种叫喊，刘歆意味深长地说："岂不哀哉！"但刘歆的行为却为自己闯下了大祸："歆由是忤执政大臣，为众儒所讪，惧诛，求出补，为河内太守……"（以上引文均见《汉书·楚元王刘交传（附刘向、刘歆）》）哀帝无法与汉武帝比肩，哀帝时的群儒也无法与董仲舒、公孙弘及其弟子们比肩。可以想见司马迁所面临的形势比刘歆所面临的形势要严峻得多，武帝朝虽是汉代的鼎盛时期，但同时也是大狱迭兴时期。刘歆请立古文经几乎招致杀身大祸，不言而喻，在汉武帝时，司马迁如果站在公羊家的对面，公然为《春秋》古文张目，恐怕杀身大祸立至，而无法像刘歆那样幸免了！作为一位史学家，司马迁深知《春秋》古文的归属，但慑于当时的形势，为了避祸，为了留下生命完成创作《史记》的大业，他无法摆明真相。这应当是为什么在《十二诸侯年表·序》和《吴太伯世家·序》等处提及《春秋》叙述孔子作《春秋》一事时，不得不采取曲笔的原因。其实，只要平心静气地坐下来，然后再做深入研究，问题并不难理解。如果说司马迁是一位伟大的史学家，那么，稍作修改的一万八千字的所谓《春秋经》摆在这位伟大史学家面前，司马迁竟然看不出其中的破绽；刘知幾在《惑经》一文中罗列了四十多条例证，指出《春秋经》的破绽与错误，这些错误是根本性的错误并非细枝末节，刘知幾能够看得出来，司马迁自然也应该能够看得出来。上文的分析，应该能够说明这一点。

三　《左传》的作者应是孔子

刘知幾《惑经》一文，分作两大部分，第一部分为"十二未谕"，第二部分为"五虚美"。这两大部分，在内容上存在着密切的关联，"五虚美"是"十二未谕"的结论和归宿。如果将"十二未谕"和《春秋》的创作宗旨与创作原则相对照，便不难发现，其间存在无法调和的矛盾。就创作宗旨而言，按孟子的说法是针对"世衰道微，邪说暴行有作，臣弑其君者有之，子弑其父者有之"的局面，因而写了一部《春秋》，目的在于使"乱臣贼子惧"。就创作原则而言，应当是直书无隐。刘知幾指出："《春秋》之所书，本以褒贬为主。"只有直书无隐，才能褒贬得当，起到劝善惩恶的效果。然而《春秋》所写的内容，却完全违背了上述的创作宗旨和创作原则。刘知幾指出："盖他邦之篡贼其君者有三（指齐、郑、楚三国的弑君行为，见前十二未谕中所列的例证），本国之杀逐其君者有七（指隐、桓、闵、般、视五君被弑，昭、哀被逐。此处稍有讹误：视，不得当为君；哀非逐，且在经后。这些事例亦均见前"十二未谕"），莫不缺而靡录，使其有逃名者。"《春秋经》将这些弑君的行为统统删除了不加记载，所以刘知幾说："孟子云：'孔子成《春秋》，乱臣贼子惧。'无乃乌有之谈欤？"更有甚者，在第五未谕中，刘知幾提到的"诸国臣子，非卿不书，必以地来奔，则虽贱亦志"，这是《春秋》的书法。所谓"来奔"者，用现在的话来讲，即叛逃者。别国的叛逃者投奔鲁国的，只有"卿"一类的大官才加以记载。但有一种例外，即叛逃者如果带着土地来投奔，即便不是卿（即所谓"贱者"）也要加以记载。《春秋经》中记载这类的事例有"黑肱以滥来奔"，"邾庶其以漆、闾丘来奔"等。特别是后一例，邾国的庶其投奔鲁国时带来了漆、闾丘两地，为了奖励庶其，正卿季武子竟然不但将鲁襄公的"姑姊"嫁给庶其，还赏给他城邑，连庶其的随从都得到了赏赐。这样一来，鲁国的盗贼便从此多了起来。当季武子责备司寇臧武仲为什么不禁治盗贼时，臧武仲认为季武子的做法是在"赏盗"。做了盗贼竟然得到赏赐，怎么还可以对盗贼加以治理。《春秋经》居然制定了这样的"书法"，岂非荒谬绝伦！

为尊者讳，为贤者讳，为本国讳，"以地来奔，虽贱必书"等书法使"乱臣贼子"的恶行被掩盖起来，甚至得到鼓励，既与使"乱臣贼子惧"的目的相违背，也与史书的"直书无隐"的原则相违背，这样的《春秋》难道竟是为孔子所写而为孟子所盛赞的《春秋》吗？孟子主张"尽信《书》，则不如无《书》"（《孟子·尽心下》），对孔子所编纂的《书》尚且提出质疑，如果所谓《春秋经》确为孔子所作，面对存在那么多严重错误的《春秋经》还要睁着眼睛说瞎话，给予那样高评价，岂非不可思议？退一万步说，假如孟子所作的评价是对《春秋经》而言，那么这一错误又怎么能够逃过荀子的批判。须知荀子所作的《非十二子》篇曾对孟子提出过尖锐的批评，但荀子在批评中为什么对孟子如此评价《春秋经》却未置一词？这里只能有一个解释，那就是在孟子和荀子的心目中，孔子所作的《春秋》即今传《左传》，绝非一万八千字的所谓《春秋经》！不但孟子、荀子如此，荀子的学生韩非子亦如此。《韩非子·外储说左上》："晋文公攻原，裹十日粮，遂与大夫期十日，至原十日而不下，击金而退，罢兵而去。士有从原中出者，曰：'原三日即下矣。'群臣左右谏曰：'夫原之食竭力尽矣，君姑待之。'公曰：'吾与士期十日，不去，是亡吾信也。得原失信，吾不为也。'遂罢兵而去。原人闻曰：'有君如彼其信也，可无归乎？'乃降公。卫人闻曰：'有君如彼其信也，可无从乎？'乃降公。孔子闻而记之曰：'攻原得卫者，信也。'"《左传·僖公二十五年》也记载此事。但《韩非子》的引文虽出自《左传》，却不如《左传》文字简古。值得注意的是《韩非子》在这段引文之后，加上"孔子闻而记之曰：'攻原得卫者，信也。'"这段文字。而这段文字，则为《左传》所无。这段文字恰好是今传《左传》为孔子所作的有力佐证。杨伯峻先生在《春秋左传注·前言》中也征引了这则史料，奇怪的是杨先生在征引这则史料后，提出了这样的见解："《韩非子》却说'孔子闻而记之'，这样，《左传》也是孔子所记的，难道《左传》真是孔子记的么？纵是战国人的说法，也是不可尽信的。"如此有力的证据，就这样被杨先生轻易地否定了！习见影响之深，竟至于到了如此牢不可拔的程度，实在令人惊叹！

如上所述，刘知幾对《春秋经》的质疑，以及在《申左》篇对《左传》的肯定与评价表现了刘知幾不同凡响的卓识，但由于刘知幾没有深入地研究和思考司马迁的有关记载，而误信班固的记载，认为《左传》确为左丘明所著，致使为习见所囿蔽而裹足不前，并作出"五虚美"的结论。如果如实地将《左传》的著作权归于孔子，那么刘知幾所说的"虚美"便可以毫不夸张地说："美"而不"虚"了。

　　自从以董仲舒为首的公羊学家将孔子作《春秋》的问题搞乱以来，一部"断烂朝报""其秽不下于魏收"的《春秋经》的作者，一直被算在孔子的名下。而本来为孔子所作的《春秋》古文，却又错误算在左丘明的名下，这种历史的错乱延续了二千多年，时至今日，到了应该正本清源，恢复历史本来面目的时候了。我们还能够容忍将这本烂账算在孔子头上，使历史的真相继续沉埋下去，而得不到澄清吗？！

　　　　　　　　　　［原载于《聊城大学学报》（社会科学版）2008 年第 4 期］

《春秋》《左传》关系探论

《春秋》和《左传》的关系，从汉代开始至今，两千多年来一直是争论不休悬而未决的问题。笔者认为要解决这一问题首先要追根溯源，弄清问题产生的由来及其发展过程；其次要在学术与政治相关的大背景下摒弃枝节问题的纠缠，抓住关键，才有可能使问题迎刃而解。依据这一思路，笔者从以下几个方面对这一问题进行探讨。

一　问题的产生

首先要指出的是：《春秋》原本并不存在"经"与"传"的问题，《春秋》分出"经"与"传"是西汉初年以后才出现的事情。在先秦时代，人们提到所谓《春秋经》或所谓《左传》均统称《春秋》。蒋伯潜在《十三经概论》中说："近人章炳麟尝曰：'经者，编丝连缀之称，犹印度梵语之称修多罗也。'按古以竹简丝编成册，故称曰经。印度之修多罗亦以丝编贝页为书，义与此同，而译义则亦曰经。此说最为明通。据此，则所谓经者，本书籍之通称；后世尊经，乃成一专门部类之名称也。"蒋说甚是，当从。"经"与"传"在孔子时代均为书籍的通称，特别是"经"，并无汉代独尊儒术之后所赋予的至高无上的神圣意义。

在孔子时代，各诸侯国均设有记载史料的史官。经过史官记载的史料，各诸侯国的名称虽不相同，却统称《春秋》。史官文化，在春秋时代之前就具有悠久的历史和优良的传统。《大戴礼记·保傅》："及太子既冠成人，免于保傅之严，则有司过之史，有亏膳之宰。太子有过，史必书之。史之义，不得不书过，不书过则死。过书，而宰彻去膳。夫膳宰之义，不得不彻膳，不彻膳则死。于是有进膳之旌，有诽谤之木，有敢谏之鼓，鼓史诵诗，工诵正谏，士传民语；习与智长，故切而不攘；化与心成，故中道若性；是殷、周所以长有道也。"这里所记载的虽是周成王时代的事情，但可以上溯到夏、殷时代。《尚书大传·虞夏传·皋陶谟》："古者天子必有四邻，前曰疑，后曰丞，左曰辅，右曰弼。天子有问，无以对，责之疑；可志而不志，责之丞；可正而不正，责之辅；可扬而不扬，责之弼。其爵视卿，其禄视次国之君也。"这里的"丞"即是史官。于此可见史官在当时的职权，这种职权，记事和监督是统一的。然而这种职权在此后的历史中被不断地削弱，到了春秋末年史官不但只能记事而不再有监督的职权，即使是记事，也要看当权者的脸色行事而不敢实录了，否则便会招来杀身之祸。《左传·襄公二十五年》："大史书曰：'崔杼弑其君。'崔子杀之。其弟嗣书而死者，二人。其弟又书，乃舍之。南史氏闻大史尽死，执简以往。闻既书矣，乃还。"这就是史官因记事而招来杀身之祸的典型事例。为了避祸，史官记事往往不敢直书无隐。这样一来，春秋时代各诸侯国史官记载史实的质量，难免不有所下降。"王者之迹熄而《诗》亡，《诗》亡然后《春秋》作。晋之《乘》，楚之《梼杌》，鲁之《春秋》，一也。其事则齐桓、晋文，其文则史。孔子曰：'其义则丘窃取之矣。'"（《孟子·离娄下》）孔子"窃义"而作《春秋》所面对的就是这样的现实。按孟子的说法："世衰道微，邪说暴行有作，臣弑其君者有之，子弑其父者有之。孔子惧，作《春秋》。"又："孔子成《春秋》而乱臣贼子惧。"（以上见《孟子·滕文公下》）而要使"乱臣贼子惧"就必须使自己所作的《春秋》首先做到直书无隐，让"臣弑其君者""子弑其父者"无所遁形，然后才能使其"惧"。按照这一原则，孔子面对各诸侯国史官所记的史料，便不能不有所选择。从春秋时代各诸侯国的史官来看，鲁国并没有出现齐太史、晋太史董狐那样优秀的史官，可以想见《鲁春秋》的记事质量，难以和齐、晋两国《春秋》的记事质量相比肩，更勿论甚至更高了。既然如此，孔子为什么不选择齐国或晋国的《春秋》而选择《鲁春秋》呢？这在孔子恐怕也有难言的苦衷。一则因为"诸侯恶其害己也，而皆去其籍"（《孟子·万章下》）。孔子时代齐、晋两国的《春秋》是否完整是一个问题，即便完整，齐、晋两国的当权者是否能够向孔子提供这一方便也是问题。因为孔子毕竟是鲁国人，又在鲁国做过大官，取用鲁国《春秋》当然不是问题，这应当是孔子为什么选用鲁国《春秋》而不选用齐、晋两国或其他诸侯国《春秋》的主要原因。孔子选用鲁国《春秋》，并非因为鲁国《春秋》质量高，只是用它作为记事的线索而已。孔子的目的是要以鲁国《春秋》为线索，然后再广泛吸取周室史记以及各诸侯国《春秋》的史料，写出一部史料翔实，思想深刻，具有拨乱反正意义的著作。这既是教学的需要，也是总结历史的需要。"昔者禹抑洪水而天下平，周公兼夷狄，驱猛兽而百姓宁，孔子成《春秋》而乱臣贼子惧。"（《孟子·滕文公下》）只有这样的一部著作，才能当得起孟子如此崇高的评价。赵光贤先生认为《春秋》（指《春秋经》）的作者不是孔子，《左传》并非为《春秋经》而作的传，《左传》中解经的话为后人所加，并举例详加论证（见《中国史学名著评介·春秋与左传》山东教育出版社1990年初版，2006年修订）。赵先生的观点是正确的，所作的论证翔实有力，令人折服。但也有不少学者至今仍然认为《左传》是一部解经的书，同时举出一些事例加论证。可见这一问题仍有进一步讨论的必要。赵生群先生说："现在流传的《春秋》以隐公为记事的起点，显然经过了后人的裁断，而这个裁定的人正是孔子。那么，孔子为什么要托始隐公呢？孔子主张以礼让为国……他删定《尚书》，首篇列《尧典》，与《春秋》托始隐公正相类似。"①这个观点无疑也是正确的，只不过是需要做些补充。《尚书》和《春秋》都是孔子用来教书育人的教材，《尚书》最后一篇是《秦誓》，《秦誓》是秦穆公所作的誓词。据《左传》僖公三十二年、三十三年的记载，秦穆公发兵远袭郑国，不听大臣蹇叔的竭力劝阻，结果遭到惨败。《秦誓》即战后穆公自责自悔，沉痛总结失败教训的誓词。孔子不但提倡"礼让为国"而且提倡"改过"。他说："过而不改，是谓过矣。"（《论语·卫灵公》）"改过"对国君而言尤为重要。"燕人畔。王曰：'吾甚惭于孟子。'陈贾曰：'王无患焉。王自以为与周公孰仁且智？'王曰：'恶！是何言也？'曰：'周公使管叔监殷，管叔以殷畔。知而使之，是不仁也；不知而使之，是不智也。仁、智，周公未之尽也，而况于王乎？贾请见而解之。'见孟子，问曰：'周公何人也？'曰：'古圣人也。'曰：'使管叔监殷，管叔以殷畔也，有诸？'曰：'然。'曰：'周公知其将畔而使之与？'曰：'不知也。''然则圣人且有过与？'曰：'周公，弟也；管叔，兄也。周公之过，不亦宜乎？且古之君子，过则改之；今之君子，过则顺之。古之君子，其过也，如日月之食，民皆见之，及其更也，民皆仰之；今之君子，岂徒顺之，又从为之辞。'"（《孟子·万章下》）国君由于地位和习惯的影响，刚愎自用者多，知过能改者极少。燕王"甚惭于孟子"说明这位国王已经知过，然而这位陈贾不但"过则顺之"，"又从为之辞"，实在令人厌恶。《秦誓》不但表彰了穆公知过能改的作风，而且表彰了作为大臣蹇叔直言敢谏的精神。再者，通篇语言极为诚恳真挚，从始至终运用对比手法，写得极为深刻有力。因而，从思想内容和写作

---

① 赵生群：《〈春秋〉经传研究》，上海古籍出版社，2000，第9页。

方法来看无疑是《左传》的先河。从《左传》的记载来看，鲁隐公不但能够做到礼让为国，而且能够做到知过能改。《左传·隐公五年》记载"五年春，公将如棠观鱼"时，臧僖伯曾经加以谏正，而隐公并未听从，借口说"吾将略地焉"，"遂往，陈鱼而观之。僖伯称疾，不从"。同年"冬十二月辛巳，臧僖伯卒。公曰：'叔父有憾于寡人，寡人弗敢忘。葬之加一等。'"尽管臧僖伯是带着对隐公的不满和遗憾死去的，但隐公不仅没有反感，反而引为内疚，以至于"弗敢忘"，并增加一级安排臧僖伯的葬礼，可见隐公也是一位知过能改的国君。一个国君能否做到知过能改，关系极为重大，从《秦誓》的记载中，可以很清楚地看到这一点。从上述《大戴礼记·保傅》和《尚书大传·虞夏传·皋陶谟》的记载来看，史官记事不是为了歌功颂德而是为了对君主加以纠谬乖疏的监督。但这种史官文化的精神，到了孔子时代差不多已经丧失殆尽。《尚书》之所以结束于《秦誓》，《左传》之所以托始于隐公，正体现了孔子立意发扬史官文化精神的苦衷。

赵光贤先生说："《左传》原来是一部独立的书，与《春秋》无关。它的书名可能如《史记》所说，是《左氏春秋》，和《虞氏春秋》、《吕氏春秋》同类，都是战国时通用的书名。"[①] 说"《左传》原来是一部独立的书"是十分正确的。但说它"与《春秋》无关"便不太准确了，特别是说《左传》的书名可能如《史记》所说，是《左氏春秋》，这一说法，笔者就更加不敢苟同了。赵先生所说的《史记》当指《史记·十二诸侯年表·序》，因为整部《史记》出现《左氏春秋》书名的仅此一处。《史记·十二诸侯年表·序》在提到《左氏春秋》时，前面还有一段话为赵先生所忽略。这段话是："鲁君子左丘明惧弟子人人异端，各安其意，失其真，故因孔子史记具论其语，成《左氏春秋》。"

---

① 赵光贤：《中国史学名著评介·春秋与左传》，山东教育出版社，1990，第50页。

这段话的意思很清楚，《左氏春秋》是左丘明"因孔子史记具论其语"而成。这段话有两点必须弄清楚：一是孔子史记究竟是什么？二是"具论其语"究竟应当作何理解？依笔者的理解，"孔子史记"应当是书名，其所指应该就是孔子所作的《春秋》，为了论述的方便起见，我们姑且称之为《孔春秋》。"具论其语"是紧承上文而来，"其"是指"孔子史记"亦即《孔春秋》而言，"语"是指"孔子史记"亦即《孔春秋》中孔子所说的话，《左氏春秋》即是将"孔子史记"亦即《孔春秋》中孔子所说的话加以编辑而成。可见《左氏春秋》与流传至今的《春秋左氏传》是全然不同的两部书，绝不能将这全然不同的两部书混同起来。孔子所作的《春秋》既然以鲁国《春秋》为线索，就不可能与鲁国《春秋》全然没有关系。其实，鲁国《春秋》正像刘知幾所批评的那样，是一部"真伪莫分，是非相乱""厚诬来世"的书，也正像梁任公所评论的那样是一部"其秽乃不减魏收"的秽史。墨子所说的"百国春秋"除鲁国《春秋》外，均已荡然无存，如果鲁国《春秋》不是和孔子所作的《春秋》有所关联的话，那么，这部秽史不仅同"百国春秋"下场相同，可能先于"百国春秋"便荡然无存，绝不可能流传至今！

总之，《左传》虽然是一部独立的书，但它和《春秋》并非全然无关。赵生群先生在《〈春秋〉经传研究》一书中，专列一节说明"《春秋》《左传》不能割裂"，并分出：一、省月日；二、省会盟之人；三、会盟之人略称"诸侯"；四、会盟之人部分省略；五、省月日及会盟之人。这五个方面，均举出实例详加说明。所有这些，无可置辩地说明《左传》和《春秋》之间的关系。但赵生群先生却由此得出结论说："这一切都说明《左传》之目的在于解经而叙事不过是一种手段。"[①] 这

① 赵生群：《〈春秋〉经传研究》，上海古籍出版社，2000，第60~72页。

个结论，笔者万万不敢苟同！

笔者认为赵生群先生所列出的五个方面的实例，充其量只能说明两书之间的联系，为什么会有这样的联系，这与孔子处理史料的态度有关。孔子既然以鲁国《春秋》为线索，写出另外一部《春秋》，而没有将鲁国《春秋》完全抛弃，原因有三：一、保留鲁国《春秋》是为了说明自己所写的《春秋》之依据和来源；二、保留鲁国《春秋》中一些自著《春秋》中所未有的记事，是为了避免重复；三、鲁国《春秋》是一部秽史，孔子是很清楚的，他决不会为这部秽史作传，将这部秽史保留下来，并在自著《春秋》中加以补充和纠正，也是为了示未来史家以规则。

赵生群先生认为《春秋经》是孔子对鲁国《春秋》加以"裁断""笔削""改造"而成。笔者认为"裁断"一事是有道理的，应当认可；至于"笔削""改造"两事，就值得商榷了。赵生群先生认为的"笔削"主要表现在三个方面。第一：略去事件发生、发展的经过而仅保留结果。第二："全部删去史书中'记言'的部分。"（笔者按：句中"史书"，当指鲁国《春秋》，不知赵先生何以改称"史书"而不直接称鲁国《春秋》？）第三：孔子删削鲁史，有片言只语不留者。"改造"条之下，举出六条事例加以论证，同时又引清儒陈寿祺、近人刘师培的论述说明孔子曾经对《春秋》（按：当指鲁国《春秋》）加以改造而成《春秋经》。

就"笔削"而言，赵先生意在说明鲁国《春秋》原本是一部既有记事也有记言，就记事而言不但有结果而且有事件发生、发展的经过，是一部内容十分丰满的史书。经过孔子笔削之后，不但事件发生、发展的经过被"削"去了，"记言"的部分也全部删去了，如此这般的一番"笔削"之后，便成了孔子所修的《春秋经》。赵先生说："《春秋》（按：指《春秋经》）记载二百余年之事，总共只有一万多字。由于它记事极为简略，有时记载基本事实都未能做到完整清晰，因此有人讥它为'断烂朝报'，桓谭也曾说：'《经》而无传，使圣人思之，十年不能知也。'"然后愤慨地质问道:"根据《春秋》(按:指《春秋经》)如此简略的记载,将何以明一国之史,又将何以尽二百四十二年之事?"最后作出结论:"因此,《春秋》(按:指《春秋经》)不可能是鲁史记(按:指鲁国《春秋》)的全貌。"①

赵先生的这些议论,实在是匪夷所思!如果鲁国《春秋》真的像赵先生所说的那样,经过孔子"笔削"之后成为"圣人思之,十年不能知也"的《春秋经》,人们不禁要问:孔子这样做的目的何在?难道是为了考验后人的智慧,还是为了给后人开一个天大的玩笑?!果真如此,不要说"圣人思之,十年不能知也",就是百年、千年、万年亦"不能知也"。孟子称孔子为圣人,而且是"自生民以来,未有盛于孔子也"(《孟子·公孙丑上》)的圣人,修出这样一部让人永远无法理解的《春秋经》难道是孟子所盛称的圣人所为?!

当然,赵先生的这些议论是有证据做支持的。现在,就让我们来考查一下赵先生所列的证据。举《墨子·明鬼下》所引"周之春秋""燕之春秋""宋之春秋""齐之春秋"的记事为例,指出其"记载事件的始末经过都非常详尽细致"。又以《竹书纪年》《吕氏春秋·察传》《春秋事语》的记载为例,指出"记载事件的过程是当时诸侯史记的通例"。从而推测鲁国《春秋》也应当是这样。《墨子》成书于战国的中、后期,《春秋事语》是1973年冬,湖南长沙马王堆汉墓中出土的帛书中的一部分,书名为整理此书的学者所加。《墨子·明鬼下》所引"周之春秋""燕之春秋""宋之春秋""齐之春秋"不仅记载事件的结果并将始末经过都记载得非常详尽细致,而且还有详细的记言。但这说明不了什么问题。在孔子时代,孔子所见到的史书,仍然是左史记言,右史记事。而这类史书统称为《春秋》。《墨子·明鬼下》所引的《春

---

① 赵生群:《〈春秋〉经传研究》,上海古籍出版社,2000,第20页。

秋》是将左史所记之言、右史所记之事糅合在一起引用的。《春秋事语》也是如此，整理此书的学者在书名中加上"事语"二字便说明了这一点。李学勤先生说："《春秋事语》一书实为早期《左传》学的正宗作品。其本于《左传》而兼及《穀梁》，颇似荀子学风，荀子又久居楚地，与帛书出于长沙相合，其为荀子一系学者所作是不无可能的。"又说："帛书（按：指帛书《春秋事语》）的内容是从《左传》而来。"① 其实，《左传》也好，《国语》也好，都是将各国左史所记之言、右史所记之事糅合在一起并加以润色、加工而成。《墨子》成书晚于孔子当在二百余年，《春秋事语》的成书更晚，距孔子四百年左右。因此，用《墨子》《春秋事语》等书作例证，不如用《左传》《国语》更为直接，更为有力。按李学勤先生的说法，"《春秋事语》的内容是从《左传》而来"。这样说来，直接用《左传》为证岂不更好？

　　至于鲁国《春秋》的记事，并不像赵先生所推测的那样不仅记载事件的结果并将始末经过都记载得非常详尽细致，而且还有详细的记言。只记事件的结果，而不记事件始末经过且不记言，不单鲁国《春秋》记事如此，其他各诸侯国《春秋》的记事也是如此。《左传》载有两个著名的事例可以为证。第一例为上述所引《左传·襄公二十五年》："大史书曰：'崔杼弑其君。'"第二例为《左传·宣公二年》："大史书曰：'赵盾弑其君。'以示于朝。"齐大史与晋大史的记事方式完全相同，均只有五个字，简略到极点。主语二字为人名，除人名不同外，其余三字为"弑其君"，全同。其实这两次"弑君"均有曲折复杂的经过和与此相关的言论，齐大史与晋大史均略而不书，只用这五个字记载事件的结果。可见只记载事件的结果是当时各国史官记事的通则。赵先生将此事当成错误算在孔子头上，不但是荒唐的而且冤枉了孔子。

──────────

　　① 李学勤：《帛书〈春秋事语〉与〈左传〉的传流》，《古籍整理研究学刊》1989 年第 1 期。

现在，让我们再来研究一下"改造"条下所列的事例。为了节省篇幅仅取一例。《礼记·坊记》："子云：'取妻不取同姓，以厚别也。故买妾不知其姓，则卜之。以此坊民，鲁《春秋》去夫人之姓曰吴，其死曰孟子卒。'"孔颖达解释说："《鲁春秋》去夫人之姓曰吴，《春秋》无此文，《坊记》云然者，礼，夫人初至，必书于策，若娶齐女，则云夫人姜氏至自齐，此孟子初至之时，亦当书曰夫人姬氏至自吴。同姓不得称姬，旧史所书，盖直云夫人至自吴，是去夫人之姓直书曰吴而已。仲尼修《春秋》以犯礼明著，全去其文，故今经文全无其事。"①这其实是孔颖达对《坊记》的误解。《坊记》中所记孔子的话十分清楚，"鲁《春秋》犹去夫人之姓曰吴，其死曰孟子卒"。这句话上下相连不能割裂，前半句仍是指对"孟子卒"的记载，后半句开头的"其"字可证。孔颖达将上半句理解为对"孟子初至之时"鲁《春秋》所记，是一个极大的错误。正是由于这个错误孔颖达将在《春秋经》文中没有"孟子初至之时"的记载归结为孔子的"删削"。之所以发生这样的错误，就是因为孔颖达的头脑中老是存在孔子"删削"鲁《春秋》而为《春秋经》的思想在作怪。遗憾的是赵先生竟然对此深信不疑，并引《论语·述而》如下一段话为证："陈司败问：'昭公知礼乎？'孔子曰：'知礼。'孔子退，揖巫马期而进之，曰：'吾闻君子不党，君子亦党乎？君取于吴为同姓，谓之吴孟子。君而知礼，孰不知礼？'巫马期以告。子曰：'丘也幸，苟有过，人必知之。'"然后又进一步发挥说："'鲁春秋'去夫人之姓而称'吴'，鲁人称夫人为'吴孟子'，已是有所讳饰，但昭公仍不免要受到邻国的讥笑，连孔子也无法为之回护，他不愿明载此事，因此干脆将'鲁春秋'中出现的'吴'字也去掉，仅

---

① 《春秋左传正义》，中华书局，1957，第 2170 页。

保留'孟子卒'几个字，终于达到了'为尊者讳'的目的。"① 真是奇也怪哉！《坊记》所记孔子的话，明明白白说这个"吴"字为鲁《春秋》所去，怎么到了赵先生的笔下，竟然成了为孔子本人所去?!

再者，去掉这个"吴"字就真的达到了"为尊者讳"从而免去受到邻国讥笑的目的吗？不见得。上述《论语·述而》的引文可以为证。引文中的陈司败已经就此事向孔子提出质问，质问中已含有"讥"的意味。近人程树德先生认为："余考孔子于定公十四年自郑至陈，居三岁，复于哀二年自卫如陈，皆在陈侯稠时，屡主司城贞子家。司败之问，盖孔子在陈时也。司败之官惟陈、楚有之，其为陈人无疑。"② 此说甚是，当从。陈司败大约是从陈国所记的《春秋》中了解此事的，其实，不但陈国《春秋》，恐怕其他各诸侯国的《春秋》中也记载此事，孔子能将此事从鲁《春秋》中删去，但他能够将此事从其他各诸侯国《春秋》的记载中也删去吗？孔子无论如何也没有这样大的能量！退一步说，即便孔子有这样大的能量能够将此事从其他各诸侯国《春秋》的记载中删去，但这样做就能够堵住悠悠众人之口吗？既然陈司败已经知道此事，就表明很多人也已经知道此事，从《春秋》的记载中删去此事，无异于掩耳盗铃，难道孔子竟然会做出如此愚不可及的事情来吗？何况，孔子已经说："丘也幸，苟有过，人必知之。"这就是说孔子明确知道自己在这件事情上所犯的过错。既然如此，还要在《春秋》中删去此事，这种做法，岂不是和自己说过的"过而不改，是谓过矣"的思想相违背？果真如此，孔子岂不成了言行不一的小人！

由于孔子所作的《春秋》以记事为主，所以用鲁国《春秋》作为记事的线索，为了避免重复，所以才产生"有经无传"和"无传之经"

---

① 赵生群：《〈春秋〉经传研究》，上海古籍出版社，2000，第22~23页。
② 程树德撰《论语集释》第二册，程俊英、蒋见元点校，中华书局，1990，第495页。

的现象。也正因为这一点，才使鲁国《春秋》得以流传下来。这就是问题产生的症结所在。在此后的历史发展中由此滋生出许多令人困惑不解的问题，恐怕也是孔子所始料不及的。

二　问题的发展

在春秋时代，以至战国时代，所有史书均统称《春秋》，这种做法甚至于延续到司马迁时代。也正是由于这种含糊不清的称谓，为问题的滋生和发展创造了条件。

《韩非子·显学》："自孔子之死也，有子张之儒，有子思之儒，有颜氏之儒，有孟氏之儒，有漆雕氏之儒，有仲良氏之儒，有孙氏之儒，有乐正氏之儒。自墨子之死也，有相里氏之墨，有相夫氏之墨，有邓陵氏之墨。故孔、墨之后，儒分为八，墨离为三，取舍相反不同，而皆自谓真孔、墨，孔、墨不可复生，将谁使定后世之学乎？"儒家分为八派，墨家分为三派，取舍相反不同甚至相互攻讦"皆自谓真孔、墨"。这种现象的确是存在的，特别是儒家。自汉武帝"独尊儒术"之后，这种现象愈演愈烈。这种现象在"春秋学"方面表现得尤为突出。"春秋学"在汉武帝之后分为三派。一派是传承《公羊传》的公羊学派；一派是传承《穀梁传》的穀梁学派。这两派均先后立于学官，属于今文学派。另一派则是传承所谓《春秋左氏传》的所谓左传学派，《春秋左氏传》未被立于学官，这一派属于古文学派。《春秋左氏传》的书名，不仅不见于先秦，也不见于西汉初年，即便在董仲舒所著的《春秋繁露》中虽屡引《左传》记事而称出自《春秋》不言出自《春秋左氏传》[①]。《春秋左氏传》与《左氏春秋》相混以及《春秋左氏传》全

---

① 姚曼波：《〈春秋〉考论》，江苏古籍出版社，2002，第67~69页。

称当出自《汉书》。《汉书·儒林传》："歆白《左氏春秋》可立，哀帝纳之，以问诸儒，皆不对。"又："汉兴，北平侯张苍及梁大傅贾谊、京兆尹张敞、太中大夫刘公子皆修《春秋左氏传》。谊为《左氏传》训故，授赵人贯公，为河间献王博士，子长卿为荡阴令，授清河张禹长子。禹与萧望之同时为御史，数为望之言《左氏》，望之善之，上书数以称说。后望之为太子太傅，荐禹于宣帝，征禹待诏，未及问，会疾死。授尹更始，更始传子咸及翟方进、胡常。常授黎阳贾护季君，哀帝时待诏为郎，授苍梧陈钦子佚，以《左氏》授王莽，至将军。而刘歆从尹咸及翟方进受。由是言《左氏》者本之贾护、刘歆。"在这里，班固将《左氏春秋》和《春秋左氏传》混同起来是完全错误的，为在这个问题上所滋生的混乱埋下了伏笔。

为孔子所创立的儒家学派既是"显学"，于春秋末年以致于战国时代，无论在学术领域或政治领域其影响都超过其他各派。有一点我们必须看到，儒家各派之间的分歧与矛盾也越来越大。其实，这种分歧与矛盾在孔子的及门弟子中，就已经产生了。请看下面的记载：

> 子夏之门人问交于子张。子张曰："子夏云何？"对曰："子夏曰：'可者与之，其不可者拒之。'"子张曰："异乎吾所闻：君子尊贤而容众，嘉善而矜不能。我之大贤与，于人何所不容？我之不贤与，人将拒我，如之何其拒人也？"（《论语·子张》）

> 子游曰："子夏之门人小子，当洒扫应对进退，则可矣，抑末也。本之则无如之何？"子夏闻之，曰："噫！言游过矣！君子之道，孰先传焉？孰后倦焉？譬诸草木，区以别矣。君子之道，焉可诬也？有始有卒者，其惟圣人乎！"（同上）

子夏、子张、子游都是孔子的小弟子，年龄相差不多。子夏少孔子44岁，子张少孔子48岁，子游少孔子45岁，以子张年龄为最小。然而，子张却是儒家八派中的第一派的首领，子游、子夏同为"文学"中的二人，是孔门"四科"（德行、言语、政事、文学。见《论语·子张》）中的代表人物。三人虽是孔子的小弟子，但都是孔门中的高足。特别值得一提的是子夏，"四科"中的"文学"是指文献典籍而言。子夏在传承儒家典籍方面贡献最大。"朱氏彝尊《文水县十子祠堂记》曰：徐防之言'《诗》《书》《礼》《乐》定自孔子，发明章句始于子夏'。盖自六经删述之后，《诗》《易》俱传于子夏，夫子又称其可与言《诗》，《仪礼》则有《丧服传》一篇，又尝与魏文侯言乐。郑康成谓《论语》为仲弓、子夏所撰，特《春秋》之作不赞一辞。夫子则曰：《春秋》属商。其后公羊、穀梁二子皆子夏之门人。盖文章可得而闻者，子夏无不传之。文章传，性与天道亦传，是则子夏之功大矣。"[①]

子夏在传承儒家典籍方面贡献之大，于此可见。朱彝尊说："盖文章可得而闻者，子夏无不传之。"文章二字，当指孔子所有述作。既然是所有述作，当然也包括《春秋》，"夫子则曰：《春秋》属商"可证。但这里的《春秋》无疑是指一万八千字的《春秋经》。其实，这是错误的。自司马迁之后，以迄于近现代，几乎绝大多数学者都持这种看法，朱彝尊也不例外。当然，这种看法有其形成的过程，现在，就让我们考查一下这一过程。

诚如上文所言，由司马迁上溯至春秋时代史书均统称《春秋》，这种含糊不清的称谓为问题的滋生和发展创造了条件。直到现在为止仍有不少学者认为《春秋左氏传》即《史记·十二诸侯年表·序》所说的《左氏春秋》，其实，这个说法是错误的。上文已有所辩正，这里不再重复。这里所要研究的是这个问题的滋生和发展的过程。笔者曾在拙作《〈春秋〉〈左传〉平议》中提到，孔颖达《春秋左传注疏》疏引沈氏

---

① 程树德撰《论语集释》第三册，程俊英、蒋见元点校，中华书局，1990，第743页。

云："《严氏春秋》引《观周篇》云：'孔子将修《春秋》，与左丘明乘
如周，观书于周史，归而修《春秋》之经，丘明为之《传》，共为表
里。'"①《严氏春秋》为严彭祖所作，严彭祖为董仲舒的再传弟子眭孟
的学生，宣帝时立为博士。虽晚于司马迁，但他这段记载的依据则是
《观周篇》，而《观周篇》在西汉初期的《孔子家语》一书中有此篇
名。不过，今本《孔子家语》并未记载这段话。有的学者以为西汉初
期《孔子家语》中的《观周篇》内有这一段话，然而，这只是一种无
法证实的推测，不足为据。笔者以为《严氏春秋》所引的《观周篇》
不是《孔子家语》中的《观周篇》而是另有所出。笔者以为很可能出
自《汉书·艺文志》所著录的《公羊外传》（此书为五十篇）或《公
羊杂记》（此书为八十三篇）。这两部书当均为汉初公羊家的先师所为。
《公羊传》原本口说流传，在汉景帝时由胡毋生协助公羊高以汉代隶书
著于竹帛，才结束口说流传的历史而形成典籍。在形成典籍的时候，必
然也要将有关《公羊传》的一些资料或传说结撰成书作为传授《公羊
传》的参考资料一并流传下来，《严氏春秋》所引的《观周篇》很可能
在《公羊外传》的五十篇之内或《公羊杂记》的八十三篇之内，绝不
可能在《孔子家语》一书之内。因为到了严彭祖的时候，公羊学已经
领袖群伦，不但在学术界据有崇高的地位，而且也形成了门户和家法，
所以严彭祖所引的这种资料不大可能出自公羊学派之外的著作。

当初，公羊学派的著作为什么会有这样的记载，这恐怕与儒家以及
公羊家在当时所处的地位有关。景帝时代，儒家的地位并不高，更不用
说公羊了。从儒家的内部来讲，当时儒家的典籍基本上都在流传。以
春秋学而言，所谓《左传》早已作为文字形式的典籍在流传，而《公
羊传》才刚刚形成文字形式的典籍，就地位而言，根本无法和所谓

---

① 王世舜：《〈春秋〉〈左传〉平议》，《聊城大学学报》（社会科学版）2004 年第 6 期。

《左传》相抗衡。又因长期以来凡属历史著作统称《春秋》，这就给公羊家以可乘之机。本来孔子所作的《春秋》与鲁国《春秋》是各自独立的两部书，但由于这两部书虽然各自独立，而其间的联系却十分密切，因而这两部书便同时流传下来。说谎和造假是公羊家的拿手好戏，有了这样一个好机会，公羊家怎么能够弃而不用？于是，记载孔子"修《春秋》之经，丘明为之《传》，共为表里"的《观周篇》被造出来了。记载这个谎言的《观周篇》，恐怕在司马迁之前，就已经在流传了。公羊家这样做，无非是为了抬高《公羊传》的地位，争取和所谓《左传》做到平起平坐。在董仲舒时《公羊传》已被立于学官，宣帝时传公羊学的严彭祖、颜安乐两家也分别被立为博士，稍后《穀梁传》亦被立于学官。"严彭祖字公子，东海下邳人也。与颜安乐俱事眭孟。孟弟子百余人，唯彭祖、安乐为明，质问疑谊，各持所见。"（《汉书·儒林传》）由于"各持所见"，公羊学内部便分成严、颜两派，加上《穀梁传》亦被立于学官，从而产生了错综复杂的矛盾。"瑕丘江公受《穀梁春秋》及《诗》于鲁申公，传子至孙为博士。武帝时，江公与董仲舒并。仲舒通《五经》，能持论，善属文。江公呐于口，上使与仲舒议，不如仲舒。而丞相公孙弘本为《公羊》学，比辑其议，卒用董生。于是上因尊《公羊》家，诏太子受《公羊春秋》，由是《公羊》大兴。太子既通，复私问《穀梁》而善之。其后浸微，唯鲁荣广王孙、皓星公二人受焉。广尽能传其《诗》、《春秋》，高材捷敏，与《公羊》大师眭孟等论，数困之，故好学者颇复受《穀梁》。沛蔡千秋少君、梁周庆幼君、丁姓子孙皆从广受。千秋又事皓星公，为学最笃。宣帝即位，闻卫太子好《穀梁春秋》，以问丞相韦贤、长信少府夏侯胜及侍中乐陵侯史高，皆鲁人也，言穀梁子本鲁学，公羊氏乃齐学也，宜兴《穀梁》。时千秋为郎，召见，与《公羊》家并说，上善《穀梁》说，擢千秋为谏大夫给事中，后有过，左迁平陵令。复求能为《穀梁》者，莫及千秋。上愍其学且绝，乃以千秋为郎中户将，选郎十人从受。汝南尹更始翁君本自事千秋，能说矣，会千秋病死，征江公孙为博士。刘向以故谏大夫通达待诏，受《穀梁》，欲令助之。江博士复死，乃征周庆、丁姓待诏保宫，使卒授十人。自元康中始讲，至甘露元年，积十余岁，皆明习。乃召《五经》名儒太子太傅萧望之等大议殿中，平《公羊》、《穀梁》同异，各以经处是非。时《公羊》博士严彭祖、侍郎申輓、伊推、宋显，《穀梁》议郎尹更始、待诏刘向、周庆、丁姓并论。《公羊》家多不见从，愿请内侍郎许广，使者亦并内《穀梁》家中郎王亥，各五人，议三十余事。望之等十一人各以经谊对，多从《穀梁》。由是《穀梁》之学大盛。庆、姓皆为博士。姓至中山太傅，授楚申章昌曼君，为博士，至长沙太傅，徒众尤盛。尹更始为谏大夫、长乐户将，又受《左氏传》，取其变理合者以为章句，传子咸及翟方进、琅邪房凤。咸至大司农，方进丞相，自有传。"（《汉书·儒林传》）从这段叙述中，可以看出公羊学在武帝时处于极盛时期。宣帝时穀梁学者荣广"数困"公羊大师眭孟，特别是在宣帝"召《五经》名儒太子太傅萧望之等（严彭祖也在内）大议殿中，平《公羊》、《穀梁》同异，各以经处是非"时，"《公羊》家多不见从"，而"望之等十一人各以经谊对，多从《穀梁》。由是《穀梁》之学大盛。庆、姓皆为博士"，导致公羊学派的声势稍衰。公羊家与穀梁家之间的矛盾斗争虽然很尖锐，但他们同属于今文经学派。由于《左氏传》的出现，遂使矛盾斗争呈现更加复杂的局面。哀帝时刘歆"以为左丘明好恶与圣人同，亲见夫子，而公羊、穀梁在七十子后，传闻之与亲见之，其详略不同。歆数以难向，向不能非间也"（《汉书·楚元王传（附刘向、刘歆传）》）。当刘歆以此为由，提出将《春秋左氏传》立于学官时，便立即遭到今文经学派的激烈反对。反对的理由竟然是"谓左氏为不传《春秋》"，居然置《严氏春秋》引《观周篇》的记载于不顾，不禁令人瞠目！因而刘歆接着说道

"岂不哀哉!"（同上）

其实，刘歆的做法是非常聪明的。左丘明为孔子《春秋》作传本来是公羊学派先师们的说法，刘歆的做法不过是以子之矛攻子之盾罢了。既然严彭祖及其公羊学的先师们认为左丘明为孔子《春秋》作传，而左丘明不仅是孔子同时人，且不仅"好恶与圣人同"又"亲见夫子"，当然与在七十子之后的公羊家、穀梁家不同。这种不同就在于左丘明是"亲见之"而公羊家、穀梁家则是"传闻之"，孰先孰后，孰高孰低，一目了然，不言自明，还有辩论的余地吗？这样就将公羊学派逼上了绝路，无法进行辩解。令人感到意外的是公羊学派的学者们居然耍赖，说什么"左氏为不传《春秋》"。厚颜无耻竟然到了如此程度！

既然《严氏春秋》所引的《观周篇》在司马迁时已在流传，那么，司马迁为什么不在《史记》的有关记载中加以辨正或说明呢？这是因为在司马迁时，公羊家既不像汉初那样默默无闻也不像宣帝时那样略处颓势，而是如日中天，处于鼎盛时期，诚如上引《汉书·儒林传》所言"武帝时……《公羊》大兴"。对于这种盛况，司马迁自己在《史记·儒林传》中也有一番描述："言《春秋》于齐鲁自胡毋生，于赵自董仲舒。及窦太后崩，武安侯田蚡为丞相，绌黄老、刑名百家之言，延文学儒者数百人，而公孙弘以《春秋》白衣为天子三公，封以平津侯。天下之学士靡然乡风矣。"董仲舒是公羊学理论体系的创立者，虽然遭到公孙弘的排挤，做过短暂的胶西王相，不久便"疾免居家。至卒，终不治产业，以修学著书为事"（《汉书·儒林传》）。但声望之隆当世无出其右者，且"仲舒弟子遂者：兰陵褚大，广川殷忠，温吕步舒。褚大至梁相。步舒至长史，持节使决淮南狱，于诸侯擅专断，不报，以《春秋》之义正之，天子皆以为是。弟子通者，至于命大夫；为郎、谒者、掌故者以百数。而董仲舒子及孙皆以学至大官"（《汉书·儒林传》）。可见，在董仲舒的周围形成了一个庞大的利益集团。公孙弘虽与董仲舒有矛盾却是靠《公羊传》起家，平步青云"以《春秋》白衣为天子三公"的，不仅位高权重，且动辄以计陷人，是一个善于逢迎而又阴险刻薄的政客。"然其性意忌，外宽内深。诸常与弘有隙，无近远，虽阳与善，后竟报其过。杀主父偃，徙董仲舒胶西，皆弘力也。"（《汉书·公孙弘传》）《公羊春秋》是他们安身立命之本，岂能容忍他人说长道短？再者，汉武帝虽然雄才大略，但为人却刚愎自用，动兴大狱，杀戮无辜。由此可见，司马迁所处的政治环境是非常险恶的。在这险恶的政治环境中，司马迁已因李陵事件的牵连被汉武帝处以腐刑，不仅身体遭到极大的摧残，而且在人格上遭到极大的侮辱，从而在心灵深处留下难以言宣的创痛！司马迁出身于史官世家受到史官优良传统的熏陶，具有史官必备的良知。在那样的历史条件下，司马迁必须以冷静的态度面对险恶的政治现实，必须考虑在如何保全生命的前提下，在自己所著的《史记》中，忠实地记载历史。当遇到一些史实不便正面记载时，便只好采用隐晦曲折的"恢诡"之笔来记载。《史记·十二诸侯年表·序》的记载方式便属于这一种。这篇序文是《史记》所有序文中最长的一篇，在这一长篇序文中，司马迁巧妙地运用"恢诡"之笔来澄清一些史实。上述《严氏春秋》引《观周篇》的记载，便是需要澄清的一件非常重要的史实。按《观周篇》的记载，孔子和左丘明一起到周室观书之后，便由孔子"修《春秋》之经，丘明为之《传》，共为表里"。这本来是公羊家向壁虚造的谎言，如果直斥其非，就会招来意想不到的灾祸，因为，此时正是公羊学派的势力处于鼎盛阶段。如上所述，这股势力，远远不是司马迁所能抗衡的。不得已，司马迁在《史记·十二诸侯年表·序》中，作了这样的记载："鲁君子左丘明惧弟子人人异端，各安其意，失其真，故因孔子史记具论其语，成《左氏春秋》。铎椒为楚威王傅，为王不能尽观《春秋》，采取成败，卒四十章，为铎氏微。"这段记载至少说明以下几点。一、"孔子史记"即孔子所作的《春秋》，司马迁在这里不言孔子

"修《春秋》之经"而言"孔子史记",就是暗示孔子所作的并非如公羊家所言是一万八千字的《春秋》之经,而是"孔子史记",这部"孔子史记"又被司马迁称为《春秋古文》。二、左丘明"因孔子史记具论其语,成《左氏春秋》"。这部《左氏春秋》绝不是今传《春秋左氏传》,因为《左氏春秋》所"具论"的是"孔子史记"中孔子的"语"而非"孔子史记"中孔子所记之"事",今传《春秋左氏传》以记"事"为主,怎么可能指的是"具论""孔子史记"中孔子的"语"而成的《左氏春秋》呢? 三、本文上面提到的《春秋事语》有的学者推测即此处所说的《铎氏微》,这是可能的,而《铎氏微》所缩编的即是今传《春秋左氏传》,而今传《春秋左氏传》即"孔子史记"并非《左氏春秋》(笔者在《〈春秋〉〈左传〉平议》一文中对此作过论述,可供参考)。四、说明《十二诸侯年表》所列的史事来自"孔子史记"而非《左氏春秋》,因为《十二诸侯年表》所列的是"事"而非"语",而《左氏春秋》所"论"的是"语"而非"事",两者的区别是十分明显的。《史记·十二诸侯年表·序》的记载,可谓匠心独具而又用心良苦! 但司马迁的良苦用心却没有能够改正《观周篇》的错误记载,在公羊家处于强势的情况下,《观周篇》的错误记载继续流传,并最终得到刘向、刘歆父子的确认,在校理后载入《七略》而为班固所继承,不仅著录于《汉书·艺文志》而且在《志》中对《史记·十二诸侯年表·序》加以篡改(详见笔者在《〈春秋〉〈左传〉平议》一文中对此所作的论述),从而强化了《观周篇》的错误记载,使之成为"定谳",造成两千多年来未能破解的迷案。思之,不禁令人扼腕! 以上所述就是问题发展的始末经过。

三　值得思考的几个问题

一、关于《经》《传》观。笔者以为要彻底解决《春秋》与《左

传》之间的关系问题，首先必须破除自汉代以来形成的《经》《传》
观。如本文开始所言"经"在孔子时代为一般书籍的通称，并无汉代
之后所赋予的神圣不可侵犯的意义。如果我们的思维模式能够突破汉儒
的束缚，从孔子时代的实际情况出发看问题，问题就不难解决。孔子是
一位伟大的思想家，也是一位伟大的教育家。孔子生前的声望之隆，恐
无有出其右者，但孔子本人却从不以此自傲。大约当时已有人称孔子为
圣人，他回应说："若圣与仁，则吾岂敢。抑为之不厌，诲人不倦，则
可谓云尔已矣。"（《论语·述而》）甚至说："文，莫吾犹人也，躬行君
子，则吾未之有得。"（同上）认为自己只不过是一个"为之不厌，诲
人不倦"的人，是一个书本上的学问（当指礼仪文献，此处兼采杨伯
峻、李泽厚两先生译文）和别人差不多的人，是一个在实践中努力做
一个君子而仍未做到的人。这是孔子发自肺腑之言，并非故作姿态。他
不光用这种态度来评价自己的为人，也用这种态度来评价自己的著作，
"述而不作，信而好古，窃比于我老彭"（同上）。又说："盖有不知而
作之者，我无是也。多闻，择其善者而从之；多见而识之；知之次
也。"（同上）学者们常把"述而不作"的"作"理解为著作之"作"
并把这个"作"与"盖有不知而作之者"之"作"对立起来，认为这
个"作"指的是作事，程树德先生《论语集释》引《朱子语类》：
"问：作是述作，或是凡所作事？曰：只是作事。"[1] 又引毛奇龄《四书
改错》："包咸注此，谓时人有穿凿妄作篇籍者，故云，然则指定是作
文。且又春秋时异学争出，著书满天下，各行其说，故言此示戒，正与
篇首'述而不作'作字相为发明。若作事，则尚干办，崇有为，与知
虑闻见不合。此作字从来无解作事者，观《汉·朱云传赞》云：'世传

---

① 程树德撰《论语集释》第二册，程俊英、蒋见元点校，中华书局，1990，第491页。

朱云言过其实，盖有不知而作之者，我无是也.'则实指作文矣。"① 笔者以为朱熹说非，当从毛奇龄说。毛奇龄主张将上述所引《论语·述而》两段话联系起来理解，指出"故言此示戒，正与篇首'述而不作'作字相为发明"是正确的。依据如此理解，孔子有所著述是可以肯定的。孟子盛称孔子所作的《春秋》便是证明。但这部《春秋》在孔子心目中的地位绝不如孟子所盛称的那样高。尽管这部《春秋》也是做了大量的"多见而识之"的工作，同时又经过"多闻，择其善者而从之"的选择，并将它放在"不知而作之"之上，但孔子决不会把它放在如汉儒所说的"经"那样高的地位。孟子虽盛称孔子所作的《春秋》，但也只是说孔子作《春秋》而并没有说过孔子作《春秋经》。所以，笔者以为在春秋学的问题上只有首先将"经"的光环剥除，才有可能进一步揭开历史的真相。

二、关于左丘明的问题。据《史记》记载，孔子两次到周室，第一次在孔子三十四五岁之后，第二次笔者曾推断在孔子厄于陈、蔡之后（见拙作《〈春秋〉〈左传〉平议》一文）。而这两次均无左丘明随行的记载。由于上述《观周篇》的错误记载和班固对《史记·十二诸侯年表·序》的篡改（详见拙作《〈春秋〉〈左传〉平议》一文），左丘明为孔子《春秋经》作"传"一事被后人当作信史。其实，这件"信史"漏洞百出，除了笔者在《〈春秋〉〈左传〉平议》及《〈春秋〉〈左传〉再平议》二文中所指出的，还有一个重要问题需要考虑。这就是孔子时，孔子弟子人才济济，长于"文学"（按：指文献）者就有子夏、子游二人，最为孔子所欣赏的颜回也是在孔子七十岁左右才死去的，而且颜回在同门中的威信也最高，为什么孔子摒弃这些高足弟子于不顾，偏要找左丘明为合作人，由他为自己所作的《春秋经》作"传"以防止

---

① 程树德撰《论语集释》第二册，程俊英、蒋见元点校，中华书局，1990，第491页。

弟子们产生分歧？这难道真的是孔子的初衷？人们不觉得这有点不可思议吗?！试问左丘明真的有那么大的能耐写了那么一部"传"之后，便能够免去孔子的弟子们产生分歧？事实证明后来孔子的弟子们不但产生了分歧，而且分歧越来越大。倘若如此，历史事实不但说明孔子毫无先见之明，也说明左丘明完全是多此一举！再者，以孔子的为人恐怕也不会有那样的初衷，孔子是一位"不自尚其事，不自尊其身，俭于位而寡于欲，让于贤"且"卑己而尊人"（《礼记·表记》）的谦虚谨慎之人，怎么会那样"自尚其事"又"自尊其身"由自己作《春秋经》然后再让友人为自己作的《春秋经》作"传"，这与"卑己而尊人"的作风岂非背道而驰？《孝经钩命决》记载："孔子在庶，德无所施，功无所就，志在《春秋》，行在《孝经》。以《春秋》属商，《孝经》属参。"① 《孝经钩命决》虽属纬书，但不可尽废，其中不乏可供参考的资料②。此条资料应在可供参考的范围之内，不过应当指出"纬书"成于西汉末年，于《春秋》则取公羊说，《孝经钩命决》虽属"孝经纬"恐亦不例外。此处所言《春秋》就"孝经纬"的作者而论，当指一万八千字的所谓《春秋经》，而笔者则以为当指《孔春秋》。《春秋》本来与左丘明无涉，如果不是《论语·公冶长》记载孔子说的左丘明与己"同耻"那番话，公羊家的先师们恐怕也就制造不出为《严氏春秋》所引《观周篇》中那些谎言来，而司马迁也就不会在《十二诸侯年表·序》中，作出那样的说明。这样一来，《春秋左氏传》的名称也就不复存在，当然，也就不会产生由此而来长达两千多年的疑案。郑玄说："公羊善于谶。"③ 所谓"善于谶"即善于说谎和造假。公羊家的说谎和

---

① 《齐文化丛书》4，齐鲁书社，1995，第961页。
② 参见钟肇鹏先生《七纬·前言》，此文载于《齐文化丛书》4，齐鲁书社，1995，第438～456页。
③ 朱彝尊：《经义考》，中华书局影印本，1998，第879页上。

造假是形成这一疑案的症结所在。

孔子"以《春秋》属商"当属事实，"商"指的是子夏，子夏姓卜名商。孔子对门弟子从来都是直呼其名。因为子夏长于"文学"，故孔子"以《春秋》属商"当属情理中事。公羊家的始祖公羊高，穀梁家的始祖穀梁赤相传均为子夏的弟子。对于这一说法，历史上不少学者提出过质疑。这些质疑均有一定道理，但不能排除公羊、穀梁两家与子夏之间的联系。因为子夏是儒家所有经典的传承者，《春秋》当然不能例外。虽然公羊、穀梁两家流传的具体情况难以确考，但这两家出于子夏则是可能的。

三、三《传》比较。这里我们仍用习惯性的称呼，将《孔春秋》称为《左传》，并将它和《公羊传》《穀梁传》放在一起，考查一下这三《传》是怎样"传"《春秋经》的。限于篇幅，此处仅举定公十年"夹谷之会"一例。为了考查的方便，此例先列《春秋经》然后分别列三《传》。

《春秋经》："十年春王三月，及齐平。夏，公会齐侯于夹谷。公至自夹谷。晋赵鞅帅师围卫。齐人来归郓、讙、龟阴田。"

《左传》："夏，公会齐侯于祝其，实夹谷。孔丘相。犁弥言于齐侯曰：'孔丘知礼而无勇，若使莱人以兵劫鲁侯，必得志焉。'齐侯从之。孔丘以公退，曰：'士，兵之！两君合好，而裔夷之俘以兵乱之，非齐君所以命诸侯也。裔不谋夏，夷不乱华，俘不干盟，兵不逼好。于神为不祥，于德为愆义，于人为失礼，君必不然。'齐侯闻之，遽辟之。将盟，齐人加于载书曰：'齐师出竟，而不以甲车三百乘从我者，有如此盟。'孔丘使兹无还揖对曰：'而不反我汶阳之田，吾以共命者，亦如之。'齐侯将享公，孔丘谓梁丘据曰：'齐、鲁之故，吾子何不闻焉？事既成矣，而又享之，是勤执事也。且牺象不出门，嘉乐不野合。飨而既具，是弃礼也。若其不具，用秕稗也。用秕稗，君辱，弃礼，名恶，子盍图之？夫享，所以昭德也。不昭，不如其已也。'乃不果享。齐人来归郓、讙、龟阴之田。"

《公羊传》："夏，公会齐侯于颊谷。公至自颊谷。晋赵鞅帅师围卫。齐人来归运、讙、龟阴田。齐人曷为来归运、讙、龟阴田？孔子行乎季孙，三月不违，齐人为是来归之。"

《穀梁传》："夏，公会齐侯于颊谷。公至自颊谷。离会不致，何为致也？危之也。危之，则以地致何也？为危之也。其危奈何？曰颊谷之会，孔子相焉。两君就坛，两相相揖。齐人鼓譟而起，欲以执鲁君。孔子历阶而上，不尽一等，而视归乎齐侯，曰：'两君合好，夷狄之民何为来？'为命司马止之。齐侯逡巡而谢曰：'寡人之过也。'退而属其二三大夫曰：'夫人率其君与之行古人之道，二三子独率我而入夷狄之俗，何为？'罢会，齐人使优施舞于鲁君之幕下。孔子曰：'笑君者罪当死！'使司马行法焉，首足异门而出。齐人来归郓、讙、龟阴之田者，盖为此也。因是以见虽有文事，必有武备，孔子于颊谷之会见之矣。晋赵鞅帅师围卫。齐人来归郓、讙、龟阴之田。叔孙州仇、仲孙何忌帅师围郈。"

"夹谷之会"是孔子为相期间参与的一次重要的外交活动，《春秋经》未载孔子参与其事；《左传》虽记载了孔子参与其事的经过，但记载文字平实；《公羊传》未载孔子参与其事，且将"齐人来归运、讙、龟阴田"归结为"孔子行乎季孙，三月不违"，与孔子参与此次外交活动无涉；《穀梁传》不但将孔子参与其事的经过作了详尽而又生动的叙述和描写，而且指出"齐人来归郓、讙、龟阴之田者，盖为此也"。将齐归还鲁国失地的行为归为孔子的功劳，对《左传》的记载作了重要的补充。郑玄说："穀梁善于经。"① 只不过这个"经"不是《春秋经》

---

① 朱彝尊：《经义考》，中华书局影印本，1998，第880页上。

而是《左传》亦即《孔春秋》。

傅隶朴先生一方面肯定孔子参与此次会盟之事并对赵匡的驳议予以反驳，而另一方面又赞同《公羊传》的说法，认为："八年阳虎入讙阳关，以郓、讙、龟阴叛而奔晋，今孔子为政，道行于季孙，齐侯遂归还汶阳之田，以敦和好。一般以为夹谷之会，孔子劫齐侯归田者，读此传，当知其诬。"① 傅隶朴先生前一方面的说法是正确的，而另一方面又赞同《公羊传》的说法就值得商榷了。因为《公羊传》的说法与史实不符。陆贾《新语·辨惑》："鲁定公之时，与齐侯会于夹谷，孔子行相事。两君升坛，两相处下，两相欲揖，君臣之礼，济济备焉。齐人鼓噪而起，欲执鲁公。孔子历阶而上，不尽一等而立，谓齐侯曰：'两君合好，以礼相率，以乐相化。臣闻嘉乐不野合，牺象之荐不下堂。夷、狄之民何求为？'命司马请止之。定公曰：'诺。'齐侯逡巡而避席曰：'寡人之过。'退而自责大夫。罢会。齐人使优旃舞于鲁公之幕下，傲戏，欲候鲁君之隙，以执定公。孔子叹曰：'君辱臣当死。'使司马行法斩焉，首足异门而出。于是齐人惧然而恐，君臣易操，不安其故行，乃归鲁四邑之侵地，终无乘鲁之心，邻□振动，人怀向鲁之意，强国骄君，莫不恐惧，邪臣佞人，变行易虑，天下之政，□□而折中；而定公拘于三家，陷于众口，不能卒用孔子者，内无独见之明，外惑邪臣之党，以弱其国而亡其身，权归于三家，邑土单于强齐。夫用人若彼，失人若此；然定公不觉悟，信季孙之计，背贞臣之策，以获拘弱之名，而丧丘山之功，不亦惑乎！"不但全采《穀梁传》而且又有进一步发挥。陆贾是秦、汉之际人，与《穀梁传》颇有渊源，其进一步发挥可能据自当时所能见到的其他史料。陆贾的说法较《公羊传》为可信。《史记·孔子世家》："定公十年春，及齐平。夏，齐大夫黎鉏言于景公

---

① 傅隶朴：《春秋三传比义》下册，中国友谊出版公司，1984，第478页。

曰：'鲁用孔丘，其势危齐。'乃使使告鲁为好会，会于夹谷。鲁定公
且以乘车好往。孔子摄相事，曰：'臣闻有文事者必有武备，有武事者
必有文备。古者诸侯出疆，必具官以从。请具左右司马。'定公曰：
'诺。'具左右司马。会齐侯夹谷，为坛位，土阶三等，以会遇之礼相
见，揖让而登。献酬之礼毕，齐有司趋而进曰：'请奏四方之乐。'景
公曰：'诺。'于是旍旄羽被矛戟剑拨鼓噪而至。孔子趋而进，历阶而
登，不尽一等，举袂而言曰：'吾两君为好会，夷狄之乐何为于此！请
命有司！'有司却之，不去，则左右视晏子与景公。景公心怍，麾而去
之。有顷，齐有司趋而进曰：'请奏宫中之乐。'景公曰：'诺。'优倡
侏儒为戏而前。孔子趋而进，历阶而登，不尽一等，曰：'匹夫而营惑
诸侯者罪当诛！请命有司！'有司加法焉，手足异处。景公惧而动，知
义不若，归而大恐，告其群臣曰：'鲁以君子之道辅其君，而子独以夷
狄之道教寡人，使得罪于鲁君，为之奈何？'有司进对曰：'君子有过
则谢以质，小人有过则谢以文。君若悼之，则谢以质。'于是齐侯乃归
所侵鲁之郓、汶阳、龟阴之田以谢过。"司马迁的叙述和描写比陆贾
《新语·辨惑》及《穀梁传》更加具体也更加生动，特别是将齐侯归所
侵地于鲁归功于孔子更加肯定。细读上述两段记载，那么傅隶朴先生所
说的"诬"字，用在《公羊传》身上，似乎更加合适。

《穀梁传》作者的文笔和司马迁相较虽然差距较大，但也基本上把
孔子的表现及其在此次外交活动中的作用以及事情的经过写出来了。经
过陆贾特别是司马迁的补充和渲染，孔子那种一身浩然正气"临大节
而不可夺"（《论语·泰伯》）的高大形象跃然纸上！既然如此，人们不
禁要问为什么长于记事并长于在记事中加以铺陈和渲染的《左传》对
此事的记载，竟然如此平实？如果我们能够如实地将《左传》作为
《孔春秋》，这个问题就不难回答。孔子是一位"不自大其事，不自尚
其功，以求处情；过行弗率，以求处厚；彰人之善而美人之功，以求下

贤"(《礼记·表记》)的人,他怎么会在自己所作的《孔春秋》中将自己描写成那样无比高大而又光彩照人的大英雄!他的文笔是专门用来"彰人之善而美人之功",绝不会用来"自大其事""自尚其功"的!这就是孔子之所以为孔子!不知历代那些喜好别人为自己评功摆好歌功颂德将自己渲染成无比"伟大"的人,在朴实无华的孔子面前,将何以自处!

从三《传》的比较中,将《左传》视为《孔春秋》是符合实际的。

四、《左传》是否是《春秋经》之"传"?

这个问题对作者而言,答案是非常明确的,《左传》并非《春秋经》之"传"。然而,这仍然是一个争议的问题,因而,仍有进一步论证的必要。刘知幾在《史通·惑经》中举出四十余条证据证明《春秋经》是一部"事乖正直""真伪莫分,是非相乱""略大存小,理乖惩劝""动辄耻讳,厚诬来世"的"秽史"。奇怪的是刘知幾所举的证据均是通过《春秋经》的记载与《左传》的记载两相对照之后,亦即求证于《左传》之后获得的。这就是说凡是《春秋经》"动辄耻讳,厚诬来世""真伪莫分,是非相乱"的地方,而《左传》则是将事实真相及其经过详详细细地记载下来,从而使《春秋经》的荒谬、错误无所遁形。难道《左传》竟然如此为《春秋经》作"传"?再者,如果真的像《严氏春秋》所引《观周篇》那样孔子请左丘明为合作人由自己作"经",由左丘明作"传",而自己却在"经"中留下那么多的疮疤要左丘明对这些疮疤一一揭穿,这岂不是在开玩笑?以孔子的明智却开这种毫无意义的玩笑,岂非不可思议!既然《春秋经》剥去"经"的光环,是一部"秽史",其作者的德、识、才之低下是显而易见的;而《左传》记事是那样详实、准确、生动,其作者的德、识、才之高也是显而易见的。在德、识、才三方面高低如此悬殊之人竟然成了合作者,而德、识、才三方面极高的人竟然俯首下心甘心情愿地为德、识、才三方面低下之人所作"秽史"作"传"，如此荒谬绝伦之事，简直是海外奇谈！所以，笔者断言《左传》绝非《春秋经》之"传"。

五、关于春秋笔法义例。这也是春秋学的一个重要问题，也是一个长期以来争论不休的问题，不是三言两语能够说清楚的，笔者当另作专论。此处之所以提及这一问题，只是表明这一问题的重要而已，由于本文已经写得太长，对于这一问题就不在这里展开论述了。

（原载于《春秋三传与经学文化》，方铭主编，长春出版社，2009年12月）

论孔子的"君臣观"

　　历史自进入文明社会以来，就形成了一个基本的社会架构：君、臣、民。这样的社会架构在我国从夏代开始，至清代灭亡，绵延了四千余年之久。围绕着这种社会架构及其在历史上的演变进行思考，思想家们在不同的历史阶段形成了不同的君臣观。君臣观成为一些思想家的思想体系的重要组成部分，以致我们要想准确把握这位思想家的思想体系，并给予正确的评价，就必须深入研究这位思想家的君臣观。

　　孔子就是这样一位思想家。

一

　　孔子的君臣观是建立在对历史进行反思的基础上的。孔子生当春秋末年，在孔子之前中国的文明社会已经经历了一千余年，就朝代而言经历了夏、商、周三代。孔子对于三代及三代以前的历史作了这样的分析和论述：

　　　　昔者仲尼与于蜡宾，事毕，出游于观之上，喟然而叹。仲尼之叹，盖叹鲁也。言偃在侧曰："君子何叹？"孔子曰："大道之行也，与三代之英，丘未之逮也，而有志焉。大道之行也，天下为公。选贤与能，讲信修睦。故人不独亲其亲，不独子其子，使老有所终，壮有所用，幼有所长，矜寡孤独废疾者，皆有所养。男有分，女有归。货恶其弃于地也，不必藏于己；力恶其不出于身也，不必为己。是故，谋闭而不兴，盗窃乱贼而不作，故外户而不闭，是谓大同。今大道既隐，天下为家，各亲其亲，各子其子，货力为己，大人世及以为礼。城郭沟池以为固，礼义以为纪；以正君臣，以笃父子，以睦兄弟，以和夫妇，以设制度，以立田里，以贤勇知，以功为己。故谋用是作，而兵由此起。禹、汤、文、武、成王、周公，由此其选也。此六君子者，未有不谨于礼者也。以著其义，以考其信，著有过，刑仁讲让，示民有常。如有不由此者，在势者去，众以为殃，是谓小康。"

这段话出自《礼记·礼运》篇。文中标明是孔子与其弟子言偃（子游）之间的对话。子游是孔子的著名弟子，以博学著称。《礼记》一书，虽成于汉代，但其文字却是七十子后学所传。这段文字的思想和语言风格均与《论语》相近，不可能出于汉人的伪托。

孔子这段言论将社会制度区分为"公天下"和"私天下"两类。"公天下"的特点是"大道之行"；"私天下"的特点是"大道既隐"。毋庸置疑，"大道之行"的"公天下"是孔子的理想社会。但孔子对于"三代之英"统治下所形成的盛世，还是取肯定态度的，将这种盛世称为仅次于"大同"的"小康"。"丘未之逮也，而有志焉"，这清楚地表明生当乱世的孔子，一方面慨叹自己没有赶上"大同"，也没有赶得上"小康"。另一方面又表明他有志于实现"小康"并进而实现"大同"。这种思想在《论语》中也可以得到验证。"子曰：'齐一变至于鲁，鲁一变至于道。'"（《雍也》）这段话很不容易理解，注家说者纷纭。我以为杨树达先生的解释最为妥帖，其说如下：

树达按：齐为霸业，鲁秉周礼，则王道也。齐一变至于鲁，由霸功变为王道也。《礼运》以禹、汤、文、武、成王、周公六君子为小康，是王道为小康也。鲁一变至于道者，由小康变为大同也。《礼运》言大道之行天下为公，此道正彼文所谓大道矣。①

《礼运》篇关于"大同""小康"的论述，与上面引述的《论语·雍也》中孔子这段话，放在一起相互印证，既可证明"大同""小康"之说确为孔子的言论，而《雍也》篇中孔子那段话也得到了确解。

孔子对"三代"之前以及"三代"的历史所进行的总结中，清楚地表达了他的君臣观。在"三代"之中，孔子选出禹、汤、文、武、成王、周公作为君主的典范，称之为六君子。六君子中，夏代、商代均一位，周代占四位。三代之中，在孔子看来，周代最好。"周监于二代，郁郁乎文哉！吾从周。"（《论语·八佾》）

"六君子"中，我们应当注意的是周公。周公虽然并非君主，但是在武王死后，成王年幼的时候，周公代行天子的职权，成王年长之后，便还政于成王。所以，实际上周公也是一代天子，并且是不把天下当成私产的人。这大约是孔子将周公与其他君主并列的原因，也是周公赢得孔子特别崇敬的原因。其次，应该注意的是"禹"，禹所实行的是禅让制，而非世袭制，按理讲应属于"大同"社会的君主。大约在孔子看来，夏王朝第一代君主启，并非什么"明君"，整个夏代又没有出现过什么杰出的君主，而禹则是启的父亲，实行禅让没有成功，儿子启通过争夺继承了他的天子之位，从而结束了禅让制的"公天下"，开创了世袭制的"家天下"。大概由于这样的原因，孔子将禹作为夏代君主的代表。不过，孔子对禹的评价仍然是极高的。"禹，吾无间然矣。菲饮食

---

① 杨树达：《论语疏证》第六，上海古籍出版社，1988，第148页。

而致孝乎鬼神，恶衣服而致美乎黻冕，卑宫室而尽力乎沟洫。禹，吾无间然矣。"（《论语·泰伯》）

对于三代以前的"公天下"，孔子选出尧和舜作为这个时期君主的典范。

> 大哉尧之为君也！巍巍乎！唯天为大，唯尧则之。荡荡乎，民无能名焉。巍巍乎其有成功也，焕乎其有文章。（《论语·泰伯》）

孔子以无限的激情给尧以极高的礼赞！尧在孔子的心目中的伟大与崇高达到了无以复加的程度！那么尧的伟大究竟在什么地方呢？就在于他能够效法天，天可供效法之处，就在于它的崇高和无私，"巍巍乎舜禹之有天下也而不与焉！"（同上）不把天下当作私产，这就是尧舜的伟大之处。

"公天下"君主的特点是造福社会而不谋私利。"私天下"的六君子，也都能做到政治清明，社会有序，人民安居乐业，因而孔子称为"小康"。六君子之所以被孔子称为"三代之英"乃是因为这些人都能做到"谨于礼""著其义""考其信""著有过""刑仁讲让""示民有常"。由此可见孔子对天子的要求是极高的。

> 子曰："道千乘之国，敬事而信，节用而爱人，使民以时。"（《论语·学而》）
> 为政以德，譬如北辰，居其所而众星拱之。（《论语·为政》）

爱护人民，实行德政，既是君主的本分，另一方面也只有如此，才能得到臣民的拥护。

毋庸讳言，孔子是维护君主的地位和权力的。他说："天下有道，则礼乐征伐自天子出；天下无道，则礼乐征伐自诸侯出。"（《论语·季氏》）"礼乐征伐"是权力的象征。孔子认为这种权力只有天子才可以掌握。这个思想是可以理解的，因为大权旁落，政出多门，必然造成社会的混乱无序。所以，这种权力必须由天子来掌握。但是，天子掌握这种权力是有前提的，这个前提就是有道。"君君，臣臣，父父，子子。"（《论语·颜渊》）孔子这段话在极左思潮盛行期间遭到了严厉的批评和责难。这些批评和责难歪曲了孔子的原意。孟子说："欲为君，尽君道；欲为臣，尽臣道。"（《孟子·离娄上》）我认为这两句话是对孔子"君君，臣臣"最好的注脚。那么君之道是什么呢？就是上述尧舜之道，或禹、汤、文、武、成王、周公六君子之道。只有像尧舜或六君子那样，才有资格成为天子掌握"礼乐征伐"的大权。"如有不由此者，在势者去，众以为殃。"这几句话非常重要，万万不可忽略。这里所说的"在势者"主要是指君，当然也包括大权在握之臣，所谓"势"指的就是权力和地位。如果在位之人不是为人民造福，而是残害人民，以至"众以为殃"，就应当除去他。可见，孔子的君臣观，是以民为本的。

二

对于君臣关系，孔子主张："君使臣以礼，臣事君以忠"。"臣事君以忠"的前提是"君使臣以礼"，君臣的关系是对等的，不存在臣对君的人身依附关系。"所谓大臣者，以道事君，不可则止。"（《论语·先进》）事君的重要原则是"以道"，所谓"以道"就是引导君主实行仁政。如果君主不行仁政，胡作妄为，那么，臣就应当按照"道"加以谏正。"子路问事君。子曰：'勿欺也，而犯之。'"（《论语·宪问》）犯颜直谏，是大臣必备的操守。如果谏正不被采纳，作为臣就应终止君臣关系。"以道事君，不可则止"就是这个意思。由此看来，臣对于君不但不存在人身依附关系，而且是君的监督者。

孔子不但提出了这个主张，而且躬行实践。"齐人归女乐，季桓子受之，三日不朝，孔子行。"（《论语·微子》）此事《史记·孔子世家》及《韩非子·内储说下》篇均有记载。事在鲁定公时，《韩非子》的记载误作哀公。但《韩非子》记载说鲁君接受齐所赠女乐之后，怠于政，"仲尼谏，不听，去而之楚"，可以看作对《论语》及《孔子世家》的补充。"道不同，不相为谋。"（《论语·卫灵公》）"道"是为臣必须坚持的原则。君臣的离合以"道"是否相同为前提，臣对君不是毫无原则地一味顺从，臣应当有自己的独立人格。"三军可夺帅也，匹夫不可夺志也。"匹夫之志尚不可夺，何况大臣。孔子关于君臣关系的主张充满了民本思想以及对人和人格的尊重，是非常深刻的。《论语》记载的孔子对春秋时代杰出政治家管仲和子产的评论更加清楚地说明这一点。

管仲原来是齐国公子纠的臣，后来在齐国的宫廷政变中，公子纠被他的弟弟公子小白杀死，和管仲一起共同奉事公子纠的召忽，为公子纠尽节而死。管仲不但未能为公子纠尽节而死，反而做了公子小白的臣，辅佐公子小白成为春秋朝代最著名的霸主，这位霸主便是齐桓公。子路和子贡都认为管仲不能为公子纠尽节而死是"未仁""非仁"，并把这个问题提出来向孔子请教，孔子就这个问题分别回答了子路和子贡。

对子路，孔子回答说：

> 桓公九合诸侯，不以兵车，管仲之力也。如其仁！如其仁！（《论语·宪问》）

对子贡，孔子回答说：

> 管仲相桓公，霸诸侯，一匡天下，民到于今受其赐。微管仲，吾其被发左衽矣。岂若匹夫匹妇之为谅也，自经于沟渎而莫之知

也？（《论语·宪问》）

这两次回答对管仲作了如下肯定：①通过政治手段而不是通过军事手段，辅佐桓公成就霸业，避免战争给社会带来灾难，给人民带来痛苦；②管仲在辅佐桓公成就霸业的过程中避免落后民族的入侵，促进社会的安定以及经济与文化的发展，使当代及后代人民均得到利益；③不拘守小信，不认为为子纠尽节是正确的做法，如果拘守小信，为子纠尽节而死则是"匹夫匹妇"的愚蠢行为。"谅"指的是小信。"君子贞而不谅。"（《论语·卫灵公》）可见，在孔子的思想中并不存在什么"忠臣不事二主"的观念。这三点充分说明孔子看问题，是从大处着眼的，这个大处是指整个社会及人类的利益，做臣子应该这样去考虑问题，而不应为君主一人一姓谋私利。孔子的君主观，闪烁着民主性的精华。在春秋时代能够产生这种观念实在是难能可贵的，它清楚地表明孔子思想的超前性，然而这一思想，在后代长期不被理解，不是被忽略了就是被歪曲了，这不能不说是一件憾事！

宋代大儒程颐对这两段话作如下解释：

桓公，兄也。子纠，弟也。仲私于所事，辅之以争国，非义也。桓公杀之虽过，而纠之死实当。仲始与之同谋，遂与之同死，可也；知辅之争为不义，将自免以图后功亦可也。故圣人不责其死而称其功。若使桓弟而纠兄，管仲所辅者正，桓夺其国而杀之，则管仲之与桓，不可同世之雠也。若计其后功而与其事桓，圣人之言，无乃害义之甚，启万世反复不忠之乱乎？如唐之王珪、魏徵，不死建成之难，而从太宗，可谓害于义矣。后虽有功，何足赎哉？

　　这段话见于朱熹《论语集注》的引文①。朱熹在引述这段文字之后也谈了自己的看法:"愚谓管仲有功而无罪,故圣人独称其功;王、魏先有罪而后有功,则不以相掩可也。"和程颐的看法其实并没有多大差别。

　　程颐为了自圆其说,不惜歪曲历史事实。历史的事实是子纠是兄,小白(齐桓公)是弟。春秋三传、《庄子》、《荀子》均持此说,只有《汉书·淮南衡山济北王传》所载薄昭与淮南厉王书"齐桓杀其弟以反国"认为桓公为兄,子纠为弟。唐颜师古引三国时吴人韦昭注:"子纠兄也,言弟者讳也。"汉文帝为淮南厉王之兄,为了避免嫌疑,薄昭故意将子纠说成是桓公之弟。程颐竟然将这种不足信据的说法当成历史,用意十分清楚,就是为了曲解孔子这段话的意思。程颐的曲解说明他拘于君臣嫡庶之义与孔子的思想高下之别相去实在难以道里计。毛奇龄在《四书改错》一书中对程颐提出了尖锐的批评:"夫子许管仲之意,是重事功,尚用世,以民物为怀,以国家天下为己任。圣学在此,圣道亦在此。而程氏无学,读尽《四书》经文,并不知圣贤之指趣何在,斯亦已矣!"②毛奇龄认为"以民物为怀,以国家天下为己任"是孔子君臣观的出发点,认为孔子之学之道均在此,是很有见地的。至于程颐对王珪和魏徵的责难,金人王若虚(滹南)已有驳论,见元·陈天祥《四书辨疑》引③,此处不具引。

　　孔子对管仲的评价无疑给后儒们留下一道极大的难题。按后儒的看法管仲无疑是贰臣,其罪当不容于死。然而孔子却偏偏充分肯定管仲,并给予那样高的评价。后儒们既不敢违背这位至圣的言论,又不甘心肯定管仲,于是便曲为之解。上述程颐的解释,应当说代表了后儒的心态。那么明清之际的启蒙思想家们是如何看待这个问题的呢?这也是一

---

　　①　朱熹:《四书章句集注》,中华书局,1983,第153~154页。
　　②　程树德撰《论语集释》第三册,程俊英、蒋见元点校,中华书局,1990,第995页。
　　③　纳兰成德编《通志堂经解》第十六册,江苏广陵古籍刻印社,1996,第246~247页。

个非常值得研究的问题。

先看顾炎武的说法:

> 君臣之分,所关者在一身。华裔之防,所系者在天下。故夫子之于管仲,略其不死子纠之罪,而取其一匡九合之功,盖权衡于大小之间,而以天下为心也。夫以君臣之分,犹不敌华裔之防,而《春秋》之志可知矣。

> 有谓管仲之于子纠未成为君臣者。子纠于齐未成君,于仲与忽则成为君臣矣。狐突之子毛及偃从文公在秦,而曰今臣之子,名在重耳有年数矣(原注:汉、晋以下,太子诸王与其臣皆定君臣之分,盖自古相传如此)。若毛、偃为重耳之臣,而仲与忽不得为纠之臣。是以成败定君臣也,可乎?又谓桓兄纠弟,此亦强为之说。

> 论至于尊周室、存华夏之大功,则公子与其臣区区一身之名分小矣。虽然,其君臣之分故在也,遂谓之无罪非也。①

以顾炎武的卓识,仍然坚持认为子纠与管仲为君臣,管仲不死子纠为有罪。其识见与孔子相比,高下之别不是相距太远了吗?

再看王夫之的说法:

> 桓公已自莒返,而鲁与召忽辈乃犹挟纠以争,斯则过也。先君之贼已讨,国已有君,而犹称兵以向国,此则全副私欲小忿,护其忿而侥幸富贵,以贾无益之勇,故曰匹夫匹妇之为谅。②

这段话的意思是说桓公返国为国君,名分已定,"先君之贼已讨",子纠、召忽在鲁国的支持下,挟私欲小忿与桓公争夺君位,是错误的。

---

① 黄汝成《日知录集释》卷七"管仲不死子纠"条,上海古籍出版社影印本,1985,第548页。标点为笔者所加。

② 程树德撰《论语集释》第四册,程俊英、蒋见元点校,中华书局,1990,第995页。

然而却没有言及管仲背子纠而事桓公是对，还是错。如果说从否定子纠与召忽的作为来看，似是隐含肯定管仲之事桓公，但至少应当说这种肯定是十分含糊的。

所谓"先君之贼已讨"的"先君"显然指的是齐襄公，齐襄公是一个无道的昏君，为国人所弃。襄公之父为僖公，僖公的同母弟夷仲年死后，其子公孙无知甚得僖公宠爱，僖公令其秩服奉养如太子。襄公为太子时，曾与公孙无知斗殴，继位后又免去公孙无知的秩服奉养。因此公孙无知借国人对襄公的不满，在混乱中杀死襄公而自立为齐君。公孙无知和襄公一样暴虐，也为国人所杀（《左传》庄公八年、九年载其事）。王夫之所说的"先君之贼已讨"指的就是这件事。如上所述，不由禹、汤等六君子之道的"在势者"，在孔子看来均应"去"之。暴虐、残害百姓的国君，在孟子看来是"残贼之人"是"一夫"，理应诛之。王夫之上述见解，显然没有达到孔、孟的高度。

除此之外，王夫之在所著《春秋稗疏》一书的"子纠"条中，对此事也有所论述。在"子纠"条中，王夫之花了很大篇幅考证齐桓公之于公子纠的关系。考证的结果，王夫之认为，公子纠既不是齐桓公之兄，也不是齐桓公之弟，而是齐桓公的侄子。从而作出结论说："纠固襄公之子也。纠固襄公之子有继襄之义，故在丧而称子。小白，襄公弟也，于分不当立。故但以名书。盖襄公既弑，无知又诛，纠以父死子继之义，因鲁求入。而襄公使民慢虐，为国人所不与，故大夫虽受盟于鲁，而不愿戴暴君之裔，故桓公入而众助之以败鲁杀纠。是纠非小白之兄，抑非其弟，乃其从子也，于分当立，而桓公夺之耳。若夫子称管仲之仁则自以其功在天下后世，初不以纠之不当有齐，而以徙义予之。一能徙义而遂曰：微管仲吾其被发左衽乎？"[①] 在这里，王夫之对孔子于

───────────

①　王先谦编《清经解续编》卷十，上海书店出版社影印本，1988，第48页。标点为笔者所加。

管仲的评价是否赞同，态度是不明朗的，而且强调齐桓公为"夺"；子纠是齐襄公的儿子"有继襄之义"，而"小白（齐桓公），襄公弟也，于分不当立"。可见，父子相继，嫡、庶有别的名分，在王夫之的思想中根深蒂固，几至牢不可拔的程度。其实孔子对于君臣之位的主张是"选贤与能"，是"贤者在位""能者在职"。而不在于什么兄弟、嫡庶的区别。王夫之见不及此，倘以为王夫之在君臣观的问题上尚未达到孔子的高度，实在并非过分。

再谈孔子对子产的评价：

> 子谓子产："有君子之道四焉：其行己也恭，其事上也敬，其养民也惠，其使民也义。"（《论语·公冶长》）
>
> 或问子产。子曰："惠人也。"（《论语·宪问》）

孔子认为子产有四条美德，其中有两条是对待"民"的。"其养民也惠，其使民也义。"在这两条中，大约孔子最看重的是"养民也惠"。所以当有人再次问他子产为人的时候，孔子回答说："惠人也。"可见孔子仍是立足于民来评价子产的。

《左传·襄公二十一年》有这样一段记载："郑人游于乡校，以论执政。然明谓子产曰：'毁乡校何如？'子产曰：'何为？夫人朝夕退而游焉，以议执政之善否。其所善者，吾则行之，其所恶者，吾则改之，是吾师也，若之何毁之？我闻忠善以损怨，不闻作威以防怨。岂不遽止？然犹防川。大决所犯，伤人必多，吾不克救也。不如小决使道，不如吾闻而药之也。'"

子产的确是开明的政治家，认识到"作威以防怨"的严重危害，认识到执政者应当把批评当作老师，这种开明的态度在古代政治家中是极为少见的。孔子对子产的这种做法给予充分的肯定。《左传》在记叙这件事实后，引述孔子的一段话：

　　仲尼闻是语也，曰：“以是观之，人谓子产不仁，吾不信也。”

　　“仁”是孔子所追求的最高的道德境界，所以孔子从不轻易以“仁”许人。楚国的令尹子文也是春秋时代有名的政治家。令尹在楚国是最高的官位，三次被任命为令尹，“无喜色”，三次被罢免，“无愠色”，不但如此，还把一切政令全部告诉接位之人。有人问孔子令尹子文的为人是否达到“仁”的标准，孔子许之以“忠”，却认为并未达到“仁”。（见《论语·公冶长》）对他的学生子路、冉求、公西赤、冉雍，孔子曾明确地表示他们均未达到“仁”的标准。颜渊是孔子最欣赏的学生，如果用“仁”的标准来衡量，孔子则说：“回也，其心三月不违仁，其余则日月至焉而已矣。”（《论语·雍也》）只有颜回能够长久不违仁，其他的学生只有在短时间内达到“仁”。（此解采杨伯峻先生说。）① 至于对本人，则说：“若圣与仁则吾岂敢！”（《论语·述而》）而对管仲和子产却许之以“仁”。尤其是管仲，当他回答子路就管仲所作的提问时，在肯定管仲的功绩之后，连声说“如其仁，如其仁！”钦佩之情溢于言表，足见孔子对管仲评价之高。其实，孔子对管仲是有过批评的，一是批评他大量收税而且手下人从不兼职不能称为节俭，二是批评他行为跨越礼制是为不知礼。（见《论语·八佾》）既不节俭，又不知礼的管仲为什么又“如其仁”呢？就是因为管仲建立了辉煌的业绩，而这些业绩给社会给人民带来了极大利益。因此，有的学者认为孔子对管仲的评价如此之高是就事功而言的，这个看法是有道理的。

　　子产不毁乡校，孔子许之以“仁”，也是值得研究的。按照孔子的观点，将社会制度分为“公天下”和“家天下”两类。自社会历史由“公天下”进入“家天下”之后，权位都变为世袭，这样就无法保证在

---

　　① 杨伯峻：《论语译注》，中华书局，1980，第57页。

位者都是贤能之人。怎样解决这个问题呢？子产不毁乡校提供了一个解决这个问题的方式。人们通过"议执政之善否"对执政者加以监督，的确是一种有效的方式，子产采纳了这种方式使郑国大治，这一做法很自然地引起了孔子的注意。在《礼运篇》对小康社会的论述中，孔子提出对那些不按三代之英所建立的法制去治国以致"众以为殃"的"在势者"应当除去，正是从这一认识出发的。因而对子产不毁乡校给以充分肯定。孔子曾经说过："天下有道，则庶人不议。"（《论语·季氏》）如果"天下无道"，则庶人是一定要"议"的。《国语·周语上》记载厉王暴虐，引起国人的批评，厉王遂使卫巫"监谤者"，根据卫巫举告杀掉那些敢于批评他的人。邵公加以谏正，厉王不听，"于是国人莫敢出言，三年，乃流王于彘"。这段史实，孔子肯定是熟悉的。《国语》对厉王"弭谤"取否定态度，对国人之"谤"取肯定态度，则是十分明显的。这段文字还记载了邵公那段著名的言论："防民之口，甚于防川。川壅而溃，伤人必多；民亦如之，是故为川者决之使导，为民者宣之使言。"子产不毁乡校的议论显然是受了邵公的影响。厉王之被流放，正符合孔子"不由此者，在势者去，众以为殃"的观点。如上所述，如何对"从政者"加以监督的问题是孔子君臣观的一个非常重要的方面。另一方面，孔子对于提高"从政者"的素质同样看得十分重要。"其身正，不令而行；其身不正，虽令不从。"（《论语·子路》）"苟正其身矣，于从政乎何有？不能正其身，如正人何？"（同上）对于"从政者"，孔子认为首先要做到"其身正"。"其身正"才能起表率作用，才能取信于人，"不令而行"。假如"其身不正"，不但无法起表率作用，而且无法取信于人，所以"虽令不从"。能够端正自身，治理国家便不会有什么困难，如果自身不正，就无法要求别人。"季康子问政于孔子。孔子对曰：'政者，正也。子帅以正，孰敢不正。'"（《论语·颜渊》）这真是千古不易的至理名言，就是在今天，我们重温孔子这些话,仍然感到十分亲切,仍然可以感受到那种发聋振聩的撼人心弦的力量!

三

如何才能使从政者做到"身正"呢?除了像子产那样主动地将自身置于国人监督之下,更为重要的则是加强学习。"仕而优则学,学而优则仕。"(《论语·子张》)这句话虽出于子夏之口,可以看作子夏对孔子思想的概括。然而"身正"对任何人都不是天生的,而是后天学习的结果。孔子以及七十子的后学在《礼记·大学》中所提出的修、齐、治、平的思想,应该看作孔子上述思想的合乎逻辑的发展。这段原文如下:

> 古之欲明明德于天下者,先治其国;欲治其国者,先齐其家;欲齐其家者,先修其身;欲修其身者,先正其心;欲正其心者,先诚其意;欲诚其意者,先致其知。致知在格物。
>
> 物格而后知至;知至而后意诚;意诚而后心正;心正而后身修;身修而后家齐;家齐而后国治;国治而后天下平。
>
> 自天子以至于庶人,壹是皆以修身为本。

上述思想同样在《论语》中可以得到证实。《论语·宪问》中针对子路的提问,孔子提出"修己"的思想,修己就是修身。在这段谈话中,孔子将"修己"分为三个层次。"修己以敬"为第一层次,所谓"修己以敬"是说提高道德修养,严肃认真地对待自己分内之事。"修己以安人"为第二层次,这里的"人"当指家人和国人。"安人"亦即"家齐""国治"的意思,是说家人国人均因修己而安。"修己以安百姓"为第三层次,这里的"百姓",当指天下万民。"安百姓"也就是

"天下平"的意思。"修己以安百姓"是修己的最高境界。"修己以安百姓，尧舜其犹病诸!"孔子认为尧舜还没有完全达到。可见，"修己"并不是一件简单的事情。百姓固然要"修己"，天子更要"修己"。因此，"自天子以至于庶人，壹是皆以修身为本"。在"修身"这个问题上，"天子"与"庶人"是一样的；并不因为是天子，地位就特殊，便不需要"修身"。"修己以安百姓"连尧舜还没有完全达到，何况是一般的天子呢? 后世的帝王们总以为自己是特殊的人物，已经"德配天地"无须再行修己。孔子的上述言论，无异于对他们的当头棒喝!

所谓"修身"，用今天的话来讲就是提高自身素质。自身素质不外乎两个方面：德、才。孔子最看重的当然还是德："如有周公之才之美，使骄且吝，其余不足观也已。"(《论语·泰伯》)但孔子并不轻视"才"，从孔子对管仲的评价中，可以清楚地看到这一点。孔子主张德才兼备，他把这种德才兼备的人称为"成人"。"子路问成人。子曰：'若臧武仲之知，公绰之不欲，卞庄子之勇，冉求之艺，文之以礼乐，亦可以为成人矣。'曰：'今之成人者何必然? 见利思义，见危授命，久要不忘平生之言，亦可以为成人矣。'"(《论语·宪问》)在孔子看来，成人是治理国家的理想人才。

《庄子·天下篇》将孔子上述思想准确地归纳为"内圣外王之道"。从上面的分析中，不难看出，只有"内圣"方能实现外王；而要实现"外王"首先必须"内圣"。两者相辅相成。

四

在孔子之前，君主制已经推行了一千六七百年，经历了夏、商、周三代。在这漫长的历史演变中，形成了这样一种君臣观：

惟辟作福，惟辟作威，惟辟玉食；臣无有作福作威玉食。臣之有作福作威玉食，其害于而家，凶于而国，人用侧颇僻，民用僭忒。（《尚书·洪范》）

这几句话将君主专制以及君主至上的思想发挥到了极致。只有君主才有"作威""作福"的特权；臣只能是君主的附庸，为君主效劳，无权"作威""作福"，如果臣擅自"作威""作福"就会给"家"和"国"带来灾难。

这几句话出自《尚书·洪范》，该文记载周武王灭殷后，向殷的遗老亦即殷纣王的叔父箕子请教治国方略时，箕子便向武王陈述了"洪范九畴"，所谓"洪范九畴"即治国的九条大法。（参阅拙著《尚书译注·洪范》的说明及译注）上述几句话出现在这治国九条大法中的第六条。

从历史的发展轨迹来看，这种君主专制及君主至上的思想，应是从夏初至殷末逐渐形成的。在《洪范》中以法典的形式被固定下来。然而到了周代初年，这种思想便发生了变化，促成这种变化的关键人物应当是周公。周公的高明之处，就在于他善于总结历史经验。他从夏、殷两代的兴亡中，看到了这种极端的君主专制主义和君主至上思想的弊端，从而提出了"敬德保民"来加以补救。这种思想在春秋时期便发展为民本思想。民本思想在《左传》中有充分的体现，为人们所熟知，为节省篇幅，本文就略而不论了。这里需说明的是孔子的君臣观就是由此发展而来的。孟子不但继承了孔子的君臣观，而且将这种观念发挥到了极致。孔孟的君臣观与《尚书·洪范》的君臣观形成了鲜明的对比。孔孟君臣观的精髓在于对人以及对人格的尊重，它表现了春秋战国时代人的意识的觉醒。不但具有划时代的意义，而且具有永久的意义。

孔孟的君臣观，到了汉代经过董仲舒的改造，发生了重大变化，董仲舒的"罢黜百家，独尊儒术"把孔子的地位推尊到至高无上的地步，而另一方面却淡化了孔子的民本思想，淡化了孔子对人以及对人格的尊重的思想。孔子君臣观的立足点在民，而董仲舒的君臣观立足点却在君，便是这种重大变化的显著标志。

当然，董仲舒的君臣观也其来有自，其渊源就在《尚书·洪范》。但他并不是简单地重复《尚书·洪范》，而是将《洪范》篇的上述思想与孔子、子思、孟子关于人伦亦即人与人关系的基本理论与行为准则的学说，用阴阳说糅合起来，加以改造，使之理论化、系统化，提出了所谓"三纲"（见《春秋繁露·基义》）和"五常"（见《举贤良对策》）。董仲舒的"三纲"以君、父、夫为主；臣、子、妇为从。臣、子、妇对君、父、夫只能绝对服从。这就是两千多年来封建社会的"纲常名教"，而列在"纲常名教"第一位的便是"君臣"。所以，君臣关系在整个封建社会中，被视为"人伦之大者"。然而，两千多年来，人们习惯于将这两种不同的"君臣观"混同起来，将董仲舒改造过的"君臣观"，当成孔子的"君臣观"。这种"君臣观"不但被历代帝王们所利用，而且被学人们奉为圭臬；不但以二程、朱熹为代表的宋儒受其束缚，而且明末清初的启蒙思想家顾炎武、王夫之也不能够摆脱这种束缚。这种现象，不能不令人深思。

"君臣观"在传统的政治思想领域中，二千多年来的思想家很少有人能够回避它，至于政治家更是无法回避。然而，思想史的研究者们对这个问题的研究似乎不够充分，窃以为这种现象是应当改变的。

[原载于《聊城大学学报》（社会科学版）2003 年第 3 期]

论孟子的"君臣观"

孟子继承并发展了孔子的思想,提出"民贵君轻"说。孟子的君臣观是建立在"民贵君轻"的思想基础之上的。

> 孟子曰:"民为贵,社稷次之,君为轻。是故得乎丘民而为天子,得乎天子为诸侯,得乎诸侯为大夫。诸侯危社稷,则变置。牺牲既成,粢盛既洁,然而旱干水溢,则变置社稷。"(《孟子·尽心下》)

"丘民"就是众民。所谓"得乎丘民",就是得到人民群众的拥护。只有得到人民群众的拥护,才可以成为天子。如果失去人民群众的拥护,就必然会失掉天子的地位。"桀纣之失天下也,失其民也;失其民者,失其心也。"(《孟子·离娄上》)

社稷,在古代是祭祀土谷之神的所在,也被视为国家政权的象征。如果诸侯危害了国家政权,那就要改立诸侯。土谷之神(社稷)接受祭祀仍然不能免除水旱灾害,那就改立土谷之神(社稷)。诸侯和土谷之神之所以被改立,就是因为危害了国家人民的利益,天子的地位之所以失去,就是因为他失去民心。可见"民"是国家和社会的主体,天子是为民而设,所以"民贵君轻"。

从这一观点出发,孟子对历史作出了极为深刻的总结:"三代之得天下也以仁，其失天下也以不仁。国之所以兴废存亡者亦然。天子不仁，不保四海；诸侯不仁，不保社稷；卿大夫不仁，不保宗庙；士庶人不仁，不保四体。"（《孟子·离娄上》）

什么叫作"仁"，就是造福人民；什么叫作"不仁"，就是祸害人民。

> 齐宣王问曰："汤放桀，武王伐纣，有诸？"孟子对曰："于传有之。"曰："臣弑其君，可乎？"曰："贼仁者谓之贼，贼义者谓之残，残贼之人谓之一夫。闻诛一夫纣矣，未闻弑君也。"（《孟子·梁惠王下》）

在孟子看来，桀和纣虽处于天子地位，但是却凭借地位残害人民，因而也就丧失了做天子的资格；推翻他，杀掉他是合乎情理的事情，而并非所谓"臣弑其君"！天子所应该做的是"乐民之乐"，"忧民之忧"；是"乐以天下，忧以天下"（《孟子·梁惠王下》）。由此可见，孟子是立足于民来对待天子的。

传统的观点认为天子的地位是极其高贵的，庶民的地位是低贱的，孟子的"民贵君轻"说无异是对这种传统观点提出挑战。在孟子看来，天子与庶人地位虽有悬殊，但同样都是人。

"舜何人也？予何人也？有为者亦若是。"（《孟子·滕文公上》）这虽是孟子引述颜渊的话，但应该说也是孟子本人的观点。

《孟子·告子下》记载有人问孟子："人皆可以为尧舜，有诸？孟子曰：'然。'"可证"人皆可以为尧舜"也是孟子的思想。

> 孟子曰："舜之居深山之中，与木石居，与鹿豕游，其所以异于深山之野人者几希，及其闻一善言，见一善行，若决江河，沛然莫之能御也。"（《孟子·尽心上》）

天子和野人本来差别极小,舜之所以为舜,并成为天子,乃是因为舜接受"善言""善行"启发的结果。所谓"有为者亦若是"正是这个意思。

可见,对于"势"也就是权力与地位,孟子和孔子一样,不是以地位的高低有无权力来区别人,而是以道德水平高下,知识才能的优劣来区别人。因此,研究孟子关于"势"的思想也是研究孟子君臣观的一个重要内容。

首先孟子主张"忘势"。

> 孟子曰:"古之贤王好善而忘势;古之贤士何独不然?乐其道而忘人之势,故王公不致敬尽礼,则不得亟见之。见且由不得亟,而况得而臣之乎?"(《孟子·尽心上》)

作国君及天子的,能够忘记自己的地位和权势,不挟势待人。这就国君及天子而言是很高的思想境界。士,不仅不因国君及天子的地位权力而趋势、附势,而且如果国君及天子不对他恭敬尽礼,就不能够多次与之相见。就士而言,这也是很高的精神境界。孟子所欣赏的就是这种精神境界。这种思想境界,就其实质而言就是尊重人格。

其次孟子主张藐势。

《孟子·公孙丑下》记载这样一件事:孟子准备朝见齐王,齐王派人来说,他感冒了,怕见风,不能来看孟子。但是如果孟子能够到朝廷上来,齐王还是可以接见他的。孟子也托病不朝,却去东郭大夫家吊丧。孟子这样做显然是为了保持自己的人格而予挟势待人者以藐视。

《孟子·尽心上》记载类似的另一件事:滕国国君的弟弟滕更向孟子请教问题,孟子却不予回答。公都子问起这件事,孟子回答说:"挟贵而问,挟贤而问,挟长而问,挟有勋劳而问,挟故而问,皆所不答也。滕更有二焉。"赵氏注:"二,谓挟贵、挟贤也。"(朱熹《四书章

句集注》引）①

赵氏注符合孟子的原意。贵，就是势，指的是地位权势。挟贵而问，孟子则不屑回答，可见，孟子对于权势是何等藐视！

孟子对权势为什么如此藐视呢？从下面这段话，我们便不难找到答案。

> 孟子曰："说大人，则藐之，勿视其巍巍然。堂高数仞，榱题数尺，我得志，弗为也。食前方丈，侍妾数百人，我得志，弗为也。般乐饮酒，驱骋田猎，后车千乘，我得志，弗为也。在彼者，皆我所不为也；在我者，皆古之制也，吾何畏彼哉？"（《尽心下》）

这里所说的"大人"显然指的是诸侯。诸侯们自恃其居于国君的高位，颐使气指，富贵高显之貌，令人望而生畏。在孟子看来，这种令人望而生畏的显贵者，依仗权势过着骄奢淫逸的生活，其人格是卑下的，理所当然地应当加以藐视。而孟子本人，在"得志"之后，决不会过这种骄奢淫逸的生活，在人格上是高尚的。既然如此，又何必畏惧那些"巍巍然"的权势者呢？！

当然"忘势""藐势"，并不是不要"势"。没有"势"，任何人都无法治理国家。"势"是治理国家必不可少的手段，问题在于什么人来掌握这种手段。孟子主张"贤者在位，能者在职"（《孟子·公孙丑上》）。如果"尊贤使能，俊杰在位，则天下之士皆悦而愿立于其朝矣"（同上）。

人们经常提到的孟子的一句话："劳心者治人，劳力者治于人；治于人者食人，治人者食于人，天下之通义也。"（《孟子·滕文公上》）并以此作为孟子是统治阶级代言人的根据。其实，这是一种误解！这里

---

① 朱熹：《四书章句集注》，中华书局，1983，第362页。

所说的"治",是"治理"的意思,并没有残酷统治或残酷剥削的含义。因为残酷统治或残酷剥削,正是孟子所极力反对的。请看孟子与齐宣王下面一段对话:

> 孟子谓齐宣王曰:"王之臣有托其妻子于其友,而之楚游者。比其反也,则冻馁其妻子,则如之何?"王曰:"弃之。"曰:"士师不能治士,则如之何?"王曰:"已之。"曰:"四境之内不治,则如之何?"王顾左右而言他。(《孟子·梁惠王下》)

这段对话,实在耐人寻味!因为在这段对话中,我们可以清楚看到,孟子对君和民关系的理解。

"托其妻子于其友";"士师不能治士";"四境之内不治"。这三层一层进一层。妻子冻馁是"友"的失职,下面的官吏没有管理好是"士师"的失职,一个国家的政权没有管理好,是谁的责任呢?不言而喻,当然是国君。话,说到这里,齐宣王才恍然大悟,终于明白孟子一连串设喻的用意,于是"王顾左右而言他"。

值得注意的是孟子将国君所掌握的政权比喻成"托其妻子于其友",这就是说政权是四境之内的庶民"托"于其君的。如果国君没有将庶民委托的政权管好,那么,庶民对于国君应当采取什么态度呢?显然,应该像齐宣王自己所说的那样"弃之""已之"。弃之的意思是绝交,"已之"的意思是撤职。

也许有人对此会感到惊异,战国时代的孟子会产生这种思想吗?其实一点也不奇怪。一则这段话明明白白地写在《孟子》一书中,并非别人向壁虚构式的杜撰;二则这段话也完全合乎孟子民本思想发展的必然逻辑。

既然君主的政权是庶民委托得来的,所以君主只有为民造福的义务而没有残害人民的权利。然而残酷的现实是只有残害人民的君主,没有为民造福的君主。于是孟子便对那些残害人民的君主大加讨伐。

> 庖有肥肉，厩有肥马，民有饥色，野有饿莩，此率兽而食人
> 也。兽相食，且人恶之；为民父母，行政不免于率兽而食人，恶在
> 其为民父母也？仲尼曰："始作俑者，其无后乎！"为其象人而用
> 之也。如之何其使斯民饥而死也？（《孟子·梁惠王上》）

这是孟子在与齐宣王对话中，当着齐宣王的面所说的话。

> 孟子曰："求也为季氏宰，无能改于其德，而赋粟倍他日。孔
> 子曰：'求非我徒也，小子鸣鼓而攻之可也。'由此观之，君不行
> 仁政而富之，皆弃于孔子者也，况于为之强战？争地以战，杀人盈
> 野；争城以战，杀人盈城，此所谓率土地而食人肉，罪不容于死。
> ……"（《孟子·离娄上》）

在孟子看来，那些自认为民之父母的国君们只顾自己享受而将老百
姓推向死亡的深渊，哪里有资格当民的父母呢？不过是一帮吃人的野兽
罢了！杀人盈野，杀人盈城的国君们更是一帮罪大恶极，虽死犹不足以
赎其罪的罪人而已！批判的锋芒直接指向国君，不但如此尖锐深刻，而
且有的还是当面斥责，如此大胆，如此痛快淋漓，这在两千多年的封建
社会中，是极为罕见的！

在君臣关系方面，孟子的思想也是非常深刻的。首先，孟子认为君
臣的关系是对等的。"君之视臣如手足，则臣视君如腹心；君之视臣如
犬马，则臣视君如国人；君之视臣如土芥，则臣视君如寇仇。"（《孟子·
离娄下》）"今也为臣，谏则不行，言则不听；膏泽不下于民；有故而
去，则君搏执之，又极之于其所往；去之日，遂收其田里。此之谓寇
仇。寇仇何服之有？"（同上）

这段话清楚地说明臣对君不但不存在人身依附关系，而且君对臣要

尊重其人格,如果不尊重臣的人格,"视臣如犬马",那么臣对君则视之为一般人;如果君践踏臣的人格,将臣看作"土芥",那么,臣也理所当然地把君看作仇敌,君主死了,不必为之服孝。

臣的责任是什么呢?孟子认为:"君子之事君也,务引其君以当道,志于仁而已。"(《孟子·告子下》)臣的责任在于一心一意地引导君主走向正确的轨道,所谓正确轨道就是推行仁政,为民造福。不这样做,就是没有尽到做臣子的责任。

臣对于君是要恭敬的。然而,孟子对于这种恭敬,却有着他自己那种不同于一般的理解:"责难于君谓之恭,陈善闭邪谓之敬,吾君不能谓之贼。"(《孟子·离娄上》)"责"指的是期望与要求,所谓"责难",就是要求君主实行仁政,因为仁政对君主而言是难为之事。"责"这个词,一般说来用于表达上对下或对朋辈的要求与期望,孟子不但将"责难"一词用于臣对君,而且认为只有这样做才叫作"恭",这是耐人寻味的。所谓"陈善闭邪",朱熹集注引范氏曰:"开陈善道以禁闭君之邪心,惟恐其君或陷于有过之地者,敬君之至也。"此解较之其他注疏于义为长,因为这种解释比较接近于孟子的原意。既然孟子主张"君子之事君也,务引其君以当道,志于仁而已"(《孟子·告子下》),可见,在孟子看来,臣在君面前不但应当保持其独立的人格,而且是使君走向正道的引路人,甚至是指导者。当时有一个名叫景春的人,学习纵横家的学说,在孟子面前盛赞公孙衍和张仪。说"公孙衍、张仪岂不诚大丈夫哉?一怒而诸侯惧,安居而天下熄"。孟子对此提出尖锐的批评:"是焉得为大丈夫乎?子未学礼乎?丈夫之冠也,父命之;女子之嫁也,母命之,往送之门,戒之曰:'往之女家,必敬必戒,无违夫子!'以顺为正者,妾妇之道也。"(《孟子·滕文公下》)在孟子看来,公孙衍和张仪二人不过是阿谀苟容、窃取权势的小人,所使用的是"以顺为正"的"妾妇之道",当然算不上"大丈夫"。什么是大丈夫呢？孟子解释说："居天下之广居，立天下之正位，行天下之大道；得志，与民由之；不得志，独行其道。富贵不能淫，贫贱不能移，威武不能屈，此之谓大丈夫。"（《孟子·滕文公下》）朱熹解释说："广居，仁也。正位，礼也。大道，义也。与民由之，推其所得于人也；独行其道，守其所得于己也。"在君臣关系方面，孟子蔑视并坚决反对公孙衍、张仪那种"以顺为正"的"妾妇之道"，而主张在君主面前保持那种居仁、位礼、由义，富贵不能淫，贫贱不能移，威武不能屈的"大丈夫"的品格和尊严。今天，我们重温孟子这段话，依然可以感受到孟子那种凛然正气，在这种正气面前，后世之为臣者该有多少人显得那么卑下和渺小！

孔子对当时的从政者评价极低。有一次子贡向孔子请教："今之从政者何如？"孔子回答说："噫！斗筲之人，何足算也！"（《论语·子路》）认为当时的从政者是一些见识浅陋胸襟狭窄的小人。一百余年之后，孟子对同时代的从政者也有同样的看法。他说："人不足与适也，政不足间也。"（《孟子·离娄上》）赵岐注："时皆小人居位，不足过责也。"可见这里所说的"人"即指当时的从政者。适同谪，谓指责，批评。间，应读去声，谓非难和批评，与上文"适"意思大体相同。意思是说，当时的从政者不过是一些不足道的小人，他们的作为不值得去指责去批评，其厌恶的程度比孔子有过之而无不及。值得注意的是孟子在批评当时的从政者之后，接着说的下面一段话："惟大人为能格君心之非……一正君而国定矣。"（同上）"一正君"，由谁来"正君"，就是此处所说的"大人"，这里所说的"大人"，显然指的是臣。"大人"的"大"就大在"能格君心之非"，清除国君不正确的思想使之端正。

"一正君"要具备两个条件：一是臣必须是孟子所说的"大人"；二是国君必须有采纳意见的雅量，并有将国家治理好的愿望。否则这一切都无从谈起。所以，孟子又说：

故将大有为之君，必有所不召之臣；欲有谋焉，则就之。其尊德乐道不如是，不足与有为也。故汤之于伊尹，学焉而后臣之，故不劳而王；桓公之于管仲，学焉而后臣之，故不劳而霸。（《公孙丑下》）

在这里，孟子不但要求君主尊重臣的人格，甚至要求君主把臣当作老师。"大有为之君"，必然"尊德乐道"，既然"尊德乐道"，也就必然会将贤臣当作老师来看待，商汤和齐桓公的例子就说明了这一点。孟子这一思想既是从历史经验的总结中得出来的，同时也是针对现实有所感而发。

如果说孔子为君主树立了最高的典范——尧舜；那么孟子为臣也树立了最高的典范——伊尹。请看孟子对伊尹事迹的叙述。

伊尹相汤以王于天下。汤崩，太丁未立，外丙二年，仲壬四年。太甲颠覆汤之典刑，伊尹放之于桐。三年，太甲悔过，自怨自艾，于桐处仁迁义。三年，以听伊尹之训己也，复归于亳。（《孟子·万章上》）

万章问曰："人有言，'伊尹以割烹要汤'，有诸？"孟子曰："否，不然；伊尹耕于有莘之野，而乐尧舜之道焉。非其义也，非其道也，禄之以天下，弗顾也；系马千驷，弗视也。非其义也，非其道也，一介不以与人，一介不以取诸人。汤使人以币聘之，嚣嚣然曰：'我何以汤之聘币为哉？我岂若处畎亩之中，由是以乐尧舜之道哉？'汤三使往聘之，既而幡然改曰：'与我处畎亩之中，由是以乐尧舜之道，吾岂若使是君为尧舜之君哉？吾岂若使是民为尧舜之民哉？吾岂若于吾身亲见之哉？天之生此民也，使先知觉后知，使先觉觉后觉也。予，天民之先觉者也，予将以斯道觉斯民也。非予觉之而谁也？'思天下之民匹夫匹妇有不被尧舜之泽者，若己推而内之沟中。其自任以天下之重如此，故就汤而说之以伐夏救民。吾未闻枉己而正人者也，况辱己以正天下者乎？圣人之行不同也，或远，或近，或去，或不去。归洁其身而已矣。吾闻其以尧舜之道要汤，未闻以割烹也。"（《孟子·万章上》）

上述两段引文，是研究孟子君臣观的极为重要的文字，应该进行深入研究。

第一段文字，说的是伊尹和太甲的故事，从名分上讲，太甲是君，伊尹是臣。当太甲"颠覆"他的祖父商汤的"典刑"，胡作非为的时候，作为臣的伊尹，竟然免去他的君主太甲的天子之位，并将他流放到桐，令其悔过自新。根据《史记·殷本纪》的记载，在这期间"伊尹摄行政当国，以朝诸侯"。三年之后，太甲完全听从伊尹对自己的教训了，才被迎回亳都继续为王。在这里，伊尹不但是国王的老师，而且是国君强有力的监督者。孟子对伊尹的这种作为给予极高的评价，将他称为圣人，说他是"圣之任者也"。孟子的评价并不过分。翻开中国的历史，在三千多年来的阶级社会中像这样的作为也就是伊尹一人而已！

第二段文字说的是伊尹和商汤的故事。伊尹如何接近汤并为汤所任用，古书记载有两种不同的说法。一种说法是孟子学生万章在请教孟子时所举出的一种说法，即"伊尹以割烹要汤"说。《墨子·尚贤篇》《庄子·庚桑楚篇》《韩非子·难言篇》《吕氏春秋·本味篇》取此说。另一种说法则是"汤聘"说，孟子主此说。《史记·殷本纪》两说并存，不过孟子的"汤聘"说，与《史记》的"汤聘"说略有不同。这说明孟子的"汤聘"说当有所本，并非虚构。我以为在这里历史事实究竟如何，似乎并不重要，重要的是孟子的"汤聘"说中所反映出来的孟子的思想，尤其是孟子的君臣观。

首先，孟子极力批驳"割烹要汤"说，因为这种说法就伊尹而言是"枉己""辱己"。既然如此不惜牺牲自己的人格,"枉己""辱己",已经失去人格尊严,怎么还能够去"正人""正天下"呢?孟子曾经说过:"古之人未尝不欲仕也,又恶不由其道。不由其道而往者,与钻穴隙之类也。"(《孟子·滕文公下》)什么叫作"钻穴隙"?这段引文上面有所说明,"不待父母之命、媒妁之言,钻穴隙相窥,逾墙相从,则父母国人皆贱之"(同上)。可见"钻穴隙"就是指男女之间的苟合,是一种为人所卑视的下贱行为。"割烹要汤"便是"不由其道而往"。这种行为与"钻穴隙"一样是下贱的行为,伊尹是一位人格高尚的人,这种行为当然是伊尹所不屑为的。那么,在孟子笔下,伊尹的人格如何高尚呢?

"伊尹耕于有莘之野,而乐尧舜之道焉。"这句话点出了伊尹在出仕之前的身份和志趣。就身份而言是从事耕作的庶民,就志趣而言,乐尧舜之道,地位虽低下而志趣却极高。

"非其义也,非其道也,禄之以天下,弗顾也;系马千驷,弗视也。非其义也,非其道也,一介不以与人,一介不以取诸人。"这些话说的是伊尹的为人。就为人而言,伊尹的道德水准已经达到了极高的境界,他所信守的是"道"是"义",倘不合乎"道"与"义",虽贵为天子,富以千驷,也不屑一顾,不轻取与,这些都说明伊尹的为人极其清正廉明。

当商汤使人拿着礼物去聘请伊尹时,一开始他不愿出仕。商汤三次派人聘请后(《史记·殷本纪》的记载为五次),才改变态度,并陈述自己态度之所以改变的原由。伊尹这段自白非常重要,它说明三点:其一,出仕不是为了商汤,而是为了民;其二,推行尧舜之道;其三,对自身价值有充分认识——"予,天民之先觉者也。"并由此而引申出一种使命感:"予将以斯道觉斯民也。非予觉之,而谁也?"《史记·殷本纪》说伊尹是"处士",而孟子则说他是有莘之野的耕者。其实,两种说法没有什么差别，所谓"处士"是指隐居的有才德的不出仕的知识分子，作为"耕者"的伊尹正是这样的人。作为耕者却要商汤三番五次聘请，才幡然出仕。这样做并不是为了抬高自己的身价，与后世专走终南捷径的随驾隐士有本质的不同。随驾隐士们貌似清高实际上是一群追求利禄之徒，而伊尹却是志在救民于水火，以天下为己任的圣贤，是臣、士亦即知识分子的最高典范。孟子盛赞伊尹，意义非常重大，它标志着士的人格意识的觉醒，这种觉醒突出表现在士的自尊自重，不避权势，勇于负责，不是为帝王谋利益，而是通过帝王为天下苍生谋利益。这就是孟子君臣观的精要所在。

孟子将国家的治理寄希望于伊尹这样的"大人""圣人"。而且隐隐然有自比于伊尹的意向。他说："如欲平治天下，当今之世，舍我其谁也。"（《孟子·公孙丑下》）这与伊尹的口吻何其相似。但孟子也意识到他和伊尹是不同的，伊尹遇到了像商汤那样的明君，而孟子在他所处的时代却始终找不到像商汤那样的明君，因而无法实现"平治天下"的愿望。"匹夫而有天下者，德必若舜禹，而又有天子荐之者，故仲尼不有天下。"（《孟子·万章上》）在孟子的心目中，孔子的悲剧和自己的悲剧是一样的。

孟子同时也将国家的治理寄希望于国人的参与。这一点首先表现在他对禅让说的修正与改造上。请看下面一段话：

> 万章曰："尧以天下与舜，有诸？"孟子曰："否。天子不能以天下与人。""然则舜有天下也，孰与之？"曰："天与之。""天与之者，谆谆然命之乎？"曰："否，天不言，以行与事示之而已矣。"曰："以行与事示之者如之何？"曰："天子能荐人于天，不能使天与之天下；诸侯能荐人于天子，不能使天子与之诸侯；大夫能荐人于诸侯，不能使诸侯与之大夫。昔者尧荐舜于天而天受之，

暴之于民,而民受之,故日,天不言,以行与事示之而已矣。"
曰:"敢问荐之于天而天受之,暴之于民而民受之,如何?"曰:
"使之主祭而百神享之,是天受之;使之主事而事治,百姓安之,
是民受之也。天与之,人与之,故日:天子不能以天下与人。"
(《孟子·万章上》)

禅让,本来是古代的传说,《尚书》的编纂者将它当作真实史料编
入书中。孔子对禅让取肯定态度,孔子对尧的肯定,以及《礼记·礼
运篇》关于"大同""小康"的论述,便是明证。孟子则不然,认为
"天子不能以天下与人"。但孟子并未简单地否定禅让,而是对禅让作
重要的修正。在孟子看来,天子之位不能私相授受,而是"天与之"
"人与之"。天子只向天推荐继承人,而不能直接将天子之位让给继承
人。这就是说天子只有推荐权而无转让权。"人与之"的"人"指的是
百姓而非天子。这一点极为重要。天根据什么将天子之位授予原天子所
推荐的继承人呢?"天不言,以行与事示之而已矣。"行,指的是被推
荐人的行为;事,指的是被推荐人的事功(此解据赵岐注)。这就是说
天根据被推荐人的行为与事功才能作出是否授予的决定。然而天的意旨
是虚空的,如何才能证实呢?孟子解释说:"使之主祭而百神享之,是
天受之;使之主事而事治,百姓安之,是民受之也。"(同上)从这个
解释中,不难看出:"天与"是虚,"人与"是实。归根到底一个人能
不能当上天子是要看百姓是否接受,是否承认。下面孟子引述《太誓》
"天视自我民视,天听自我民听"这段话之后接着说"此之谓也"(同
上)。"此"指的就是上文"天与""人与"之说。

对君如此,对臣亦如此。孟子主张"贤者在位,能者在职"(《孟
子·公孙丑上》)。但如何才能做到"贤者在位,能者在职"呢?对此
孟子所提出的办法是:"国君进贤……左右皆曰贤,未可也;诸大夫皆

曰贤，末可也；国人皆曰贤，然后察之，见贤焉，然后用之。左右皆曰不可，勿听；诸大夫皆曰不可，勿听；国人皆曰不可，然后察之；见不可焉，然后去之。"（《孟子·梁惠王下》）确定一个人的贤与不贤，并进而决定是"进"还是"去"，主要的不是听取"左右""诸大夫"而是"国人"的意见。听取"国人"的意见后，再加以考查才能作出最后的决定。

天子之位的确定，考查官吏的贤与不贤，然后确定是"进"还是"去"。起决定作用的是百姓，是国人。孟子的这种主张，当然是建立在民本思想的基础上的。如果，我们再进一步研究，就不难发现，孟子上述见解似乎都溢出了民本思想的范围。孟子对禅让说的改造和补充，主张天子之位的确立决定于国人、百姓；进贤也决定于国人、百姓。说民主思想在孟子的君臣观中已经萌芽，似乎并非过分！

综上所述，我们认为孟子的君臣观是这位伟大的哲人在民本思想基础上，对历史和现实进行深入研究、总结、反思之后形成的，与君主专制观念是迥然不同的。

同时，我们还认为孟子的君臣观，不是对往古的追思，而是在对历史作深刻总结的基础上，对人与人、人与国家和社会关系进行深入的、哲理式的思考的结果。不但博大精深，而且具有极大的前瞻性，是思想史上的一块丰碑。不但整个封建社会无人能够逾越，就是在今天，这种理论仍然闪烁着灿烂的光芒，具有极高的参考与借鉴的价值。

（原载于《儒学与 21 世纪中国》，祝瑞开主编，学林出版社，2000年 12 月）

庄子气论发微

庄子的气论是庄子哲学体系的重要组成部分。庄子哲学思想扑朔迷离极难把握，研究庄子的气论是揭示庄子哲学底蕴的一个重要方法和途径。

《国语·周语上》记载，周幽王二年，周的首都镐京（今陕西省西安市长安区西丰镐村附近）发生一次大地震。周的大夫伯阳父分析说："夫天地之气，不失其序……阳伏而不能出，阴迫而不能烝，于是有地震。"在这里伯阳父用阴阳二气的"失其序"来解释地震的成因。这是气、阴阳作为哲学范畴用来解释自然现象的最早的文献记载。这个记载还说明气作为自然范畴是和阴阳这一哲学范畴同时产生的。

从西周末年到庄子所处的战国中叶，气论有了很大的发展，庄子的气论便是在这个基础上发展起来的。

一

庄子的气论中所提到的"气母""阴阳""六气"是首先应当加以注意和研究的。我们认为在庄子的气论中，可以把这三者看作气的三种类型，也可以理解为气在发展过程中的三个阶段。

《庄子·大宗师》："伏戏氏得之，以袭气母。"《经典释文·庄子音义》引司马云:"气母,元气之母也。"元气之说不见于《庄子》,除了《鹖冠子》外也不见于先秦其他典籍。《鹖冠子·泰录》:"故天地成于元气,万物乘于天地。"第一次提出了元气说。到了汉代元气才成为哲学家们所普遍使用的哲学范畴。王充《论衡·谈天》:"元气未分,浑沌为一。"古人所理解的元气,即浑沌未分之气。这种气是气的原始形态,故称之为元气,可见元气就是"气母"。司马注将气母与元气分作两个概念是不确切的,今人钟泰《庄子发微·大宗师第六》:"气母,谓元气也。"① 这种解释是正确的。庄子所说的气母与元气没有什么分别,指的就是气的原始状态。

伏戏氏,在《庄子》书中又简称伏戏(见《田子方》)或伏牺氏(见《胠箧》)、伏羲(见《人间世》《缮性》),一共出现五次,但均未提及伏羲与八卦及《周易》的关系。《周易》在《庄子》书中称作《易》,提到两次。(见《天运》《天下》)《天下》:"《易》以道阴阳。"《周易》是以阴阳作基础的,这一点在《周易大传》中讲得很清楚。无论《周易》还是《周易大传》均产生于庄子之前。《庄子》的气论虽然受《周易》及《周易大传》的影响,但在表述上则有所不同。《系辞传》说:"是故易有太极,是生两仪,两仪生四象,四象生八卦。"《序卦传》说:"有天地,然后万物生焉。"《周易大传》所描绘的宇宙万物演生的序列为太极——两仪——四象——八卦——万物。两仪即阴阳。在《庄子》中没有这样的演生序列。什么是太极呢?唐孔颖达《周易正义》解释说:"太极谓天地未分之前,元气混而为一,即是太初、太一也。"这个解释多为学者所信从,我们同意这个解释,同时我们认为《庄子》的"气母"和《周易大传》的"太极"基本上是相同的。《系辞传》又说:"古者包羲氏之王天下也,仰则观象于天,俯则观法于

① 钟泰:《庄子发微》,上海古籍出版社,1988,第144页。

地，观鸟兽之文与地之宜，近取诸身，远取诸物，于是始作八卦。"包，《经典释文》："孟京作伏。"包羲即伏羲。《周易》作者托始于伏羲，这在庄子以前已经流行。"伏戏氏得之，以袭气母。"之，联系上文指的是道。道，在《庄子》书中，就哲学意义而言，我们认为包含三层意思：一是指宇宙万物的本体、本原；二是指宇宙万物本体本源的运动规律；三是指对宇宙万物本体本原及其运动规律的认识。这里指的是第三层意思。袭，成玄英疏："合也……为得至道，故能画八卦，演六爻，调阴阳，合元气也。"《经典释文》引司马云："入也。"司马的解释于义为长。"袭气母"意思是说伏羲氏由于得到了关于宇宙本体本原及其运动规律的认识，便能深入"气母"而认识其底蕴。

有一点我们应当注意，"伏戏氏得之，以袭气母"这句话之前，也提到了"太极"。原文是："夫道，有情有信，无为无形，可传而不可受，可得而不可见……在太极之先而不为高，在六极之下而不为深。"在《庄子》书中太极一词的出现仅此一次。对此处所说的太极，注家多与《周易大传》所说的太极相混，解释为阴阳未分之前的元气。此释恐不确。极，《说文解字》："栋也。"段玉裁注："引申之义，凡至高至远皆谓之极。"栋，俗称脊檩，在房屋的最高处。"在太极之先而不为高，在六极之下而不为深。""先"与"下"相对为文，当解作"上"，指的是空间而不是时间。此处"太极"似是极言其高，并无特殊含义，应属一般语汇，与《周易大传》中作为哲学范畴的"太极"其含义恐不相同。

《庄子·天下》："建之以常无有，主之以太一。"这是《庄子》综述老子思想时所说的话。"太一"一词不见于《老子》，是《庄子》对老子思想体系进行归纳和概括时所使用的语汇。什么是"太一"呢？要回答这个问题首先要弄清什么是"无"和"有"。"无名天地之始，有名万物之母。"（《老子·一章》）"无"是天地的本始，"有"是万物的根源，"太一"则是这两者的主宰。可见，这个"太一"就是老子的道的同义语。《老子》也有一个宇宙万物的演生序列，这个序列是："道生一，一生二，二生三，三生万物。"（《老子·四十二章》）一、二、三均指气而言，一指浑沌未分的元气，二指阴阳二气，三指阴阳二气在对立统一的运动中所形成的万物的始基，即老子所说的"冲气以为和"（四十二章）的"和"，亦即庄子所说的"太和万物"（《天运》）的"太和"。

"道生一"并非说道比一更根本。道不仅指宇宙万物的本原，而且指运动规律。而运动规律这层意义则是一或是元气所无法涵盖的。从宇宙本原的意义上讲，"一"也就是道。因此，庄子用"太一"来指称老子所说的道。"太一"一词在《庄子》中出现过两次，除《天下》篇外，在《列御寇》篇中也出现过一次。原文如下："小夫之知，不离苞苴竿牍，敝精神乎蹇浅，而欲兼济道物，太一形虚。若是者，迷惑于宇宙，形累不知太初。"大意是说思想浅薄的人虽想疏导群生，合于"太一"，但为万物的形体所囿蔽，是不可能了解"太初"的。这里的"太一"和"太初"都是指万物的本原——元气而言。"太一形虚"，"形虚"正是对元气的形容。

"太初"又作"泰初"。《庄子·天地》篇以"泰初"为始基，给人们描绘出如下一种宇宙演化序列："泰初有无，无有无名；一之所起，有一而未形。物得以生，谓之德；未形者有分，且然无间，谓之命；留动而生物，物成生理，谓之形。"

"泰初"，成玄英疏："泰，太；初，始也。元气始萌，谓之太初，言其气广大，能为万物之始本，故名太初。"这个泰初也就是无，无，言其无形无象。然后由泰初产生了一。其实由泰初至一，指的都是元气。如果有所分别的话，那么泰初是指元气的始萌阶段，而一则是指元气的运动已经形成的阶段。由此又产生了"分"，分指阴阳。"留动"

谓运动与静止。通过阴阳的运动与静止，便产生了物。物产生了，有了生命，从而形成形体。

这个宇宙演化序列，可以表达为：

泰初（无）——一（德）——分（命：阴阳）——物。

上述所引孔颖达《周易正义》对太极的解释，不但将太极解释为元气，而且认为太一、太初也是元气。根据上面的分析，我们认为《庄子》中的太一、太初（泰初）就是这样的元气。

《庄子·在宥》："堕尔形体，吐尔聪明，伦与物忘；大同乎涬溟。""涬溟"《经典释文》引司马云："自然气也。"成玄英疏："自然之气也。"所谓自然之气即混沌未分的元气。"涬溟"又作"溟涬"。"若然者，岂兄尧舜之教民，溟涬然弟之哉？"（《天地》）"溟涬"仍指元气。这句话前人注解多有歧义。其实这段话所讨论的问题是怎样才可以使"民心"达到最高境界。庄子与儒家不同，既不把尧舜看作理想的明君，也不把尧舜时代看作理想的社会。庄子认为"民心"的最高境界是《在宥》篇所说的"大同乎涬溟"。达到这种境界的前提是"堕尔形体，吐尔聪明，伦与物忘"。如果要使"民心"达到最高境界，就不应当推崇尧舜的教化把它放在第一位，而把"溟涬然"亦即"大同乎涬溟"放在第二位。"兄"在这里比喻首要亦即第一位的意思，"弟"比喻次要亦即第二位的意思。所以句中用"岂"这样的反诘副词表示否定。

"溟涬"一词，到了汉代便被哲学家们用来明确地指称元气。王充《论衡·谈天》："溟涬蒙鸿，气未分之类也。"稍晚于王充的东汉著名科学家张衡更把"溟涬"提高到哲学范畴。请看下面这段论述：

太素之前，幽清玄静，寂寞冥默，不可为象，厥中惟虚，厥外惟无，如是者永久焉，斯谓溟涬，盖乃道之根也。道根既建，自无

生有，太素始萌，萌而未兆，并气同色，浑沌不分。(《灵宪》)

在这里，张衡把"溟涬"这种浑沌未分的元气，作为宇宙的原始，因而称"溟涬"为"道根"。"道根"之后，便是"自无生有"。这种说法显然是受庄子思想的影响。

"气母""太一""太初""泰初""涬溟""溟涬"，在《庄子》中异名而同实，指的都是元气。庄子把这种元气当作宇宙的初始。而宇宙的初始在庄子看来是一个十分玄妙而又复杂的现象，上述词汇无法确切地全面地反映这种现象，因而庄子极少使用这些词汇，在一些论述中，常常根据不同情况、不同场合、不同需要用"道""无""一"等来代替上述词汇指称气的原始状态，用以探究宇宙的初始。

阴阳在庄子的气论中，占有重要地位。"阴阳相照相盖相治，四时相代相生相杀，欲恶去就于是桥起，雌雄片合于是庸有。安危相易，祸福相生，缓急相摩，聚散以成。"(《则阳》)郭庆藩《庄子集释》引俞樾曰："盖当读为害。《尔雅·释言》：'盖，割，裂也。'《释文》曰：'盖，舍人本作害。'是盖害古字通。阴阳或相害，或相治，犹下云四时相代相生相杀也。"阴和阳既相互照耀，又互相侵害，互相统治。可见，在庄子看来，阴和阳既是对立的又是统一的。阴阳和四时被说成是下列诸现象的成因，而这些现象既包括自然现象也包括社会现象。

《庄子·大宗师》："父母于子，东西南北，唯命之从。阴阳于人，不翅于父母；彼近吾死而我不听，我则悍矣，彼何罪焉！夫大块载我以形，劳我以生，佚我以老，息我以死。故善吾生者，乃所以善吾死也。"阴阳既是"善吾生者"又是"善吾死者"。这就是说人的死生受阴阳所支配。《庄子·秋水》篇中，北海若回答河伯的问题时，有这样一句话："自比形于天地而受气于阴阳。""自"是北海若自指，即大海。比，通庇，谓寄托。"比形于天地"是说将形体寄托于天地之间；

"受气于阴阳"则是说自身的产生乃阴阳作用的结果，也就是说阴阳是大海的成因。

庄子还认为，阴阳既是万物形成的因素，同时也是使万物夭伤的因素。"阴阳和静，鬼神不扰，四时得节，万物不伤，群生不夭。"（《缮性》）阴阳和谐，万物便"不伤""不夭"。"阴阳不和，寒暑不时，以伤庶物。"（《渔父》）阴阳不和谐，万物就会受到伤害。

阴阳和谐与否，在庄子看来，是一个客观的自然的过程，是不以人们的主观意志为转移的。

《庄子·大宗师》篇记载这样一则故事：

> 俄而子舆有病，子祀往问之。曰："伟哉，夫造物者，将以予为此拘拘也！曲偻发背，上有五管，颐隐于齐，肩高于顶，句赘指天。"阴阳之气有沴，其心闲而无事，跰𧿹而鉴于井，曰："嗟乎！夫造物者又将以予为此拘拘也！"

子舆的病，是"阴阳之气有沴"造成的。"有沴"，指阴阳之气不和而产生的祸害。而阴阳之气不和，是阴阳自身运动的结果，是一个自然的过程。所以对于这种祸害，人是无法躲避的。在庄子的笔下，子舆是一位得道之士，他完全了解这个道理，因而他的状态是"心闲而无事"，心胸宽广而不以为意。在下文的议论中，子舆又就此得出"物不胜天"的结论，物，实即指人，所谓"物不胜天"就是"人不胜天"。

"六气"之说在《庄子》中出现过两次。

> 若夫乘天地之正，而御六气之辨，以游无穷者，彼且恶乎待哉！（《逍遥游》）

> 天气不和，地气郁结，六气不调，四时不节。今我愿合六气之精以育群生，为之奈何？（《在宥》）

"六气"之说并不始于《庄子》。《左传·昭公元年》："天有六气。……六气曰阴阳风雨晦明也，分为四时。"这段话出自秦医和之口，医和不但提出了六气的说法，而且将六气解释为阴、阳、风、雨、晦、明。《经典释文》所引司马注，即依此为说。唐代成玄英《庄子》疏亦取此说。《管子·戒》："是故圣人齐滋味而时动静，御正六气之变。"可见，"六气"说在庄子之前便已存在，庄子把这种气论吸收到自己的气论中来，成为庄子气论的组成部分。

关于"六气"的解释，前人说法不一，而以医和之说为最古。秦汉以后的解说受其时代思潮的影响而创为新解，与庄子的原意恐不相符。医和之说在庄子之前，庄子在采用"六气"之说的时候，也同时采用医和关于六气的解说是完全可能的。"御六气之辩"的"辩"，晚清学者郭庆藩以为辩与正相对为文，当读为变，并引《广雅》"辩，变也"以证成其说[1]。郭庆藩的意见是正确的。上文所引《管子·戒》"御正六气之变"即作"变"，亦可为佐证。

"六气"，除阴、阳外，还有风、雨、晦、明，种类有所增加。但无论阴、阳，还是风、雨、晦、明，均为气所衍化，而为气的一种，所以总称为"六气"。"合六气之精以育群生。""六气"是"群生"即万物的生存条件，也是"气"衍化万物之中介。可见"六气"在庄子的气论中和阴阳一样也占有一定地位。

庄子的气论，虽受《周易大传》、稷下学派的影响，却自成体系。庄子把"气"分作上述三种。庄子的宇宙衍化系列和老子相近，与《周易大传》有所不同。稷下学派似无"气"的衍化系列，而提出了"精气"说。《庄子》书中虽有"合六气之精"的说法，却不曾出现"精气"一词，可见庄子没有把"精气"作为一个范畴来使用。对于当

---

[1]　郭庆藩：《庄子集释》，中华书局，1961，第21页。

时流行的"五行"说,虽在《说剑》篇中,出现过"制以五行"的话,也是仅此一次,在其他篇中,就从未出现过"五行"。这些情况都表明庄子的气论是自成体系的。

二

《庄子·齐物论》:"天地于我并生,而万物与我为一。既已为一矣,且得有言乎?既已谓之一矣,且得无言乎?一与言为二,二与一为三。自此以往,巧历不能得,而况其凡乎!故自无适有以至于三,而况自有适有乎!无适焉,因是已。"

"万物与我为一"的"一",指的就是"气",意思是说万物和我都是"气"。"天地与我并生"也只有从"气"的角度去考虑,才可以理解。"我"的生命虽然极其短暂,"天地"的生命虽然极其长久,但它们都是"气"的产物,归根到底都是"气"。既然都是"气",所以说"我"与"天地"一同产生。而"一"也就是"自无适有"。由此推演下去,就会产生无穷的数,以至最高明的数学家(巧历)也算不清楚。因此,庄子主张"无适焉,因是已"。"无适",意思是不要去推算,"是",指的是自然,"因是"的意思是因顺自然。其实,这个自然指的仍然是"一"。庄子主张对"天人"的探讨,应当停留在"一"上,而不要再去分解。"故为是举莛与楹,厉与西施,恢恑憰怪,道通为一。其分也,成也;其成也,毁也。凡万物无成与毁,复通为一。唯达者知通为一,为是不用而寓诸庸。"(《齐物论》)这里所说的"一",究其极都是就"气"而言。庄子认为只有"达者"(得道之人)才能够了解宇宙万物归根到底都是"一",亦即都是"气"。从这一观点出发,"气母"也好,"阴阳"也好,"六气"也好,都是"气"。既然都是"气",当然也就应当通而为"一"。因此,庄子提出了"一气"说,并直接从"一气"出发去探讨万物的起源。

> 生也死之徒，死也生之始，孰知其纪！人之生，气之聚也；聚
> 则为生，散则为死。若死生为徒，吾又何患！故万物一也，是其所
> 美者为神奇，其所恶者为臭腐；臭腐复化为神奇，神奇复化为臭
> 腐。故曰"通天下一气耳"。圣人故贵一。（《知北游》）

这里以"人"为例，然后推及于万物。人之所以有生命，所以能
够活着，就在于"气之聚"；如果"气"散了，生命也就结束了。所以
说"聚则为生，散则为死"。人是这样，万物也是这样。不但如此，庄
子还进一步发现万物之间不仅互相联系，而且互相转化，"臭腐复化为
神奇，神奇复化为臭腐"。生命在延续的时候，其表现为"神奇"；生
命结束之后，其表现为"臭腐"。神奇和臭腐可以互相转化，就是说生
与死可以互相转化。在庄子看来，此一生命结束，意味着另一生命的开
始；此一物的产生，意味着另一物的消失。所以说："生也死之徒，死
也生之始。"生与死不但可以转化，而且这种转化又是循环的，因而找
不到它的端绪，所以说"孰知其纪"。宇宙间的万物，就这样在循环往
复中产生着，消失着；消失着，又产生着。因而庄子认为整个宇宙都是
由气组成的，宇宙间的万物则是"气"的流转与寓形。所以，庄子的
结论是"通天下一气耳"。由于庄子用"气"来统一宇宙，所以"一"
在庄子那里也就成了哲学范畴。上述引文中"万物一也""圣人故贵
一"两句中的"一"，都是哲学意义上的"一"。这个"一"，其内涵
则是指"气"。因此，我们认为庄子是一位气一元论者。

"气"在庄子那里既然已经上升到哲学范畴，也就很自然地跟
"道"联系在一起。

> 舜问乎丞曰："道可得而有乎？"曰："汝身非汝有也，汝何得

有夫道？"

　　舜曰："吾身非吾有也，孰有之哉？"曰："是天地之委形也；生非汝有，是天地之委和也；性命非汝有，是天地之委顺也；孙子非汝有，是天地之委蜕也。故行不知所往，处不知所持，食不知所味。天地之强阳气也，又胡可得而有邪！"（《知北游》）

　　这里所讨论的问题是："道"可不可以占有。答案是非常明确的：不能占有。理由何在呢？因为人的形体是"天地之委形"，生是"天地之委和"，性命是"天地之委顺"，孙子是"天地之委蜕"。天地是什么呢？从"一气"说观点来看，天地和阴阳一样，也是"气"的演化物。如果说阴阳是气衍生万物的中介，那么天地和阴阳一样也是气衍生万物的中介。所以，天地和阴阳一样，归根到底都是气。"彼方且与造物者为人，而游乎天地之一气。"（《大宗师》）在这里，庄子明确地指出天地即"一气"，就说明了这一点。"天地者，万物之父母也，合则成体，散则成始。"（《达生》）这和上述《知北游》篇以"气"的聚散解释人的生死，是一个意思。上文将人的"行""处""食"亦即人的生存，归结为"天地之强阳气"也说明了这一点。

　　以人是天地的"委形""委和""委顺""委蜕"来回答"道"不能占有。这样的回答已经把"道"和"天地"统一起来。人的自身既然是由"道""天地""气"演化而来，那也就很自然地得出结论：人不可能去占有"道"。

　　"今计物之数，不止于万，而期曰万物者，以数之多者号而读之也。是故天地者，形之大者也；阴阳者，气之大者也；道者为之公。"（《则阳》）天地和阴阳虽然都是气的衍化物，但天地是有形体的，而阴阳却是无形体的。有形体当中当然不只是天地，但天地能覆载万物，是有形体当中最大的；无形体当中也不只是有阴阳，然而阴阳却充塞于宇宙之中，无处不在，因而阴阳是无形体中最大的。公，共有的意思，道是天地和阴阳所共有的。这里所说的道，实际上指的就是气。这段话表明"道""天地""气"是统一的。

"气""一""道"，在庄子哲学中都是十分重要的哲学范畴。"气"是一种物质性的实体。这种实体既存在于天地万物之中，又是产生天地万物的始初物质。"一"指的是天地万物统一并产生于"气"，《庄子》书中就是从这一意义上用"一"来指称"气"的。"道"作为哲学范畴比上述两者的内涵则更为丰富和宽泛，不但概指气，而且指气及其所衍化的万物和运动规律。因此，这三个范畴在庄子哲学体系中，即是相通的，而又有所区别，只有在特定的前提条件下，才可以相互指称；虽可以相互指称，又有各自特定的内涵，因而是不可或缺的。我们研究庄子的哲学思想，既要注意这三个范畴的相通处，又要注意其间的区别。从这里出发，沿着庄子思维的逻辑进程进行探究，我们才能通解庄子那些玄奥莫测的论述，从而解开庄子思想的奥秘。

"气"虽然是一种物质，但人们都看不见它，摸不到它。因而庄子又常常用"无"来指称"气"。这样，"无"便成为庄子哲学体系中又一重要范畴。

《齐物论》是庄子的代表作。《齐物论》包含两方面的含义：齐物与齐论。什么是"齐物"呢？既然在庄子看来宇宙万物归根到底都是从"气"产生出来，因而应当齐一于"气"，齐一于"气"也就是"齐物"。《齐物论》所要表达的正是这种思想。这篇文章的第一段对所谓的"天籁""地籁"作了一番极其精彩、极其生动的描写。"籁"是古代的一种管乐器，即箫。乐声是气流通过箫的孔穴发出来的，乐声虽可闻知，但气流却是无形的。"夫大块噫气，其名为风，是唯无作，作则万窍怒号。"由于"噫气"的作用，这些"窍穴"便发出各种各样的声音，形成"万窍怒号"。"厉风济，则众窍为虚。"大风停止了，声音也就消失了，复归于"虚"，"虚"也是"无"。这好比天地间的万物当它产生出来的时候，千姿百态，生气勃勃；当它消亡的时候，则又无影无踪，复归于"无"。然而它是怎样产生，又是如何消亡的呢？《齐物论》的回答是："夫吹万不同，而使其自己也，咸其自取，怒者其谁耶？"产生与消亡都是"自取"，根本不存在自身之外的"怒者"（"怒者"比喻发动者）。就这样，庄子明确地否定了造物主的存在，坚守气一元论的立场，这就是《齐物论》的基本观点。

《庄子·至乐》篇记载了这样一则有趣的故事：

> 庄子妻死，惠子吊之，庄子则方箕踞鼓盆而歌。惠子曰："与人居，长子老身，死不哭亦足矣，又鼓盆而歌，不亦甚乎！"
>
> 庄子曰："不然。是其始死也，我独何能无概然！察其始而本无生，非徒无生也而本无形，非徒无形也而本无气。杂乎芒芴之间，变而有气，气变而有形，形变而有生，今又变而之死，是相与为春秋冬夏四时行也。人且偃然寝于巨室，而我噭噭然随而哭之，自以为不通乎命，故止也。"

在这里，庄子把生命的产生，分作四个阶段：芒芴之间——气——形——生。"芒芴"，我们认为实际上也是气，指"气"的原始阶段。从"芒芴"到"气"，用庄子自己的语言来概括就是"无"。

> 有乎生，有乎死，有乎出，有乎入，入出而无见其形，是谓天门。天门者，无有也，万物出乎无有。有不能以有为有，必出乎无有。（《庚桑楚》）

什么是"天门"呢？陈鼓应先生解释为："自然的总门。"[1] 我们认

---

① 陈鼓应：《庄子今注今译》，中华书局，1983，第 612 页。

为这个解释是精确的。天，在《庄子》中多指自然。这个自然的总门，是万物产生的所在。庄子把这个所在又称为"无有"。万物产生于"天门"，也就是产生于"无有"。其实，"无有"也就是"无"。下面一段话清楚地说明了这一点。

> 芒乎芴乎，而无从出乎！芴乎芒乎，而无有象乎！万物职职，皆从无为殖。（《至乐》）

"万物职职，皆从无为殖"与"万物出乎无有"意思完全相同，毫无二致。

过去有不少学者将庄子的"无"理解为超乎物质世界之上，并与之对立的精神实体，指的是宇宙精神。因而断言庄子的哲学体系是唯心主义，甚至断言它是从老子的客观唯心主义转化而成的主观唯心主义。这实在是一种误解，或者说是一种曲解。

所谓"芒芴"是指"无有象"而言的，这正是对"气"的特点的概括。万物虽由此产生，然而人们却"无见形"。因此，"无"是指"无有象""无见形"而言。而"气"则正是"无有象"和"无见形"的。可见"无"是对"气"加以概括和抽象而形成的范畴。如果我们要对"无"的内涵加以界定的话，那么通观《庄子》的论述，应当是：隐伏的混沌未分的"元气"。这是实实在在的物质，根本不是什么绝对的宇宙精神。

三

万物既然产生于"气"，那么万物是怎样从"气"中产生出来的呢？为了解决这个问题，庄子又提出了"化"的思想。因而，关于"化"的论述，也是庄子气论中的一个重要内容。

　　天无为以之清，地无为以之宁，故两无为相合，万物皆化。
（《至乐》）

　　这里讲的是天地之化。这种变化的特点是"无为"的，天和地就
是这样在无为中化育万物。

　　至阴肃肃，至阳赫赫；肃肃出乎天，赫赫发乎地；两者交通成
和而物生焉，或为之纪而莫见其形。消息满虚，一晦一明，日改月
化，日有所为，而莫见其功。生有所乎萌，死有所乎归，始终相反
乎无端而莫知乎其所穷。非是也，且孰为之宗！（《田子方》）

　　这段话，对天地之化作了进一步论述，十分重要。有三点值得我们
注意。第一点，庄子把天地之化理解为至阴至阳的"交通成和"，而这
种"交通成和"是阴阳在运动过程中自然而然所形成的变化，所以它
仍然是无为的。第二点，庄子认为这种变化"始终相反乎无端而莫知
乎其所穷"。《大宗师》也说："万化而未始有极也。"就是说这种变化
既是始终相反的，又是无穷无尽的。第三点，这种无穷无尽的变化原因
何在？动力何在呢？庄子认为其原因和动力就在于至阴至阳的"始终
相反"。唯其"始终相反"，才能"交通成和"；唯其"交通成和"，才
能化育万物。庄子反问说："非是也，且孰为之宗？"如果不是这些，
那么谁是万物宗本呢？庄子的立场是十分鲜明而毫不含糊的。变化的原
因与动力在于自身而不在别的什么地方。

　　今彼神明至精，与彼百化，物已死生方圆，莫知其根也，扁然
而万物自古以固存。六合为巨，未离其内；秋毫为小，待之成体。
天下莫不沉浮，终身不故；阴阳四时运行，各得其序。惛然若亡而
存，油然不形而神，万物畜而不知。此之谓本根，可以观于天矣。
（《知北游》）

这种"神明至精"的东西是什么呢？当然是衍生天地的"气"。这种"气"不但衍生天地，而且在天地之间形成各种各样的变化——"百化"。物就是在"百化"中，或产生，或消亡，或者成圆，或者成方。上下四方是最大的了，却在它之中，而不会脱离它；秋毫是最小的了，也要依赖它，才能形成它的形体。这清楚地说明"神明至精"的"气"是万物的宗本。

这种宗本之所以被称作"神明"，是因为它能够使"天下莫不沉浮，终身不故"。"沉浮"形容变化；"不故"意谓不守故常，新新相续。就是说，这个宗本能够使天下万物不断地处于变化之中，而且在变化中新新相续。其次，它的"神明"还表现为"惛然若亡若存，油然不形而神，万物畜而不知"。"惛然"，形容暗昧的样子，意思是说这种宗本是暗昧的，好像存在，又好像不存在，它神奇地使万物自然而然地生长，却不显露形迹，以致万物虽赖之以生存却不自知。应当说这是庄子对"气"化生万物的形象的表述。

在上述引文中，有句话应当注意。这句话是"扁然而万物自古以固存"。是说万物自古本来就存在着。一方面肯定万物为"气"所化生，另一方面又说万物自古本来就存在着，这两种说法岂不互相矛盾？庄子意识到这个矛盾，不但如此，而且试图解决这个矛盾。首先，如果说万物自古本来就存在着的话，那么它的存在一定要有一个处所。"形本生于精，而万物以形相生。"（《知北游》）精，指精微之气，精微之气也是"气"。可见，"气"就是万物"固存"的处所。对于这个处所，庄子作了这样的描绘："无门无房，四达之皇皇也。"（同上）没有门径，没有固定的居处（房喻指居处），广大无边。这里所描绘的情形，用庄子的语言来概括就是"无"。"气"正是这种"无"。

其次，庄子提出了"种"的观念。

万物皆种也，以不同形相禅，始卒若环，莫得其伦，是谓天均。(《寓言》)

种，郭象注："虽变化相代，原其气则一。"成玄英疏："夫物云云，禀之造化，受气一种而形质不同，运运迁流而更相代谢。"郭注成疏都把"种"解作"气"，这是符合庄子的原意的。其实，"种"即种子，只是这种子也是气。"通天下一气耳"与"万物皆种也"意思是相同的。庄子试图用这种办法，来解决上述矛盾；这种办法应当说是模糊的，不清晰的。"道物之极，言默不足以载，非言非默，议有所极。"(《则阳》)上面所探讨的问题便属于"道物之极"，而这样的问题在庄子看来是无法用言语来表达清楚的。

万物从"种"或"气"中产生出来，当它消亡的时候，又复归于"种"或"气"。不但如此，而且此生彼死，此死彼生，往复循环，没有尽头。这就是所谓"始卒若环，莫得其伦"。

在《至乐》篇中，庄子对这种往复循环的过程作了如下描述：

种有几，得水则为继，得水土之际则为鼃蠙之衣，生于陵屯则为陵舄，陵舄得郁栖则为乌足，乌足之根为蛴螬，其叶为胡蝶。胡蝶胥也化而为虫，生于灶下，其状若脱，其名为鸲掇。鸲掇千日为鸟，其名为干余骨。干余骨之沫为斯弥，斯弥为食醯。颐辂生乎食醯，黄軦生乎九猷，瞀芮生乎腐蠸，羊奚比乎不箰，久竹生青宁；青宁生程，程生马，马生人，人又反入于机。无物皆出于机，皆入于机。

"机"，郭象注："此言一气而万形，有变化而无死生也。"仍然以气来解释"机"。成玄英疏："机者发动，所谓造化也。造化者，无物也。人既从无生有，又反入归无也。岂唯在人，万物皆尔。""造化"

也是气,是从化生角度来言气的。在《庄子》中,常常根据表达的需要用不同的词汇来代指"气"。郭象在注解《庄子》时注意到了这一点,这是正确的。这里所说的"机",仍指"气"或"无"而言。

以上所述就是庄子所探讨的天地之化。

万物通过天地之化被衍生出来之后,自身仍在不停地变化,而这种变化又引起物与物之间的相互变化。

请看下面一则故事。

> 俄而子来有病,喘喘然将死,其妻子环而泣之。子犁往问之,曰:"叱!避!无怛化!"倚其户与之语曰:"伟哉造化!又将奚以汝为,将奚以汝适?以汝为鼠肝乎?以汝为虫臂乎?"(《大宗师》)

子来在庄子笔下虽然是一位得道之士,但这样的人跟其他人一样,难免一死。而且死了之后也许变化为鼠肝,也许变化为虫臂,谁也难以预料。这就是说,在庄子看来,这些变化都是自然运转的过程,物自身没有选择的自由,一切都要听从造化的安排。

> 今之大冶铸金,金踊跃曰:"我且必为莫邪。"大冶必为不祥之金。今一犯人之形,而曰:"人耳人耳。"夫造化者必以为不祥之人。今一以天地为大炉,以造化为大冶,恶乎往而不可哉!(同上)

应当怎样理解这里所说的"造化"呢?我们认为庄子在这里所说的造化与有神论者所说的造物主是截然不同的。这里所说的造化指的是创造化育。这种创造化育,不是上帝和神的作用,而是自然,也就是文中所说的阴阳。正是由于阴阳的作用,万物之间才能相互变化。

在庄子关于"化"的论述中,还包含着一些有价值的思想:在肯定上述各种变化的同时,还认为这些变化具有规律性和永恒性。"夫天下也者，万物之所一也。得其所一而同焉，则四支百体将为尘垢，而死生终始将为昼夜而莫之能滑，而况得丧祸福之所介乎！……且万化而未始有极也，夫孰足以患心，已为道者解乎此。"（《田子方》）在天地之间，万物的死亡和生长，终结和开始，像白天和黑夜那样不停地有秩序地循环，谁也不能扰乱。就是说这种变化是有规律的，而这种规律是客观的不可逆转的。"万化而未始有极"，这种变化又是无穷的永恒的。在庄子看来，整个宇宙就是这样有规律地永恒地变化着，运动着。这些思想，应当说是非常深刻的，达到了在当时历史条件下所能达到的广度和深度。

综上所述，庄子关于气的论述，完全摒弃了那些神秘主义的色彩，从不同角度将"气"解释为一种物质实体，并将这种物质实体理解为宇宙本原。这是庄子在哲学史上的杰出的贡献。对后代的影响是深远的巨大的。从庄子哲学思想体系本身来看，他和他的前辈老子一样，将"道"作为最高的哲学范畴，而庄子则将"道"牢牢地建立在"气"的基础之上，以"气"为始基来论述"道"。所以我们只有探明庄子的气论才能探明庄子的道论。如果我们要寻找庄子哲理思辨的起点的话，那么，庄子的气论就是庄子哲理思辨的起点。从这里出发，庄子开始了他那天人之辨的漫长的探索历程，并以他独特的方式在这个探索历程结束之际构建出他那充满深刻思辨色彩的雄奇而瑰丽的思想体系。这个思想体系是那样的"弘大而辟，深闳而肆"（《天下》），而且"其应于化而解于物也，其理不竭，其来不蜕，芒乎昧乎，未之尽者"（同上）。因而当这个思想体系建立之后，庄子面对着它有些担心了。他担心他的思想体系难以为世人所理解，"是其言也，其名为吊诡，万世之后，而一遇大圣，知其解者，是旦暮遇之也"（《齐物论》）。庄子的这种担心似乎并不是多余的，两千多年来，加在庄子身上的许多曲解和误解便是明证。如果我们把庄子思想体系比作古希腊神话中的迷宫的话，那么解析庄子的气论，似乎是解析庄子思想体系的钥匙，通过这样的解析，也许可以揭开庄子思想体系的奥秘。

（原载于《道家文化研究》第八辑，陈鼓应主编，三联书店，1995年11月）

《庄子注译》前言

　　《史记》本传："庄子者，蒙人也，名周。周尝为蒙漆园吏。"司马迁这段记载，是目前我们能够见到的有关庄子故里最早的记载。由于过于简略，蒙究竟在何处，司马迁未作具体交代。因而，后人见仁见智，聚讼纷纭，莫衷一是，迄无定论。约而言之，对庄子故里有以下三种说法。一、《汉书·艺文志》"庄子五十二篇"下班固自注："名周，宋人。"受班固的影响汉代以及魏晋时代的学者大都以庄子为宋人，蒙，为宋的国都，其地在今河南商丘。二、按唐代学者张守节在《史记》本传《正义》中的意见，蒙，当在今山东曹县境内西北部。三、蒙，在今安徽西北部的蒙城，持此说者多为唐中叶以后的学者，特别是蒙城地方志的编纂者。总之，庄子故里有待于进一步探讨。

　　庄子在历史上，虽然是一位大有影响的人物，但是，关于他的生平事迹的记载却非常少。《史记》本传仅有235字，极其简略。因此，有关庄子的生平事迹及生卒年月已无法确考。

　　《史记》本传说庄子"与梁惠王、齐宣王同时"。梁惠王即魏惠王，名罃。公元前369年至前319年在位。齐宣王，名辟疆。公元前319年至前301年在位。以此为据，加以推断，庄子生年当在公元前370年前后。庄子与惠施是好朋友。《庄子·徐无鬼》记载，庄子送葬，路过惠子之墓，发抒对亡友不胜怀念的慨叹。是惠子死后而庄子仍在。惠施相魏，历魏惠王、魏襄王两代，前后达 30 余年。魏襄王十三年（公元前306 年）罢相后入楚。（笔者按：以下凡《庄子》引文只注篇名不加书名）《秋水》所载"濠梁之辩"当在惠施入楚之后。这是两人最为人们所津津乐道的一次交往。可见在惠施入楚之后，两人还交往过一段时间。由此推断，庄子的卒年当在公元前 3 世纪初年。享年当在八十余岁。

庄子生于何种家庭，也无法确考。《史记》本传说他"其学无所不窥"。可以推知庄子青少年时代，一定受过良好的教育。因此，他的家庭不会是一般的家庭。据《庄子》本书记载，他的生活又十分贫困。学者多推断庄子出身于没落的奴隶主家庭。这样的推断，有一定道理。

对《庄子》一书最早进行研究的是西汉初年淮南王刘安。刘安著有《庄子略要》和《庄子后解》，但均已亡佚，其说已不得其详。西汉末年刘向曾对《庄子》一书进行过校勘和整理。《汉书·艺文志》所著录的《庄子》五十二篇，当是刘向所校理的本子。

在汉代，庄子的文章和思想虽然产生广泛的影响，但对《庄子》进行深入的研究和探讨，应该说是从魏晋时代开始的。

魏晋之初，玄学兴起。《周易》《老子》《庄子》成为研究的热点，时称"三玄"。根据史书及其他资料的记载，魏晋时注解《庄子》的书，达二十种以上。这些注解，最重要的有四家：崔譔、向秀、司马彪、郭象。据《经典释文·叙录》记载，司马彪本为二十一卷，五十二篇。另有孟氏注十八卷，五十二篇。司马彪注本与孟氏注本均为五十二篇，与《汉书·艺文志》所著录的篇数相同。因而，陆德明《经典释文·叙录》认为："《汉书·艺文志》《庄子》五十二篇，即司马彪、孟氏所注是也。"陆德明认为这个本子"言多诡诞，或似《山海经》，或类《占梦书》"。其中有"后人增足，渐失其真"。因此，魏晋时期的注《庄》者，对刘向校理本"以意去取"，又作一次整理。郭向所注的

《庄子》，便是这样的本子。郭向认为五十二篇本为"一曲之才，妄窜奇说，若《阏弈》、《意修》之首，《危言》、《游凫》、《子胥》之篇，凡诸巧杂，十分有三"。可见，在郭象看来《汉志》五十二篇本，后人"妄窜"部分占十分之三。既是"妄窜"，当然应该删去。所以郭象的注本为三十三卷，三十三篇，分内篇七、外篇十五、杂篇十一。将五十二篇删去十九篇，保留三十三篇。

按陆德明《经典释文·叙录》的说法"惟子玄所注，特会庄生之旨，故为世所贵"，子玄是郭象的字，这就是说在当时学术界最为看重的是郭象的注本。郭象的注本是流传至今唯一完整的本子，其他注本在唐代以后均先后亡佚了。

唐代是儒、道、释三家鼎立的时代。唐代虽崇尚儒学，而道、释也同时受到尊重。庄子被尊为南华真人。《庄子》一书被尊为《南华真经》。因此，在唐代对庄子的研究依然十分盛行，根据新旧《唐书》的记载，注解《庄子》的书达二十三种之多，在这些著作中，最为重要的则是成玄英《南华真经注疏》三十卷。

成玄英是唐代初年的道士，唐太宗贞观五年（公元631年。笔者按：冯契主编《哲学大辞典》作637年，误。）被加号为西华法师。成玄英在《南华真经注疏》的序中称："玄英不揆庸昧，少而习焉，研精覃思三十年①矣。依子玄所注三十篇，辄为疏解，总三十卷。虽复词情疏拙，亦颇有心迹指归；不敢贻厥后人，聊自记其遗忘耳。"可见，成玄英的疏，所依据的是郭象的注本。

唐代对古籍的注解称义疏之学。从总体上讲，义疏之学是汉学的余绪，它的原则是"疏不破注"，因而其特点是守成多于创新。很明显，

---

① 世界书局本、中华书局校点本均无"年"字，甚为不词，当为误脱。近人郎擎霄《庄子学案》331页引此文增"年"字，当从。

这种学风又是对魏晋学风的一种反动。郭象的注偏重于义理，成疏除了对郭注的义理详加疏解使之更加明晰外，而且对字、词、句也加以训释，从而弥补了郭注的不足。同时，在义理的疏解上成玄英也有自己的心得体会。成疏代表了唐代《庄子》研究的最高成就。因而郭注成疏直到现在仍然是我们研究庄子思想的必不可少的重要参考书。

宋代是思想十分活跃的时代，形成了具有鲜明特色的"宋学"而与"汉学"相对立。宋学的特点是偏重义理。这一时期研究《庄子》的著作，也大都体现了这一特点。根据有关资料，两宋时期有关《庄子》的注释及论著在六十种以上。南宋末年褚伯秀《南华真经义海纂微》一书是对有宋一代学者《庄子》研究成果的汇集和总结。《四库全书总目提要》说："伯秀，杭州道士，是书成于咸淳庚午年（公元1270年），下距宋亡仅六年（笔者按：当为九年）。周密《癸辛杂识后集》载，至元丁亥年（公元1287年）九月与伯秀及王磐隐游阅古泉，则入元尚在也。其书纂郭象、吕惠卿、林疑独、陈祥道、陈景元、王雱、刘槩、吴俦、赵以夫、林希夷、李士表、王旦、范元应十三家之说，而断以己意，谓之'管见'。中多引陆德明《经典释文》而不列于十三家中，以是书主义理，而不主音训也。"

明代注解《庄子》的著作以焦竑《庄子翼》、释德清《庄子内篇注》、方以智《药地炮庄》为代表。焦竑为明代后期人，所著《庄子翼》其主旨在阐明儒、道互补之意，在庄学史上有一定影响及地位。

清代，在乾嘉学风的影响下，学者们对《庄子》的研究，从文字、训诂角度做了大量工作，解决了前人没有解决的许多问题，使《庄子》研究有了长足的进展。清末，郭庆藩的《庄子集释》和王先谦的《庄子集解》对这些成果做出总结性的整理，反映了清代学者的研究成就，是庄学史上的重要著作。《庄子注译》的《庄子》原文即以王先谦《庄子集解》（世界书局《诸子集成》本）为底本并参照郭庆藩《庄子集释》（中华书局 1961 年校点本），同时，也酌取古今学者的校勘成果。

近代学者继承了前代学者的传统，不仅从文字、训诂方面匡正前人的失误，同时也进一步解决了前人不曾解决的问题。对《庄子》书中的真伪，《庄子》思想体系及其艺术成就，进行了多角度、多层次的探讨，从而将庄学的研究又大大地向前推进了一步。

20 世纪五六十年代，由于极左思潮的影响，庄子思想被当作"反面教材"加以批判。70 年代末、80 年代初，学术界对极左思潮进行反思，从而坚决地摒弃了这种思潮及其研究方法，《庄子》的研究走上了健康的轨道。三十年来，在这一领域中已经取得了丰富的、积极的成果。不但出版了相当数量的专著，发表了大量的论文，而且出版了以陈鼓应教授为主编的《道家文化研究》专门性刊物，使庄子研究更加深入。同时，近年来在众多的出土文献中，道家文献占很大比重。如马王堆出土的《老子》帛书甲、乙本，1973 年河北定县出土的《文子》残简，尤其是遗失了两千多年的《黄帝四经》的出土，意义更为重大。对道家文化的研究包括对《庄子》的研究，都将起到推动作用。可以预期，在学者们的共同努力下，《庄子》研究必将取得更大进展和更为重要的成果。

应当指出的是，庄子的思想是"以谬悠之说，荒唐之言，无端崖之辞，时恣纵而不傥，不以觭见之也"（《天下》）的方式展开的。所表达的思想又是那样的"弘大而辟，深闳而肆"（同上），且具有"其理不竭，其来不蜕，芒乎昧乎，未之尽者"，"其书虽瑰玮而连犿无伤也，其辞虽参差而諔诡可观"（同上）的特点。理解起来十分不易。《齐物论》中有这样一段话："是其言也，其名为吊诡。万世之后而一遇大圣，知其解者，是旦暮遇之也。"这段话是借长梧子之口说的。其实是庄子的"夫子自道"。对这样的"夫子自道"我们不应当理解为庄子的傲慢。近代著名学者马叙伦先生在所著《庄子义证·自序》之前，写下了这样一首绝句："胜义无疑第一禅，几人曾解笑前贤。开宗不了道遥字，空读南华三十篇。"马叙伦先生这首绝句可证庄子的"夫子自道"并非虚语！

《河南程氏粹言》卷二有一段批评庄子的话："'物之不齐，物之情也。'庄周强齐之，岂能齐也。"这段话显然是针对《齐物论》而言。《河南程氏粹言》为二程弟子杨时所编，程氏兼指程颢、程颐兄弟二人。这段话究竟出自程颢或是程颐谁人之口，杨时并未标明，难以确指。但无论程颢还是程颐在中国哲学史上，都是里程碑式的哲学家。然而，这段话表明二程（可能是程颐，在《二程集》中，程颐对庄子多有批评）没有读懂《齐物论》则是可以断言的。《齐物论》所说的"齐物"是从万物的本原意义上来说的。万物的本原是什么呢？庄子是这样回答的："生也死之徒，死也生之始，孰知其纪！人之生，气之聚也；聚则为生，散则为死。若死生为徒，吾又何患！故万物一也，是其所美者为神奇，其所恶者为臭腐；臭腐复化为神奇，神奇复化为臭腐。故曰'通天下一气耳。'圣人故贵一。"（《知北游》）"万物一也"，人和万物一样都是从"气"那里产生出来的。"气"就是万物的本原。所谓"齐物"就是齐"物"于"气"。齐"物"于"气"是一种自然现象，并非出于庄周的"强齐"。从上述这段话中，我们可以了解庄子不但是一位气一元论者，而且是一位气化生论者。

庄子和老子一样，最高的哲学范畴是"道"。而这个"道"是以"气"为基础和核心的。"圣人故贵一""万物一也"，这里的"一"指的就是"气"。而"气"则是"无有象"的，所谓"无有象"是指没有形迹。所以庄子也用"无"来指称"气"。"天无为以之清，地无为以之宁，故两无为相合，万物皆化。芒乎芴乎，而无从出乎！芴乎芒乎，而无有象乎！万物职职，皆从无为殖。"（《至乐》）"从无为殖"的"无"指的就是"气"。"殖"，繁殖。可理解为产生。万物从"无"产生出来，也就是从"气"产生出来。

"舜问乎丞曰：'道可得而有乎？'曰：'汝身非汝有也，汝何得有夫道？'舜曰：'吾身非吾有也，孰有之哉？'曰：'是天地之委形也；生非汝有，是天地之委和也；性命非汝有，是天地之委顺也；孙子非汝有，是天地之委蜕也。故行不知所往，处不知所持，食不知所味。天地之强阳气也，又胡可得而有邪！'"（《知北游》）这里所讨论的问题是道可不可以占有，而回答则是"天地之强阳气也，又胡可得而有邪！"在这里，庄子不但明确地把道和气联系在一起，而且也可以看出庄子把气作为道的基础。

道、气、无、一是庄子哲学思想中四个重要的范畴。这四个范畴之间，既有联系也有区别。（详见拙作《庄子气论发微》，《道家文化研究》第八辑）这四个范畴联系在一起组成了庄子哲学的本体论。只有正确地把握住这个本体论，才能正确地理解庄子的哲学思想。二程的错误就在于没有理解庄子哲学的本体论。按照庄子的逻辑，在万物没有产生之前，只有"无有象"的"气"，别的什么都没有。在"从无为殖"产生出"万物职职"之后，就像"吹万不同"（《齐物论》）一样，万物也就出现了万不同。而这种万不同也是自然形成的，因而，庄子从来没有想到要对这种万不同加以齐同。不仅如此，庄子还反对任何人对这种万不同加以齐同。

"长者不为有余，短者不为不足。是故凫胫虽短，续之则忧；鹤胫虽长，断之则悲。故性长非所断，性短非所续，无所去忧也。意仁义其非人之情乎！彼仁人何其多忧也？"（《骈拇》）凫胫之短，鹤胫之长，是自然形成的，硬要通过人为的续、断，强暴地加以齐同，就一定会给凫与鹤造成痛苦和悲伤，不言而喻这种做法是非常错误的。

　　南海之帝为儵，北海之帝为忽，中央之帝为浑沌。儵与忽时相与遇于浑沌之地，浑沌待之甚善。儵与忽谋报浑沌之德，曰："人

皆有七窍以视听食息，此独无有，尝试凿之。"日凿一窍，七日而浑沌死。（《应帝王》）

这是一则耐人寻味的寓言。浑沌没有七窍，儵和忽为了报答浑沌的情意，想把浑沌搞成和别人一样具有七窍。于是"日凿一窍"，七天之后，七窍凿成了，浑沌也就被凿死了。多么发人深省！这则寓言充分表明庄子并没有像二程所说的那样强齐万物。其实，这样的例子在《庄子》一书中还可以找到很多，不知道为什么像二程这样的大哲学家却视而不见，实在令人难以理解。

庄子的本体论充满了辩证法思想，同样从庄子的本体论派生出来的方法论和认识论也充满了辩证法思想。

要深入而正确地理解和掌握庄子的思想，必须从微观和宏观两方面入手。所谓宏观，就是要正确地运用庄子的本体论、方法论、认识论，从整体上把握庄子哲学思想的精要；所谓微观，就是从文字、音韵、训诂入手加以研究，达到正确理解庄文中的字义、词义，同时还要从校勘入手厘清庄文中的真伪。两者虽然缺一不可，但宏观是第一位的，微观则是第二位的。宏观要以微观为基础，而微观要在宏观的指导下进行才可以避免误入歧途。

> 以指喻指之非指，不若以非指喻指之非指也；以马喻马之非马，不若以非马喻马之非马也。天地一指也，万物一马也。（《齐物论》）

这段话明显是对公孙龙白马非马论的批判，所讲都是哲理。虽然所使用的都是十分常见的字、词，并不生僻，但所包含的哲理却十分深奥，理解起来，十分不易。庄子在这里所表达的哲理，关键在两句："不若以非指喻指之非指也""不若以非马喻马之非马也"。这两句中各有两个"非指"与"非马"。最重要的是要弄清前一个"非指"与"非马"的含义。这个"非指"与"非马"的含义是什么呢？从宏观的角度来考虑，庄子指的就是"气"。庄子的意思是说：用指来说明指不是指，不如用"气"来说明指不是指。同样的道理，用马来说明马不是马，不如用"气"来说明马不是马。这是从本原上来说明问题，亦即从根本上来说明问题，比公孙龙的理论既彻底又高明。

"天地与我并生，而万物与我为一。"（《齐物论》）天地寿命之长，长到无法计算，而我的寿命之短暂和天地寿命之长简直无法加以比较，但庄子却说"天地与我并生"；世间万物数量之多，多到无法计算，而我只不过是一个个体，庄子却说"万物与我为一"。如此"荒唐之言"应当怎样理解呢？也只有依据庄子的本体论才可以理解，天地寿命虽长，万物数量虽多，但和我一样都是从"气"产生出来的。"并生""为一"说的就是这个意思。

"之人也，物莫之伤，大浸稽天而不溺，大旱金石流土山焦而不热。"（《逍遥游》）这里所说的"之人"就是庄子所一再称道的"至人"。"子列子问关尹曰：'至人潜行不窒，蹈火不热，行乎万物之上而不慄。请问何以至于此？'关尹曰：'是纯气之守也，非知巧果敢之列。'"（《达生》）"至人"之所以能够做到这一点，就在于"纯气之守"。所谓"纯气之守"，就是说"至人"能够认识到自己本来就是一种"气"，不单自己本身是"气"，宇宙万物也都是"气"。"大浸"是"气"，"大旱"也是"气"。"潜行"是说在水中，"蹈火"是说在火中，水和火当然也是"气"。既然如此，那么"之人""至人"居于稽天的大浸之中，居于金石流土山焦的大旱之中，只不过是气与气的会合罢了。彼此都是"气"，何"溺"之有、何"热"之有、何"窒"之有、何"慄"之有？

就这样，从气一元论的观点出发，庄子展开了他那独特的哲理思辨。万物既然都是从"气"产生出来，而最后又复归于"气"，开始和结束便处在同一点上，这样的过程便成了"始卒若环"（《寓言》）而"无始无终"（《知北游》）。整个宇宙便处在这"始卒若环""无始无终"的运动之中，而这种运动是一个自然而然的过程，它有自身的规律。庄子认为这种规律是无法抗拒，更无法改变的。庄子把这种无法抗拒无法改变的规律，称为"道"。这就是庄子所提出的"无为"的理论根据。庄子认为以"气"为核心和基础的"道"以"无为"的方式化生出万物，从而做到了"无不为"。因而，人应当无条件地效法"道"，对待社会人生只有"无为"才能做到"无不为"。

从这样的本体论出发，庄子很自然地导引出崇尚自然的思想。"顺物自然而无容私焉"（《应帝王》），"自然不可易也"（《渔父》）。并进一步提出"法天贵真"的思想。"故圣人法天贵真，不拘于俗。愚者反此。不能法天而恤于人，不知贵真，禄禄而受变于俗，故不足。"（《渔父》）这不但是庄子的哲学思想，也是庄子的美学思想、艺术思想。

> 梓庆削木为鐻，鐻成，见者惊犹鬼神。鲁侯见而问焉，曰："子何术以为焉？"对曰："臣工人，何术之有！虽然，有一焉。臣将为鐻，未尝敢以耗气也，必齐以静心。齐三日，而不敢怀庆赏爵禄；齐五日，不敢怀非誉巧拙；齐七日，辄然忘吾有四枝形体也。当是时也，无公朝，其巧专而外骨消；然后入山林，观天性；形躯至矣，然后成见鐻，然后加手焉；不然则已。则以天合天，器之所以疑神者，其是与！"（《达生》笔者按：文中四个"齐"字，均通"斋"，谓斋戒。）

鐻，悬挂钟鼓的架子。在古代这种架子非常讲究，其足部要雕刻形状精美的兽类作为装饰。实际上这种架子也是一件艺术品。梓庆为什么能够将这件艺术品做得"惊犹鬼神"那样精美？按照梓庆本人的解释，其根本原因就在于"以天合天"。这里两个"天"，应当怎样理解？笔者以为前一个"天"当指梓庆本人之"天"，我们可以称之为主观的"天"；后一个"天"按照梓庆的说法就是"天性"的"天"，我们可以称之为客观的"天"。主观的"天"必须具备两个条件：一、"不敢怀庆赏爵禄"，"不敢怀非誉巧拙"，即排除一切杂念达到忘我的境界（所谓"无公朝，其巧专而外骨消"即指此意）；二、在这种思想指导下，经过长期而艰苦的努力使专业技艺达到极高的造诣。两者相辅相成，缺一不可（《养生主》中的庖丁便是适例）。只有这样的主观的"天"，才能在"观天性"之后，出现"形躯至矣，然后成见鐻"的情况而与客观的"天"相合。

"以天合天""法天贵真"的美学思想、艺术思想和庄子的哲学思想一样是一种独创性的哲理思辨。这种独创性的哲理思辨，展现了一种诡奇、绚丽多姿、广阔深邃的境界，显示了庄子那种不可企及的才华。在先秦诸子中，庄子的散文最富于文学色彩。生动的形象和深刻的哲理那样完美的结合，在我国历史上是罕与比肩的。

以老子、庄子为代表的道家，两千多年来通过儒、道、释互补形成了传统文化的核心，产生了巨大而深远的影响。可以毫不夸张地说，两千多年来的思想家、文学家、艺术家就是在这种思想影响下成长起来并取得辉煌成就的。

庄子以他特有的贡献，使其成为一位文化巨人，永远矗立在中华民族的历史上乃至全人类的历史上。他所建立的思想体系，将作为中华民族乃至全人类的宝贵精神财富，永远供后人探索、汲取！

当然，由于历史的局限，庄子的思想体系中也存在一些不足甚至糟粕。这是不容讳言的。但无论是肯定其精华，还是否定其糟粕，都必须采取审慎的、实事求是的态度。马叙伦先生说："《庄子》书辞趣华深，度越晚周诸子，学者喜读之。然其用字多以音类比方假借为之。复有字之本义世久不用，而犹存于《庄》书，学者多不明文字本义，又昧古今音读变迁之迹。是以注释此书者，无虑百家，率皆望文生训。奇谈妙论，虽足解颐，顾使庄周复生，当复大笑。"（《庄子义证·自序》）马先生这段话，我们应当引以为戒。其实，马先生所批评的现象，不但古代有，今天也仍然存在。这是我们应当极力避免的！

笔者从 1960 年开始系统研读《庄子》，在研读《庄子》之初，一方面为《庄子》的文采所倾倒，另一方面又深感读懂《庄子》之不易。在那时，我就将马先生这部著作置诸案头作为重要参考书。不仅时时研读，而且将马先生那段话时时引以自警。1984 我所主编的《庄子译注》由山东教育出版社出版，1998 年应齐鲁书社之约将《庄子译注》加以修改订正，书名改为《庄子注译》，由我署名交齐鲁书社出版。在 1984 年出版《庄子译注》后，又历时八年撰成《老庄词典》，交山东教育出版社于 1993 年出版。《老庄词典》的编撰有一定的工作流程。首先按原文逐字制成卡片，每字一张，并按每字在原文中出现的先后写明序号。这样每一篇原文的卡片制作完成后，这一篇原文的总字数就确切无误地统计出来了。今本《庄子》三十三篇的总字数为 66152 字。无论是在撰写《老庄词典》还是在撰写《庄子注译》的过程中，对于每一单音词或每一个由字组成的复合词，都是参考古今学者的注释，仔细斟酌，择善而从，或间出己意。个中甘苦，非亲身经历者，恐难理会！

从 1960 年到今天为止，整整经历了 48 年。在这将近半个世纪的漫长岁月里，虽然曾经从事过其他课题的研究，还经历过十年浩劫"文革"的煎熬，但对《庄子》哲学思想的探索和思考却从未间断。《庄子注译》出版后，我便开始着手就多年来研究所得，写一部全面探索《庄子》哲学思想的论著。但由于其他事务的干扰，加上资质鲁钝，又加上接连生了两次大病，十年来仅写了不足十万字。在《庄子注译》的《序言》中，我曾说"只要不出意外，这部论著将会如期完成，并尽早跟读者见面的"，现在，竟然成了一句空话。这不仅使我感到十分惭愧，而且要郑重地向读者表示诚挚的歉意！

《庄子译注》《庄子注译》两书的编撰情况，在两书的《前言》或《序言》中均有交代，此处不再重复。这里需要指出的是《庄子译注》以及《老庄词典》的顺利出版与山东教育出版社原社长也是我的老同学张华岗兄无私的支持与帮助是分不开的；《庄子注译》的出版以及再次梓行与齐鲁书社领导的推重是分不开的，此次梓行，社长宫晓卫先生对《序言》的修改又提出了指导性的意见；《庄子译注》与《老庄词典》的责任编辑朱晓晨先生以及《庄子注译》的责任编辑严茜子先生一丝不苟严肃认真的工作态度，至今仍历历在目，令人难以忘怀！在这里，请允许我向他们表示由衷的感谢！同时，在上述诸书的编撰过程中得到许多师友的指导、帮助、支持，他们中有的已经作古，而我也已年逾古稀，垂垂老矣。追忆往昔，不胜唏嘘。请允许我对上述健在的师友，表示由衷的感谢！对上述已经作古的师友除了表示由衷的感谢，并表示由衷的怀念！

（原载于《庄子注译》，王世舜注译，齐鲁书社，1998 年 4 月）

《尚书译注》前言

一 《尚书》产生的过程及其流传

《尚书》各篇，最早当成于史官之手，并作为档案被各代政府保存下来。《墨子·贵义》："昔者周公旦朝读书百篇。"足见周代之前，夏、商两代政府档案积存的数量已经相当可观。周公是一位极为重视总结历史经验的政治家，受周公的影响，有周一代的政府档案积存的数量恐怕比夏、殷两代还要多。正因为如此，在周代便已经设立了保存这类档案及书籍的机构"守藏室"，并为这个机构设立长官叫"守藏室之史"，著名哲学家老子就曾经担任过这样的长官。

史官在远古时代有过一段显赫的历史。《尚书·皋陶谟》："钦四邻。"《尚书大传·皋陶谟》："古者天子必有四邻，前曰疑，后曰丞，左曰辅，右曰弼。天子有问，无以对，责之疑；可志而不志，责之丞；可正而不正，责之辅；可扬而不扬，责之弼。其爵视卿，其禄视次国之君也。"丞，就是史官。《大戴礼记·保傅》："及太子既冠成人，免于保傅之严，则有司过之史，有亏膳之宰。太子有过，史必书之。史之义，不得不书过，不书过则死。过书，而宰彻去膳。夫膳宰之义，不得不彻膳，不彻膳则死。于是有进膳之旃，有诽谤之木，有敢谏之鼓，鼓史诵诗，工诵正谏，士传民语；习与智长，故切而不攘；化与心成，故中道若性；是殷、周所以长有道也。"四邻又称四圣，"其爵视卿，其禄视次国之君也"，地位之高、权力之大，可以想见。《大戴礼记·保傅》所记是周初的历史，史的地位虽较远古有所下降，但权力依然很大。随着集权于中央的帝制日趋巩固以及君主与权臣权力的无限膨胀，史官的地位日趋下降。到了春秋时代下降的趋势更加严重，深受后人崇敬的齐大史兄弟二人因直书"崔杼弑其君"而付出了生命的代价。另外，史籍的保存也成了严重问题。《孟子·万章下》："诸侯恶其害己也，而皆去其籍。"这些史籍因"恶其害己"而遭到诸侯的销毁。这种情况当然不会自孟子时始，恐怕在春秋时代就已经存在了。面对这种情况，史籍的散佚就更加不可避免。《墨子·贵义》："子墨子南游使卫，关中载书甚多。"《庄子·天下》："惠施多方，其书五车。"墨子和惠子能够拥有那么多的书，当然与史籍的散佚有关。

古代的史官制度造就了史官这一特殊的文化团体。而这一文化团体随着社会变迁也在不断地沉浮变迁。在这种沉浮变迁中造就了一批优秀的史官，《尚书》各篇就是在这批优秀史官手中被保存下来，而且经过他们一代又一代人的加工、润色、整理，日臻完美。

《尚书》的编纂并非自孔子始，早在孔子之前就已经有人编纂了。《左传·僖公二十七年》："于是乎蒐于被庐，作三军。谋元帅。赵衰曰：'郤縠可。臣亟闻其言矣，说礼乐而敦《诗》、《书》。《诗》、《书》，义之府也。礼乐，德之则也。德义，利之本也。《夏书》曰：'赋纳以言，明试以功，车服以庸。'君其试之。"僖公二十七年为公元前633年，赵衰以郤縠"说礼乐而敦《诗》、《书》"为由推荐他为三军元帅，并明确指出"《诗》、《书》，义之府也"，可见在此之前《诗》《书》早已经编纂成书了，早于孔子至少在一百年以上。其具体内容虽不可确考，既然这部《书》被赵衰称为"义之府"，所引《夏书》文字又见于今文《尚书·皋陶谟》，可以推断，其中当有不少篇章也被孔子收入所编纂的《书》之中。

孔子是一位首开私人讲学之风的教育家，在三十岁左右就已经开始授徒讲学。既要讲学，就必须要有教材。可以想见，孔子为了教学的需要不断搜集资料，这些教材是在教学中根据搜集来的资料经过不断地补充修订逐渐完备的。《史记·孔子世家》："阳虎由此益轻季氏。季氏亦僭于公室，陪臣执国政，是以鲁自大夫以下皆僭离于正道。故孔子不仕，退而修诗书礼乐，弟子弥众，至自远方，莫不受业焉。"据此，孔子正式而系统地编纂《尚书》当在四十余岁之后。

《尚书》孔安国《序》说："先君孔子……讨论坟典，断自唐虞以下迄于周。芟夷烦乱，剪截浮辞，举其宏纲，撮其机要，足以垂世立教，典、谟、训、诰、誓、命之文，凡百篇。"这段话大体上是符合《尚书》实际情况的。"芟夷烦乱，剪截浮辞"说明孔子在编纂《尚书》时，对《尚书》各篇又作了润色和修改。"垂世立教"说明编纂《尚书》不但是为了教学，更是为了总结历史经验以教育后人。

《尚书》在流传中，经历了秦始皇"焚书坑儒"的浩劫，今天我们所能见到的只是残本而非全貌了。这个残本得以流传至今，其功首推伏生、孔安国二人，其次则是孔颖达。两汉时代虽有多种《尚书》版本流传，但流传至今的却只有伏生所传今文二十八篇，孔安国所传古文二十五篇。今文二十八篇在西汉时代立于学官，受官方支持公开传授，古文二十五篇未立于学官，加上其内容为官方所忌，只能私下传授。东晋时为豫章内史梅赜所献的《尚书》为今、古文合编本，唐代初年孔颖达奉唐太宗之命修《五经正义》，于《尚书》所使用的就是梅赜所献的本子。《汉书·艺文志》著录《尚书古文经》四十六卷为五十七篇（实为五十八篇，见颜师古注），为了凑够五十八篇之数，梅本从今文《尧典》中分出《舜典》，从《皋陶谟》中分出《益稷》，从《顾命》中分出《康王之诰》，又将《盘庚》分作上、中、下三篇，这样一来，今文《尚书》便从二十八篇变成三十三篇，与古文《尚书》二十五篇合在一起恰好为五十八篇。其实即便五十八篇也是残本，并非先秦的旧本，何况将汉代公开传授的今文《尚书》二十八篇，割裂为三十三篇已非汉本之旧，实在没有必要。为了尊重事实，不如将今、古文分开为妥。故本书恢复汉代今文《尚书》的旧本二十八篇，并与古文《尚书》二十五篇分开处理。

二　《尚书》的内容

首先谈今文《尚书》的内容。今文《尚书》虽只有二十八篇，但内容却十分丰富，本次出版，限于篇幅只涉及思想，文学方面从略。就思想方面而言，只谈到"敬天保民"。这的确是今文《尚书》思想内容十分突出、十分重要的一点；但仅限于这一点是不够的，借此次出版机会补充三点。

一、"知稼穑之艰难"，"知小人之依"。这是周公在《无逸》篇中告诫成王的两句话。这两句话有其内在联系：只有了解稼穑的艰难，才能了解老百姓的疾苦。周公认为这是圣明君主所必须具备的品德，并以此谆谆告诫成王；同时还要特别注意以宽广的襟怀和同情人民疾苦的心态了解民意民情以察知执政得失。值得细加体味的是最后一段话，兹将这段话的译文引述于下：

周公说："唉！从殷王中宗，到高宗，到祖甲，到我们的周文王，这四人是圣明的君主。有人告诉他们说：'小人在怨你骂你。'他们便更加恭敬地按照规矩办事。他们有了过错，便毫不掩饰地说：'这是我的过错。'实在是这样，他们不但不敢含怒，而且很愿意听到这样的话，以便察知自己政治上的得失。不听这些话，人们之中有的就会互相欺骗诈惑。如果有人告诉你：'小人在怨你骂你。'你应当认真考虑这些话。可是，如果你却这样执政：不把法度放在心里，不宽绰自己的胸怀，乱罚那些无罪的人，妄杀那些无辜的人。这样，必然会民心同怨，人们便会把愤怒的情绪聚集在你的身上。"周公说："唉！王啊，你可要以这些作为鉴戒啊！"

多么令人深思！从《无逸》全篇来看，此篇较之周公其他各篇诰文更为深刻。

二、礼让。这也是圣明君主所必须具备的品德。《尧典》："允恭克让。"这是说尧所具备的品德。不但尧具有这种品德，在《尧典》《皋陶谟》中我们可以看到当尧禅位于舜，舜禅位于禹时，尧、舜、禹均表现出真诚的"礼让"。在尧、舜任命大臣的时候，大臣们也都表现出这种真诚的"礼让"。而这种"礼让"说明这些人都没有把"权位"看成是个人私产！这种崇高品质可以永远垂范后世，也是古人留给后世的最有价值的精神遗产！

三、知过而能改。从政者在执政过程中出现错误是不可避免的，问题在于出现错误之后是文过饰非，还是知过而能改，这是对执政者一个非常重要的考验。今文《尚书》最后一篇《秦誓》所写的秦穆公便是一个知过而能改的典型。秦穆公对所犯错误怀着极其沉痛的心情作了诚恳的检讨，而且深刻地总结经验教训。特别是最后一句话："邦之杌陧，曰由一人；邦之荣怀，亦尚一人之庆。"作为国君位高而权重，他与一般人不同，其错误所影响的是一个国家的安危，远非一般人可比。秦穆公能够认识到这一点，的确值得肯定。孔子将此篇作为末篇收入《尚书》，其用意之深远也是显而易见的。

其次谈古文《尚书》的内容。古文《尚书》的内容同样十分丰富，这里也仅从思想角度来谈。古文《尚书》第一篇是《大禹谟》，此篇是记录舜禅位于禹一事的重要文献。舜在禅位于禹时说了这样的四句话："人心惟危，道心惟微，惟精惟一，允执厥中。"对这四句话在此篇"题解"中已作简要分析，需要指出的是，自宋、明以后对这四句话，相当多的学者提出质疑，认为这是古文《尚书》的伪造者拼凑而成。这种见解，笔者不敢苟同。笔者认为《尧典》所载"蛮夷猾夏，寇贼奸宄"，便是"人心惟危"的写照。《皋陶谟》所说的"九德"以及《大禹谟》所说"德惟善政，政在养民"就是"道心"。尧、舜、禹执政的实践和体验，正是对"道心惟微，惟精惟一，允执厥中"最为扼要的总结。就思想角度而言，这四句话正是古文《尚书》的总纲和精要所在。所谓社会，就政体而言无非由君、臣、民三种人组成。什么样的人可以为君，什么样的人可以为臣，君和臣各以什么样的理由和地位存在着，与君、臣相对应的民应当具有什么样的地位，这些问题，古文《尚书》各篇从不同方面作了回答。

先谈"君"。"惟天生民有欲，无主乃乱"（《仲虺之诰》），这句话肯定了"君"存在的理由及必要性。"一人元良，万邦以贞。君罔以辩言乱旧政，臣罔以宠利居成功，邦其永孚于休"（《太甲下》），"一人"指君而言，就是说只有好的（"元良"）国君才能导致国家永远美好。这样的国君是怎样产生的呢？"天佑下民，作之君，作之师，惟其克相上帝，宠绥四方"（《泰誓上》），就是说天为了佑民而"作之君"，这个说法表面看来似乎虚无缥缈，其实不然。"天矜于民，民之所欲，天必从之"（同上），在这里"天意"与"民欲"完全统一了起来。"天意"即"民欲"，"民欲"即"天意"。而且"皇天无亲，惟德是辅。民心无常，惟惠之怀"（《蔡仲之命》），"天意"与"民心"无亲无常而是"惟德是辅""惟惠之怀"。就是说君的资格是由"民意""民心"决定的。孟子说："桀纣之失天下也，失其民也。失其民者，失其心也。得天下有道：得其民，斯得天下矣。得其民有道：得其心，斯得民矣。得其心有道：所欲与之聚之，所恶勿施尔也。"（《孟子·离娄上》）这个说法就是从古文《尚书》发展而来。在《伊训》《周官》等篇中提出君（也包括臣）应当遵守的规范，就是据此制定的。

再谈"臣"。这是古文《尚书》最具特色的一面。古文《尚书》中的《商书》共十篇，其中五篇是伊尹的诰文或训文，三篇是关于傅说的命文。分量之重以伊尹为最，其次为傅说。就身份而言，二人均为大臣；就出仕的情况来看，也有共同点：均是由君主主动"求"来的。当然，"求"的方式各有不同。对于伊尹，按汤的说法是"聿求元圣"（《汤诰》），就是说商汤是以大圣人的规格将伊尹"求"来的。至于"求"的具体情况，古文《尚书》没有具体说明，而墨子与孟子则有所补充。先看墨子的补充："昔者汤将往见伊尹，令彭氏之子御，彭氏之子半道而问曰：'君将何之？'汤曰：'将往见伊尹。'彭氏之子曰：'伊尹，天下之贱人也。若君欲见之，亦令召问焉，彼受赐矣。'汤曰：'非女所知也。今有药于此，食之则耳加聪，目加明，则吾必说而强食之。今夫伊尹之于我国也，譬之良医善药也。而子不欲我见伊尹，是子不欲吾善也。'因下彭氏之子，不使御。"（《墨子·贵义》）再看孟子的补充："伊尹耕于有莘之野，而乐尧、舜之道焉。非其义也，非其道也，禄之以天下弗顾也，系马千驷弗视也。非其义也，非其道也，一介不以与人，一介不以取诸人。汤使人以币聘之，嚣嚣然曰：'我何以汤之聘币为哉？我岂若处畎亩之中，由是以乐尧、舜之道哉？'汤三使往聘之，既而幡然改曰：'与我处畎亩之中，由是以乐尧、舜之道，吾岂若使是君为尧、舜之君哉？吾岂若使是民为尧、舜之民哉？吾岂若于吾身亲见之哉？天之生此民也，使先知觉后知，使先觉觉后觉也。予，天民之先觉者也，予将以斯道觉斯民也，非予觉之而谁也？'思天下之民，匹夫匹妇有不被尧、舜之泽者，若己推而内之沟中，其自任以天下之重如此，故就汤而说之以伐夏救民。"（《孟子·万章上》）按孟子的说法"伊尹耕于有莘之野"，按《墨子》的记载"伊尹，天下之贱人也"。"耕于有莘之野"说明伊尹的身份原本就是农民，墨子的御者称之为"贱人"，两处记载大体相同。至于傅说原本是筑于傅岩的"胥靡"（刑徒），地位更低，然而在高宗的心目中却是"良弼"且"良臣惟圣"（参见《说命》三篇及其"题解"），并且是使"百工营求之野""求"来的。在平民、"胥靡"中出现"圣人"，这是古文《尚书》给我们提供的一个亮点。尤其值得注意的是伊尹、傅说在与各自君主的交往中所体现出的君臣关系。伊尹和君主的关系主要体现在伊尹和太甲二人身上。太甲是商汤的长孙，继位为王之后，不遵其祖成汤之法，肆意妄为。伊尹在屡谏不听的情况下，采取断然措施，将太甲流放于桐宫，使其悔过自新。这期间伊尹代行天子职权，三年之后，太甲诚心悔过，伊尹又还政于太甲。孟子对伊尹的作为给予极高的评价，赞誉为"圣之任者也"（《孟子·万章下》）不为过誉。再者伊尹还政于太甲时，竟然互行"稽首拜手"之礼，可见在古文《尚书》中君与臣的关系是对等的。这一点在傅说与高宗的关系中也清楚地表现出来。高宗不仅把傅说当作可以完全信赖的大臣看待，更把傅说当作老师看待，对傅说的恭敬简直到了无以复加的程度！这是古文《尚书》给我们提供的又一个更为突出的亮点。

最后谈"民"。"民惟邦本，本固邦宁"（《五子之歌》），"民"是国家的根本，这是古文《尚书》对"民"的定位。随着定位而来的便是对"民"的态度。"民可近，不可下"（同上），就是说对"民"的态度只能是亲爱而不能轻视疏远。这比今文《尚书》"敬天保民"的思想似乎又进了一步，同时还规定了了解民意的方法和渠道："每岁孟春，遒人以木铎徇于路，官师相规，工执艺事以谏，其或不恭，邦有常刑。"（《胤征》）

　　由以上可以看出古文《尚书》针对君、臣、民组成的社会架构提出了完整的施政方针和具体措施。这些方针和措施包涵着系统而又深邃的政治理念，它应该不是靠简单的拼凑便可以伪造出来的。它是中华民族的祖先留给我们的珍贵文化遗产，我们应当倍加珍惜，似不可弃之如敝屣！

　　《尚书》所涉及的问题错综复杂，绝非一篇短文能够说清楚。本书"前言"仅就编纂流传、思想内容两个方面的要点加以概述。

　　本书以《十三经注疏》（中华书局影印本）为底本而略有改动。首先，无论今文或古文仍按底本分为《虞书》《夏书》《商书》《周书》四部分。今文篇目则按本书体例将《尧典》《舜典》合为一篇，篇名为《尧典》，并将《舜典》前多出的二十八字删去；《顾命》《康王之诰》合为一篇，篇名为《顾命》；《盘庚》虽分作上、中、下，但仍为一篇不作三篇。今文、古文分开后，各篇仍以底本顺序排列，仅存篇名而无正文者则不再列出篇名。其次，今文二十八篇既为伏生所传，各篇之前的《孔序》则应予删除。古文二十五篇为孔安国所传，各篇前的《孔序》在"题解"中列出，并列出《史记》中相关记载以供参考。最后，无论今文、古文，各篇正文均以底本为据，不过有些地方也酌取古、今学者的校勘成果，对此相关注释中均有说明，请读者注意参阅。

　　疏漏之处在所难免，祈予见谅并指正！

　　（原载于中华经典名著全本全注全译丛书《尚书》，王世舜、王翠叶译注，中华书局，2012 年 1 月）

《〈春秋〉考论》序

　　儒家的经典，由于产生的时代最早，在流传的过程中又历经劫难，几乎每一部都存在复杂的难以解决的问题。经过历代学者的努力，有些问题逐渐明确起来，有些已经解决或近于解决，但是仍有相当多的问题，尚未明确，尚未解决，有待于学者们继续努力。

　　儒家经典的数量有一个逐渐增多的过程。开始是五经（《诗》《书》《礼》《易》《春秋》，如加上《乐经》则为六经），后来发展为九经（《诗》《书》《易》加上三礼和三传），再后来发展为十三经（加上《论语》《孟子》《孝经》《尔雅》）。按传统的说法，开初的五经为孔子所编纂。但近代以来，疑古思潮勃兴，在疑古学者的质疑和辩难下，五经为孔子所编纂的说法，几乎被彻底推翻，孔子对五经的编纂权，几乎被彻底剥夺。然而随着研究的深入，以及地下文物的发现，疑古学者们的疑古过勇之弊日益明显地暴露出来，孔子对五经的编纂权逐渐被恢复，或部分被恢复，因而在当前情况下，研究儒家最早的五部经典就必然要涉及孔子与五经的关系，以及孔子的思想与这些经书思想之间的关系。

　　众所周知，原始儒家以孔子孟子为代表，尽管孔子与孟子的思想属于同一体系，如果细加研究又不难发现，孔子和孟子对待历史的态度却存在很大的区别，按近代学术界流行的说法而言，孔子当属于释古派，孟子则属于疑古派。孔子说："夏礼吾能言之，杞不足征也；殷礼吾能言之，宋不足征也，文献不足故也。足则吾能征之矣。"（《论语·八佾》）孔子对于历史是无征不信，总是尽可能地依据可以征信的史料去解释历史。孟子则不然，他说："尽信《书》，则不如无书。吾于《武成》，取二三策而已矣。"（《孟子·尽心下》）道理何在呢？"仁人无敌于天下，以至仁伐至不仁，而何其血之流杵也？"（同上）显然孟子属于疑古派，只是应当指出的是孟子的疑古所使用的是推理方法，而不是史实的考辨。推理的方法应当使用，并非不可取，但使用这个方法时必须以史实为根据。

明确孔子对历史的态度，对我们研究孔子和五经的关系是非常重要的。《尚书》是由孔子编纂的，孔子在编纂《尚书》时，对当时大量的充斥于史料中的那些荒诞不经的神话，几乎删除净尽。但对某些"怪、力、乱、神"与历史事件绞绕纠结的则又予以适当保留，如《大诰》《洛诰》《金縢》中的龟卜以及《金縢》中有关雷电大风、禾苗的倒伏与再起等天人感应现象等就没有删去。可见《尚书》的编纂与孔子的思想是吻合的。但同时我们还应当指出，《尚书》中所体现出的某些思想与孔子的思想并不吻合，甚至是抵触的。清代著名学者万斯同就曾经指出："《甘誓》之孥戮，《酒诰》之群饮群杀，此商鞅、韩非之法也，后世庸主之所不忍者，而谓古帝王为之乎？"从而推论说："愚谓今之《尚书》必非圣人删定之书。"（以上见万斯同《古文尚书辨（一）》）万斯同的错误就在于把《尚书》中所体现的思想与孔子的思想混同起来了。《尚书》是古代档案文件的汇编。在档案文件的去取上，编纂者可以依据自己的思想倾向或编纂原则来决定。但对档案文件本身，编纂者却不能根据自己的思想任意篡改，孔子不但是一位伟大的思想家，也是一位严谨的史学家，任意篡改历史是孔子所不取的。

以今天的眼光来看，在儒家的经典中，《左传》和《尚书》应当同属于史学范围。尽管同属于史学，但《左传》和《尚书》的差异还是十分明显的。严格地说来，《尚书》只能算是史料，而《左传》则是一部体例严密叙事完整条理分明的历史著作。尤其突出的是《左传》的规模和成就。就规模而言，《左传》篇幅之大是十分惊人的，据南宋学者郑耕老的统计，全书为 196845 字①。这样的篇幅不但在儒家的经典中，即便是在春秋、战国时期所有著作中亦无有出其右者，真可谓鸿幅巨制！就成就而言，史学方面的自不待言，就文学方面而言，其成就之高也同样令人惊叹。唐代刘知幾评论说："左氏之叙事也，述行师则簿领盈视，嘘呫沸腾；论备火则区分在目，修饰峻整。言胜捷则收获都尽，记奔败则披靡横前；申盟誓则慷慨有余，称谲诈则欺诬可见；谈恩惠则煦如春日，纪严切则凛若秋霜；叙兴邦则滋味无量，陈亡国则凄凉可悯。或腴辞润简牍，或美句入咏歌，跌宕而不群，纵横而自得。若斯才者，殆将工侔造化，思涉鬼神，著述罕闻，古今卓绝。"（《史通·杂说上》）这些评论对《左传》而言，当之无愧，绝非溢美！成就如此之高的鸿幅巨制产生在两千多年之前，不能不说是一个奇迹！能够创造出这样奇迹的，毫无疑问应当是一位震古烁今的大手笔，然而，这位大手笔究竟是谁呢？多少年来，这个问题一直困扰着我，虽然我读过不少有关的论著，但依旧茫然不得其解。近年以来，姚曼波先生在深入研究的基础上，提出了《左传》的蓝本为孔子所作的新说。围绕这个新说，姚先生发表了多篇极有分量的论文，这些论文我也都一一拜读了。在这些论文中，姚先生通过对史实详尽而缜密的分析，雄辩地证明了自己的观点。姚先生的新说以摧枯拉朽之气概推翻了董仲舒在春秋学上所设置的误区。厥功之伟，不言而喻！正因为如此，我在读了姚先生的系列论文之后确有一种拨云雾而见青天之感，以前在这个问题上的种种疑滞，大都涣然冰释。

---

①　黄宗羲：《宋元学案》第一册，中华书局，1982，第219页。

　　毋庸讳言，姚先生的新见不但大胆而且新奇。两千多年来春秋学的研究者，代不乏人，尽管他们在春秋学方面提出了许多真知灼见，但他们始终在误区中徘徊，而无法走出这个误区。从这个意义上看可以毫不夸张地说，姚先生的立说为春秋学开辟了一片新的天地！

　　首先，姚先生依据史料的分析，将《春秋传》即《左传》的蓝本的著作权归于孔子，这一点我是完全赞同的。姚先生的这一观点，是建立在许多史实分析的基础上的，对于这些分析，无须赘述，我要补充的是对孔子的看法问题。

　　对孔子的看法，实在是一个老得不能再老的话题，尽管如此，但为了说明问题，这个古老的话题，仍有提一提的必要。

　　孔子由于建立了完整而深刻的思想体系，整理了大量的古代文献，首开私人办学之风成为历史上第一位伟大的教育家，在生前即已享有崇高的声望。战国时期经过孟子和荀子的阐扬，声望日隆。至汉代董仲舒提出"罢黜百家，独尊儒术"的政策为汉武帝所采纳后，孔子的声望达于巅峰，其地位也随着达到了至高无上的地步。但应当指出的，如果说春秋末年乃至战国时期，孔子是以其真面目出现的话，那么在"独尊儒术"之后的孔子，已经不是先秦时代的孔子，而是汉代董仲舒式的孔子了。先秦时代的孔子，坚守学术的独立与自由，从而使学术保持应有的尊严，可以通过著书立说"贬天子，退诸侯，讨大夫"。汉代的孔子，声望虽隆，地位虽高，但不过是董仲舒所树立的一块招牌。学术的独立、自由与尊严被剥夺殆尽，孔子所宣扬的理性精神也随之质变而成为教条，成为为刘汉王朝服务的工具。在汉代，孔学基本上为董氏学所代替，成为封建王朝的官方哲学。从上述认识出发，我认为姚先生"乱《春秋》者董仲舒"的提法，是抓住了问题的关键。大家知道，董仲舒是以创立"公羊学"起家的。《公羊传》的产生虽早于董仲舒，但"公羊学"的创立却是自董仲舒始。董仲舒为什么那样看重《公羊传》

呢？就是因为《公羊传》的义例带有极大的随意性，可以通过穿凿附会随心所欲地阐发所谓"微言大义"以售其私而为帝王师。《左传》则不然，它是一部史料翔实思想深刻高扬民本思想的历史巨著。在这部巨著面前，董仲舒所有伎俩均无所遁其形。这就是为什么董仲舒一方面高举公羊学大旗，另一方面竭力排斥《左传》的原因所在。后来，董仲舒的徒子徒孙们，可以忍痛分《穀梁传》一杯羹（汉宣帝时始立穀梁博士），却决不允许给《左传》以一席之地，其根本原因也在这里。

董仲舒不但是公羊学派的首领，也是西汉时期整个今文经学派首领。西汉时期所置十四家经学博士，无一例外均属今文经学，整个西汉时期的学坛均为以董仲舒为首的今文经学派所把持。在今文经学派的把持下，所有古文经均遭排斥。具有讽刺意味的是，孔子虽被董仲舒推到至高无上的地位，但记载孔子言行的《论语》却不得列为经，而被称作传。至东汉时期才被列为七经之一，置于《公羊传》之后而排在末尾。为什么会出现这种情况呢？原因并不复杂，就是以董仲舒为首的今文经学派，以牺牲学术尊严为代价，将学术降为政治的婢女，千方百计迎合最高统治者的需要，从而受到当时最高统治者赏识。

左丘明其人只在《论语》中有记载，而不见于先秦其他典籍。根据《论语》的记载，左丘明应当与孔子同时，"子曰：巧言、令色、足恭，左丘明耻之，丘亦耻之。匿怨而友其人，左丘明耻之，丘亦耻之"（《论语·公冶长》）。只说左丘明与己同耻，而未及其他，且仅此一处。有人以为左丘明稍长于孔子，也有人认为是孔子弟子，均推测之词，不可信据。假如《左传》真是左丘明所作，那么他一定是一位才华横溢，文采非凡，博学多识之人。在《论语》中，孔子不但对古人而且对同时代人乃至于对他的弟子多有品评，或评其道德高尚与否，或评其才质优劣，或评其事功大小，等等，不一而足，然而对于左丘明仅仅说他与自己同耻，至于他的才华却不置一词，这不是令人费解么？如果说左丘明是孔子的后辈，在孔子身后不久写出这么一部巨著解释孔子所作的《春秋》，那么生于孔子之后一百余年的孟子，在盛赞孔子所作的《春秋》时为什么一直没有提及左丘明？再者，荀子是先秦时代儒家的殿军，不但传授儒家的经典而且对孔子及其弟子的事迹多有记载和评论，对战国时期一些著名学者及其事迹亦多有记载和评论，如果左丘明真的写了一部《左传》，又和《春秋》的关系那样密切，必是声名赫奕的人物，为什么荀子不曾一语道及左丘明其人其事，不也是令人费解么？此外，《墨子》《庄子》《韩非子》《吕氏春秋》等书亦均无记载。左丘明写出一部近二十万字皇皇巨著的大事，居然不见于先秦典籍的记载，它岂但只是令人费解，简直不可思议！这个事实难道不足以说明《左传》的著作权并不属于左丘明吗？《左传》为左丘明所作是汉人的说法。姚先生所说"乱《春秋》者董仲舒"可谓切中肯綮。姚先生通过对史实的精辟的分析，将《左传》（姚先生称之为《春秋传》或《左传》的蓝本）的著作权如实地归于孔子是完全正确的。其实纵观春秋战国之世，能够写出《左传》的这样一位震古烁今的大手笔，非孔子莫属。《左传》的思想和语言风格与《论语》桴鼓相应如出一辙，便是明证。

　　"《左氏》是非颇谬于圣人"，姚先生指出这是历代经学家的偏见。其实，这种偏见也是以董仲舒为首的汉儒影响所致。这突出地表现在君臣关系上。董仲舒于儒家的"五伦"中，特别强调君臣、父子、夫妇，从而提出所谓"三纲"。君、父、夫为主，臣、子、妇为从。臣、子、妇对于君、父、夫只能绝对服从。这就是两千多年来封建社会的"纲常名教"，而列在"纲常名教"第一位的便是"君臣"。所以君臣关系在整个封建社会中被视为"人伦之大者"。如果我们仔细研究《论语》和《左传》有关君臣关系的记载与论述，便可以看出孔子的君臣观（包括《左传》）与"三纲"的君臣观截然不同。对于君臣关系，孔子主张："君使臣以礼，臣事君以忠。"（《论语·八佾》）"臣事君以忠"

的前提是"君使臣以礼",就是说君臣的关系是对等的,不存在臣对君的依附关系。"所谓大臣者,以道事君,不可则止。"(《论语·先进》)事君的原则是"以道",所谓"以道"就是引导君主实行仁政,做到"济众""足民""养民""爱人"。如果君主不行仁政,胡作妄为,残害民众,臣就应当按照"道"加以谏正。"子路问事君。子曰:'勿欺也,而犯之。'"(《论语·宪问》)犯颜直谏,是大臣必备的操守。而"道"则是大臣必须坚持的原则。"道不同,不相为谋。"(《论语·卫灵公》)可见,在孔子看来,臣对于君不但不存在人身依附关系,而且是君的监督者。君臣的离合以"道"是否相同为前提,在君主面前臣应当有自己的独立人格。"三军可夺帅也,匹夫不可夺志也。"(《论语·子罕》)"匹夫"尚且"不可夺志",何况大臣!孔子关于君臣关系的主张,充满了民本思想以及对人和人格的尊重,是非常深刻的。孔子对春秋时代杰出政治家管仲的评论,更加清楚地说明了这一点。

管仲原是齐国公子纠的臣。在齐国的宫廷政变中,公子纠被他的弟弟公子小白杀死,和管仲一起共同辅佐公子纠的召忽,为公子纠尽节而死。管仲不但未能为公子纠尽节而死,反而做了公子小白的臣,辅佐公子小白成为春秋时代最著名的霸主,这位霸主便是齐桓公。子路和子贡都认为管仲不能为公子纠尽节而死是"未仁""非仁",并把这个问题提出来向孔子请教,孔子就这个问题分别回答了子路和子贡。

对子路,孔子回答说:

> 桓公九合诸侯,不以兵车,管仲之力也。如其仁!如其仁!
> (《论语·宪问》)

对子贡,孔子回答说:

> 管仲相桓公,霸诸侯,一匡天下,民到于今受其赐。微管仲,

吾其被发左衽矣。岂若匹夫匹妇之为谅也，自经于沟渎而莫之知也？（《论语·宪问》）

这两次回答对管仲作了如下肯定。一、通过政治手段而不是通过军事手段，辅佐桓公成就霸业，避免战争给社会带来灾难，给人民带来痛苦。二、管仲在辅佐桓公成就霸业的过程中避免落后民族的入侵，促进社会的安定以及经济与文化的发展，使当代及后代人民均得利益。三、不拘小信，不认为为子纠尽节而死是正确的做法，如果拘守小信，为子纠尽节而死则是"匹夫匹妇"的愚蠢行为。"谅"指的是小信。"君子贞而不谅。"（《论语·卫灵公》）可见，在孔子的思想中并不存在所谓"忠臣不事二主"的观念。在《左传》中，对管仲事功的记载比较详细，而且给予充分的肯定，这与《论语》中孔子对管仲的评价是十分吻合的。《左传》对于管仲的记载，特别是孔子对管仲的评价，无疑给后儒留下了极大的难题。如果说只是《左传》的记载，尚可批评《左传》"是非颇谬于圣人"，偏偏孔子十分明确地肯定管仲，并且给予那样高的评价，这就不能不使后儒们感到十分尴尬十分为难了。他们既不敢违背这位至圣先师的言论，又不甘心肯定管仲，于是不是视而不见故意回避，便是搜索枯肠曲为之解。

首先让我们看一看宋代大儒程颐的解释：

桓公，兄也。子纠，弟也。仲私于所事，辅之以争国，非义也。桓公杀之虽过，而纠之死实当。仲始与之同谋，遂与之同死，可也；知辅之争为不义，将自免以图后功亦可也。故圣人不责其死而称其功。若使桓弟而纠兄，管仲所辅者正，桓夺其国而杀之，则管仲之与桓，不可同世之雠也。若计其后功而与其事桓，圣人之言，无乃害义之甚，启万世反复不忠之乱乎？如唐之王珪、魏徵，不死建成之难，而从太宗，可谓害于义矣。后虽有功，何足赎哉？

（朱熹《四书章句集注》引）①

这段话实在耐人寻味。其实，在程颐内心深处是认为"圣人之言""害义之甚，启万世反复不忠之乱"的。但是在"至圣"面前，程颐又不敢如此放肆！于是使尽浑身解数曲为之解，且不说这样的曲解是何等的苍白无力，而且为了曲解，程颐竟不惜歪曲历史事实。历史的事实是子纠是兄，小白（齐桓公）是弟。《管子》《庄子》《荀子》《史记》均持此说，只有《汉书·淮南衡山济北王传》所载薄昭与淮南厉王书"齐桓杀其弟以反国"认为桓公为兄，子纠为弟。唐颜师古引三国时吴人韦昭注："子纠兄也，言弟者讳也。"汉文帝为淮南厉王之兄，为了避免嫌疑，薄昭故意将子纠说成是桓公之弟。程颐竟然将这种不足信据的说法当成历史，用意十分清楚，就是为了曲解孔子这段话的意思。程颐的曲解，说明他拘于君臣嫡庶之义，与孔子的思想高下之别，相去实在难以道里计。毛奇龄在《四书改错》一书中对程颐提出了尖锐的批评："夫子许管仲之意，是重事功，尚用世，以民物为怀，以国家天下为己任。圣学在此，圣道亦在此，而程氏无学，读尽《四书》经文，并不知圣贤之指趣何在，斯亦已矣！"②毛奇龄认为"以民物为怀，以国家天下为己任"是孔子君臣观的出发点，认为孔子之学之道均在此，是很有见地的。至于程颐对王珪和魏徵的责难，金人王若虚（滹南）已有驳论，见元陈天祥《四书辨疑》引③，此处不具引。程颐的辩解，尽管十分拙劣，却十分恰当地代表了后儒的心态。以董仲舒和程颐为代表的后儒，拘于所谓"君臣大义"，对孔子的思想加以曲解，尚不难理解，而为当今学人所盛称的明末清初一些著名的启蒙思想家也不能理解

---

① 朱熹：《四书章句集注》，中华书局，1983，第 153～154 页。
② 程树德撰《论语集释》第三册，程俊英、蒋见元点校，中华书局，1990，第 995 页。
③ 纳兰成德编《通志堂经解》第十六册，江苏广陵古籍刻印社，1996，第 246～247 页。

孔子的君臣观，就不能不使人感到惊异了。

先看顾炎武的说法：

> 君臣之分，所关者在一身。华裔之防，所系者在天下。故夫子之于管仲，略其不死子纠之罪，而取其一匡九合之功，盖权衡于大小之间，而以天下为心也。夫以君臣之分，犹不敌华裔之防，而《春秋》之志可知矣。

> 有谓管仲之于子纠未成为君臣者。子纠于齐未成君，于仲与忽则成为君臣矣。狐突之子毛及偃从文公在秦，而曰今臣之子，名在重耳有年数矣（原注：汉、晋以下，太子诸王与其臣皆定君臣之分，盖自古相传如此）。若毛、偃为重耳之臣，而仲与忽不得为纠之臣，是以成败定君臣也，可乎？又谓桓兄纠弟，此亦强为之说。

> 论至于尊周室、存华夏之大功，则公子与其臣区区一身之名分小矣。虽然，其君臣之分故在也，遂谓之无罪非也。[①]

以顾炎武的卓识，仍然坚持认为子纠与管仲为君臣，管仲不死子纠为罪。其识见与孔子相比，高下之别不是相距太远了吗？

再看王夫之的说法。

王夫之在所著《春秋稗疏》一书的"子纠"条中，对此事有所论述。在这里，王夫之花了很大篇幅考证齐桓公与公子纠的关系。考证的结果，王夫之认为，公子纠既不是齐桓公之兄，也不是齐桓公之弟，而是齐桓公的侄子。从而作出结论说："纠固襄公之子也。纠固襄公之子，有继襄之义，故在丧而称子。小白，襄公弟也，于分不当立，故但以名书。盖襄公既弑，无知又诛，纠以父死子继之义，因鲁求入，而襄

---

① 黄汝成《日知录集释》卷七"管仲不死子纠"条，上海古籍出版社影印本，1985，第548页。

公使民慢虐，为国人所不与，故大夫虽受盟于鲁，而不愿戴暴君之裔。故桓公入而众助之，以败鲁杀纠。是纠非小白之兄，抑非其弟，乃其从子也，于分当立，而桓公夺之耳。若夫子称管仲之仁，则自以其功在天下后世，初不以纠之不当有齐，而以徙义予之。一能徙义而遂曰：微管仲吾其被发左衽乎？"①王夫之强调齐桓公为"夺"；子纠是齐襄公的儿子，"有继襄之义"，而"小白（齐桓公），襄公弟也，于分不当立"。父子相继，嫡庶有别的名分，在王夫之的思想中根深蒂固，几至牢不可拔，不免令人惊叹！其实，孔子在回答子路和子贡提问的时候，只字不提名分，与王夫之的考辨恰成鲜明对比。须知一部《春秋》本来是要"贬天子，退诸侯，讨大夫"的，如果拘守名分，那么天子怎么可以"贬"，诸侯怎么可以"退"，大夫怎么可以"讨"？"启蒙"思想家尚且如此，遑论其他！

"是非颇谬于圣人"，首先要弄清什么是圣人（孔子）的"是非"。这个问题自汉代以降直至清末已被董仲舒、程、朱及其后学们搞乱了。近代以来由于各种思潮（特别是极左思潮）的影响，这个"是非"被搞得乱上加乱，简直是治丝愈棼！因而，弄清这个"是非"，实在是当务之急！

从这个意义上讲，姚先生所立的新说，显得尤其重要。这个新说不但提出一个新的思路，而且给人以新的启发。这对于春秋学、孔学的研究是大有裨益的。

现在，姚先生将以往的论文加以综合深化写成专书。承姚先生不弃，索序于我。基于上述认识及感受，虽珠玉在前，不避佛头着粪之讥，不揣愚陋，略陈管见者，借以响应姚先生所立之新说云尔。是为序。

（原载于《〈春秋〉考论》，姚曼波著，江苏古籍出版社，2002 年 12 月）

---

① 王夫之：《船山全书》第五册，岳麓书社，1996，第 35 页。

跋

宁登国

1996 年第二学期我在聊城师范学院文学院大三学习期间，王老师为我们讲授"庄子研究"选修课。自此以后，王老师一直是我学习和生活上的人生导师，是影响我学术生命至为深远的导师。作为弟子，我按礼没有资格在王老师的文集中妄作评论。经王老师不弃，下面仅据王老师平素教诲和耳濡目染的点滴心得略述一二，聊表敬意。

《论语·里仁》云："君子无终食之间违仁，造次必于是，颠沛必于是。"王老师实可谓终生以学术为生命、以求真为使命的学者典范。在王老师定居北京之前，每天下午五点钟左右，王老师总会身着一件浅灰色风衣，戴一顶深黑色毡帽出现在聊城大学（2000 年聊城师范学院改为聊城大学）栖凤林旁的小路上。时而低头沉思，时而驻足凝望，踽踽独行，神情庄严。散步不是王老师的休闲时间，而是他行走思考的黄金时间。最令王老师念念追寻、上下求索的莫过于"原始儒家"的真精神、真内核。鉴于自汉代董仲舒名为尊儒，实为强本弱枝，尊君抑臣以后，儒学遂成为政治的附庸，学术亦失去其应有的独立与尊严。每当王老师和我们面谈时，寒暄过后，话题总是离不开"原始儒家"的君民关系和君臣关系，这也是他考察"原始儒家"的两大契入点。敬天保民、民为邦本的思想，实为儒家哲学的精神实质，抓住了这一点，也就抓住了"原始儒家"的内核。由此，王老师结合汉初统治者卑儒的政治形势和伏生存亡继绝的心路历程，始终以孔孟为代表的原始儒家民本思想为准绳，将伏生《尚书大传》逐一和今古文《尚书》所反映的思想进行比较，认为《尚书大传》中浓厚的"通贤共治"思想与《今文尚书》二十八篇非杀即伐的主题思想存在很大差别，而与《古文尚书》的民本思想如出一辙，从而认为《今文尚书》二十八篇和《古文尚书》二十五篇在先秦时期应为同一部书。《今文尚书》二十八篇并非传统意义上的"壁藏"残本，而是伏生不得已而为之的选编本。而被后人断为伪书的《古文尚书》二十五篇并非伪书，其中保存了"原始儒家"重民、养民的真精神，应予以高度重视。伏生《尚书大传》可谓解读《尚书》的一把钥匙，在《尚书》学史上具有首创之功，理应受到尊重。

　　理解《尚书》如此，对于孔孟思想的把握也是如此。以孔孟为代表的原始儒家，绝不类在后世专制王权威压下而形成的唯命是从的奴婢品格，而是正气凛然，傲骨铮铮，刚直不阿。被王老师津津乐道的孔孟君臣观就鲜明地体现了这一点。"君使臣以礼，臣事君以忠"（《论语·八佾》），真正的儒家君臣关系并不存在人身隶属关系，而是互有预设的对等关系。君要尊重臣，臣要忠诚于君，二者缺一不可，互为条件。虽然在政治等级上存在上下属关系，但在人格上是独立的，是平等的。王老师常常择取备受争议、褒贬不一的管仲为例，深入剖析原始儒家的君臣关系实质。从表面上看，管仲背叛了自己的主君公子纠转而辅佐政敌齐桓公，看似不忠不义，但从其一生事功的大处着眼，管仲辅佐桓公成就霸业，赢得了一段难得的和平时期，避免了战争苦难，保护了人民，使人民深受其益，而非仅为一人一姓谋私利。因而孔子从民本的角度评价管仲"如其仁，如其仁"，这种超脱一人一姓、不拘小节、保民而王的大君臣观，是后世专制时代难以企及也难以理解的。及至孟子民贵君轻、独夫残贼之论更是专制时代的儒学思想望尘莫及的。每当深入到这种原始儒家真正"大君臣观"内核之时，王老师往往难抑内心激动之情，声音也提高了许多，连用"拍案叫绝""深刻极了""绝妙极了"等语词，慷慨激昂地表达对孔孟伟大哲人思想的崇敬之情和强烈的文化自豪感！

正是抓住了原始儒家民本思想这个精神内核，王老师才获得了沟通孔孟、精骛先哲的法宝，汲取了为学术立命的勇气和担当，从而深入透辟地解读出经学的精髓，常常想常人之未想，发前人之未发。最为突出的便是王老师晚年对于《春秋》和《左传》的重新认识。长期以来，学者们关于《左传》的作者问题一直众说纷纭，聚讼未决。这个问题也成为王老师思索不已的焦点之一。在文献不足征的情况下，他通过对司马迁、班固关于《春秋》和《左传》的记载逐字逐句地条分缕析，反复对比，犹如老吏断狱，不放过任何蛛丝马迹，从字缝中间发现了一些前人从未曾注意的线索，如"孔子史记"书名的提法；"具论其语"的全新阐释；左丘明"西观周室"案的断伪问题；公羊学家《春秋》"调包记"问题，等等，都发前人之未发，显示了卓越的洞察能力，最终断定《左传》的著作权应非孔子莫属。"天下同归而殊途，一致而百虑。"（《周易·系辞》）王老师的这一思考结果，大概与姚曼波教授《〈春秋〉考论》"《左传》蓝本为孔子所作"观点的提出不分先后，不谋而合。故当姚教授为新作索序时，他欣然应允，心有戚戚，赞其"为春秋学开辟了一片新的天地"！此后，为令"孔子作《左传》"这一掩盖近两千年的历史真相大白于天下，王老师又连续撰写《〈春秋〉〈左传〉平议》《〈春秋〉〈左传〉再平议》《〈春秋〉〈左传〉关系探论》等文章从不同的角度进行细针密线式的论证和完善，从而在学界掀起一场关于《春秋》《左传》关系的大讨论。真理不辩不明，相信随着蒙在"孔子作《左传》"这一历史真相之上种种迷雾的廓清，定将迎来春秋学研究的新阶段。

"天下之大德曰生。"（《周易·系辞》）王老师不仅从民本内核入手试图还原"原始儒家"的真精神、真面目，而且还由此深入思考儒家民本思想的来源问题。儒家思想之所以源远流长，历久弥新，其根本原因就在于其博爱的民本思想已蕴含在天、地、人三者组成的现存宇宙格局中。天地生养人，这就是天地之德，人学习这种生养之德，就是仁，就是爱，人回报这生养之德，就是礼。儒家哲学就是通过模拟和把握宏观的天地自然秩序，讲究个人在这个"天地人"的现实格局中的责任，以达到社会秩序的和谐。为此，王老师又将思考的视角转向以《周易》和"老庄"为代表的天道哲学，深入探讨筮占的产生、阴阳二气的形成、庄子"通天下一气"等形而上哲学问题，究天人之际，明儒道关联，探寻中国哲学的终极依据，从而形成一套独具个人特色的学术体系。

钱锺书《管锥编》中说史家叙事："每须遥体人情，悬想事势，设身局中，潜心腔内，忖之度之，以揣以摩，庶几入情合理。"在长期的治学过程中，王老师已形成治学严谨而又富有创新精神的学术个性。他不仅要穷究天人，探寻学术渊源，还要沟通古今，"遥体人情"，"悬想事势"，采用与古人对话的方式，将所论人物的心路历程和精神世界揭示得淋漓尽致。如对治《尚书》第一人伏生为何只传《今文尚书》而将《古文尚书》束之高阁，他在分析了伏生"君子儒"的人格和汉初卑儒的文化政策以后，认为伏生是为了自身安危和保护《尚书》不致失传，特补偏救弊，将《尚书》最为宝贵的民本思想寄寓在《尚书大传》中。这样既解决了今古文《尚书》的流传问题，又深化了长期被学界忽视的《尚书大传》的研究。又如对以董仲舒为代表的公羊学家为何要炮制左丘明作《左传》的论断，王老师从当时公羊学家对文坛的垄断专制和偏狭刻薄的群体心理分析，认为公羊学家为赢得穿凿附会的空间，采用移花接木的手法，将本来孔子所作的《左传》置换为《鲁春秋》，又杜撰左丘明与孔子西观周室而作《左传》，这样既还

《左传》著作权于孔子，又明司马迁《十二诸侯年表序》"恢诡"之曲笔，实可谓潜心腔内，探赜显幽，入情入理。同时，在撰写过程中，王老师也常常借他人酒杯，浇己之块垒，在对伏生、管仲、伊尹、子产等人不慕名利、刚正不阿的人格进行大力彰扬之际，亦将自己正道直行、实事求是的学术品格与为人气节深寓其中，溢于言表，达到学品与人品的完美统一。

不要人夸颜色好，只留清气满乾坤。如用当前流行的评价标准来衡量，王老师发表的文章数量并不是很多，发表刊物的级别也不是很高。但正如作者自号"守拙"一样，决定文章质量高下的不是其发表在哪里，而应是其中是否有对学术的守望和对真理的坚守。王老师一直认为先秦典籍因其产生的时间早又历经劫难，虽然学术探索不断推陈出新，没有停止，但几乎每一部典籍仍存在着复杂而难以解决的问题，如"原始儒家"真面目的还原，伏生《尚书大传》的学术定位，《春秋》与《左传》的关系，《左传》的著作权，《周易》的产生时代，《庄子》"气"论的层次，等等。熟知非真知，王老师对这些问题没有因其老套陈旧而刻意回避，而是信奉为学要敢于碰硬、敢于担当的精神，淡泊名利，甘于寂寞，迎难而上。该书收录的这些文章，虽然数量不是很多，但均为王老师多年如一日精思熟虑的结晶，也是其弘毅坚守、志兴经学精神追求的体现。每次谈及文中问题，王老师总是如数家珍，精神焕发，侃侃而谈，不知老之将至。在王老师八十五岁生日之际，遵其嘱托，将这些心血之作汇编成书，嘉惠学林，是为跋。

本书出版得到了聊城大学人文社科处和文学院领导的鼎力支持和亲切关怀；得到了社会科学文献出版社人文分社宋月华社长的倾情惠助，如冬阳春风，分外温暖，在此表示诚挚感谢。

（作者单位：聊城大学文学院）

图书在版编目（CIP）数据

先秦儒道论稿 / 王世舜著 . -- 北京：社会科学文
献出版社，2020.4
ISBN 978 - 7 - 5201 - 6456 - 6

Ⅰ.①先…　Ⅱ.①王…　Ⅲ.①儒家 - 研究 - 先秦时代
- 文集　②道家 - 研究 - 先秦时代 - 文集　Ⅳ.
①B220.4 - 53

中国版本图书馆 CIP 数据核字（2020）第 051783 号

先秦儒道论稿

著　　者 / 王世舜

出 版 人 / 谢寿光
组稿编辑 / 宋月华　胡百涛
责任编辑 / 胡百涛

出　　版 / 社会科学文献出版社·人文分社（010）59367215
　　　　　　地址：北京市北三环中路甲 29 号院华龙大厦　邮编：100029
　　　　　　网址：www. ssap. com. cn
发　　行 / 市场营销中心（010）59367081　59367083
印　　装 / 三河市东方印刷有限公司

规　　格 / 开　本：787mm × 1092mm　1/16
　　　　　　印　张：16.25　字　数：216 千字
版　　次 / 2020 年 4 月第 1 版　2020 年 4 月第 1 次印刷
书　　号 / ISBN 978 - 7 - 5201 - 6456 - 6
定　　价 / 138.00 元

本书如有印装质量问题，请与读者服务中心（010 - 59367028）联系